会计经典学术名著

A HISTORY OF AUDITING:

THE CHANGING AUDIT PROCESS IN BRITAIN FROM THE NINETEENTH CENTURY TO THE PRESENT DAY

审计简史

德里克·马修斯（Derek Matthews）◎著

周 华 莫彩华◎译

中国人民大学出版社

·北 京·

译者序

进入 21 世纪以来，国内外上市公司层出不穷、花样翻新的财务舞弊和审计丑闻屡屡成为财经媒体的报道热点，会计行业的公信力备受质疑，这一切都促使人们努力寻找提升注册会计师行业价值的可行路径。

本书通过梳理审计技术和审计程序的发展历程，提供了一个新颖的研究视角，形成了较具说服力的研究发现，有助于深入了解审计丑闻频发的原因以及现行注册会计师审计制度的弊端，这些贡献使得本书成为一部发人深省的佳作。

本书详细探讨了英国注册会计师审计技术在一个多世纪里的发展历程，包括风险导向审计、内部控制审计、账项基础审计、审计计划、审计抽样、审计技术等的历史流变。可以看到，注册会计师审计之所以陷入当今之困局，一个重要原因是审计理论在过去的 40 年里发生了重大转变。尤其是风险导向审计等审计理论形成以来，审计程序和审计技术转向侧重进行分析和估计，而不再注重收集证据和复核事实。其结果是，注册会计师审计越来越依赖于主观判断，而不是建基于客观事实之上。本书指出，发生上述重大转变的时代背景是，会计师事务所面对日益残酷的同业竞争和日渐高涨的人员薪酬，只好试图通过压缩审计工作量来降低审计报价，从而赢取规模日渐增长的公众公司的委托业务。风险导向审计恰好成为其冠冕堂皇的借口。

本书的特色主要体现在以下三个方面。

第一，本书基于审计程序发展演变的史料和案例，生动地剖析了注册会计师审计的主观性，揭示了注册会计师审计陷入困局的根本原因，对流行的审计理论主张进行了辩证分析。本书提出，风险导向审计、重要性水平等审计概念虽然看似时髦而科学，但其实算不上理论创新。究其本质，仍然依赖于最古老的审计工具——主观判断。本书还提出，分析性复核虽然听起来很新颖，但在实践中仍然是主观意志的产物。会计师事务所开发的分析性复核模型大多非常简单，并非十分科学的、能够精准识别错误的定量模型，通常还是依赖注册会计师的经验进行判断。虽然流行的审计理论较多地使用了统计学的相关理念和工具，但审计实践中其实很少采用统计分析技术。

第二，本书通过实务调研、访谈等方式，收集了注册会计师行业的诸多一手实践素材，刻画了注册会计师审计实践的真实状况，为学术论证提供了扎实的证据基础。作者踏实的研究态度和严谨的研究方法，值得业界学习和借鉴。众所周知，审计史在会计学术界很少受到关注，主要原因在于研究资料的匮乏。正如作者提到的，研究者往往会对注册会计师所宣称的想法或做法偏听偏信，而很少去实地调查注册会计师究竟做了什么，是怎么做的。

第三，本书对审计理论进行了颠覆性的重构，特别适合业界人士用于更新审计知识。对于初学者来说，本书更是建立了穿越迷雾的灯塔。读者完全不用再为审计教材中晦涩难懂的古怪术语和奇特概念而烦恼，可以直接看到审计工作的真实面貌。

《审计简史》是“会计学原论”系列译著之一。该书英文版是最近20年我在创作《会计制度与经济发展》《法律制度与会计规则》《会计规则的由来》等“会计学原论”系列著作的过程中，所查阅的数以百计的英文著作中最令人印象深刻的佳作之一。2011年6月系列著作初稿成型后不久，我就受国家留学基金管理委员会和中国人民大学资助，赴哥伦比亚大学做访问学者。其间不无遗憾地发现，有很多国外的优秀学术著作都被我国学术界有意无意地忽略了（这有可能是当前流行的量化科研考核制度的负面作用）。我觉得这本史料丰富、证据扎实的佳作对我国会计界同仁、非会计专业的高级管理人员具有一定的参考价值，于是向中国人民大学出版社推荐了此书。

本书的翻译工作由我和中国人民大学商学院会计学博士毕业生莫彩华同学共同完成。莫彩华同学在本科、硕士、博士期间一直专注于学习和钻研会计学和审计学基础理论，他积极地申请参与翻译本书。我乐于看到青年学子能够深入探寻学科基础理论和学科史，所以欣然邀请他参与了本书的翻译工作。

中国人民大学出版社积极协助我们联络本书版权，副总编辑于波、财会分社社长李文重为本书顺利翻译出版做了大量工作，在此深表谢忱。潘一彬、吴晶晶、尤希琦等中国人民大学商学院“会计学原论”研究组成员参与了本书的校对工作并提出了不少中肯建议，在此一并表示感谢。

当然，限于译者的识见和能力，谬误在所难免，敬请读者不吝指正。

周　华

2020 年 1 月于哥伦比亚大学

致　谢

在这里，我要感谢英格兰及威尔士特许会计师协会（The Institute of Chartered Accountants in England and Wales，ICAEW）的企业绩效中心（Centre for Business Performance），以及利华休姆信托基金（Leverhulme Trust），这两个机构为本项研究提供了资助。感谢 Jim Pirie 先生，他完成了本书大部分访谈工作，并提供了大量的背景素材。还要感谢 Dick Edwards 教授、Bob Parker 教授、Roy Chandler 教授和 Salvador Carmona 教授，他们通读了本书初稿，并在本书修改过程中提供了很多有益的建议。当然，对于书中可能存在的错误或缺陷，其责任全部由作者承担。

目　录

第一章　引　言

当今时代，审计是注册会计师行业最具争议的业务领域。安然公司、世通公司连同它们的审计机构安达信会计师事务所（Arthur Anderson）的倒台，使得公司审计成为社会舆论持续关注的焦点（*The Economist*，2002-11-30）。实际上，这些丑闻的发生早有先兆。20世纪八九十年代，大西洋两岸就曾发生过引起剧烈动荡的审计丑闻，其中包括普华会计师事务所（Price Waterhouse）对国际信贷商业银行（Bank of Credit and Commerce International，BCCI）的审计失败事件，以及永道会计师事务所（Coopers & Lybrand）对Maxwell公司和巴林银行（Barings Bank）的审计失败事件等。①

英国的审计丑闻并不是最近一段时间才出现的，其历史至少可回溯至安达信会计师事务所20世纪80年代对DeLorean公司的审计失败事件、20世纪70年代对London & County公司的审计失败事件以及两次世界大战之间的皇家邮政事件（Royal Mail case）。虽然上述审计丑闻存在一定的消极影响，但我们仍然可以认为，19世纪以来英国公共会计师行业的兴起，以及会计师事务所在全球范围内的成功，很大程度上

① Mitchell，A.，Sikka，P.，Puxty，T. and Wilmott，H.（1993）*A Better Future for Auditing*，London：University of East London.

都是在审计职能（audit function）扩充的基础上实现的。[①] 基于这一历史背景，我们发现会计史学家们对审计话题的关注较少，审计史方面的著作也较为匮乏。正如 Thomas A. Lee 在其编撰的文集的引言中所指出的，“审计史这一话题很少受到关注”。[②] 这种状况至今仍未得到改善。

从会计史文献中可以看出，学术界先前对审计史的兴趣的确不大。首先，在各种会计史论文汇编中，鲜有审计方面的文章。Basil S. Yamey 编撰的《会计学的历程》一书收录了 18 篇论文，有 5 篇探讨成本会计问题，却没有一篇提及审计问题。[③] Samuel Paul Garner 和 Marilynn Hughes 编撰的《会计发展文献选读》共收录了 29 篇文章，其中仅有 2 篇关于审计的文章。[④] Thomas A. Lee 和 Robert H. Parker 编撰的《公司财务报告的演进》共收录了 17 篇文章，其中也只有 2 篇关于审计的文章。[⑤] Robert H. Parker 编撰的《会计史论文集》共收录 14 篇文章，其中没有关于审计的文章。[⑥] Robert H. Parker 和 Basil S. Yamey 编撰的《会计史：英国的贡献》没有收录关于审计的文章，但“成本与管理会计”部分却收录了多达 4 篇论文。[⑦] Thomas A. Lee 编撰的《文艺复兴以来的会计史：卢卡·帕乔利纪念文集》也同样没有收录关于审计的文章。要知道，该书的 7 章内容全都是由知名会计史学家撰写的，主题遍及财务会计、财务报告、会计职业化进程以及管理会

---

① Matthews, D., Anderson, A. and Edwards, J. R. (1997) 'The Rise of the Accountant in British Management Hierarchies, 1880 to the Present Day', *Economic History Review*, 2nd ser., L (3): 407–429.

② Lee, T. A. (ed.)(1988) *The Evolution of Audit Thought and Practice*, New York: Garland: 11.

③ Yamey, B. S. (ed.)(1978) *The Historical Development of Accounting: A Selection of Papers*, New York: Arnos Press.

④ Garner, S. P. and Hughes, M. (1978) *Readings on Accounting Development*, New York: Arnos.

⑤ Lee, T. A. and Parker, R. H. (eds)(1979) *The Evolution of Corporate Financial Reporting*, Sudbury-on-Thames: Nelson.

⑥ Parker, R. H. (1984) *Papers on Accounting History*, New York: Garland.

⑦ Parker, R. H. and Yamey, B. S. (eds)(1994) *Accounting History: Some British Contributions*, Oxford: Clarendon Press.

计等，就是没有提及审计。[①] 由此可见审计在史学家们心中的地位如何。

在为数不多的会计学通史中，审计多多少少曾被提及，但其所占篇幅与审计在实践中扮演的重要角色完全是不匹配的。这些会计学通史著作如 Richard Brown 的《会计史与会计师行业史》[②]、Arthur H. Woolf 的《会计师和会计学简史》[③]、A. C. Littleton 的《1900 年前的会计史》[④] 和 Nicholas Anthony Howard Stacey 的《英国会计：社会和经济史的考察 1800—1954》[⑤]。Michael Chatfield 的《会计思想史》共有 20 章，仅有 2 章涉及审计问题。[⑥] John R. Edwards 的《财务会计史》着重探讨会计与财务报告问题，仅零零星星地提及审计，探讨审计程序的篇幅只有 6 页半。[⑦] Edgar Jones 所著的《会计与英国经济 1840—1995：厄恩斯特和惠尼会计师事务所的发展历程》《真实和公允：普华会计师事务所史》在梳理这两家会计师事务所的发展历史时曾提及审计职能的演变过程，但审计职能的演变过程并非这两部著作的主题。[⑧] 另外，在一些备受关注的重大事件和问题中，审计也曾被认真地研究过，但那些研究显然无法完整地勾勒出审计程序的发展历程。[⑨]

---

① Lee, T. A., Bishop, A. and Parker, R. H. (1996) *Accounting History From the Renaissance to the Present: A Remembrance of Luca Pacioli*, New York: Garland.

② Brown, R. (ed.) (1968) *A History of Accounting and Accountants*, originally published in 1905, London: Cass.

③ Woolf, A. H. (1912) *A Short History of Accountants and Accountancy*, London: Gee.

④ Littleton, A. C. (1981) *Accounting Evolution to 1900*, Alabama: University of Alabama Press.

⑤ Stacey, N. A. H. (1954) *English Accountancy: A Study in Social and Economic History 1800–1954*, London: Gee.

⑥ Chatfield, M. (1977) *A History of Accounting Thought*, New York: Robert E. Krieger Publishing.

⑦ Edwards, J. R. (1989) *A History of Financial Accounting*, London: Routledge: 263–269.

⑧ Jones, E. (1981) *Accountancy and the British Economy 1840–1980: The Evolution of Ernst & Whinney*, London: Batsford; Jones, E. (1995) *True and Fair: A History of Price Waterhouse*, London: Hamish Hamilton.

⑨ Green, E. and Moss, M. (1982) *A Business of National Importance: The Royal Mail Shipping Group, 1902–1937*, London: Methuen.

由此可见，无论是在美国还是在英国，审计史研究都较为匮乏。仅有少量论文围绕审计史这一话题展开过精彩的论述，如 Chandler 等阐述了 19—20 世纪审计目标的变化[①]，Power 探讨了审计抽样的发展过程等[②]，但从整体上看，这些论文只能算是主流学术之外的少数派。Anderson 梳理了 1999 年公开发表的 154 篇会计史论文，与审计相关的论文仅有 15 篇，其中论述英国审计史的仅有 5 篇。[③] 史学家在审计史领域的研究不足，与数十年来业界对当代审计问题的重大关切形成了强烈对比。Gwilliam[④] 和 Higson[⑤] 在总结审计领域的研究成果后指出，虽然审计一直是学术研究的热点问题，但审计史鲜有人问津。这与成果丰硕的成本会计研究形成鲜明的对比。[⑥]

为什么审计史的研究如此匮乏？有学者指出，这很可能是因为“极少有人知道审计师是如何开展工作的”。[⑦] Power 认为，很少有人去实地调查审计师真正在做什么，而是选择相信审计师所宣称的他们正在干什么或者愿意干什么，这就导致对审计实践的历史记录相对贫乏。[⑧]

---

① Chandler, R. A., Edwards, J. R. and Anderson, M. (1993) ‘Changing Perceptions of the Role of the Company Auditor, 1840-1940’, *Accounting and Business Research*, 23 (92): 443-459.

② Power, M. K. (1992) ‘From Common Sense to Expertise: Reflections on the Prehistory of Audit Sampling’, *Accounting, Organizations and Society*, 17 (1): 37-62.

③ Anderson, M. (2000) ‘Accounting History Publications 1999’, *Accounting, Business & Financial History*, 10 (3): 385-393.

④ Gwilliam, D. R. (1987) *A Survey of Auditing Research*, London: Prentice Hall/ICAEW.

⑤ Higson, A. W. (1987) ‘An Empirical Investigation of the External Audit Process. A Study of the Reaction of Professional Auditors to Recent Changes in the Audit Environment’, unpublished thesis, University of Bradford.

⑥ Boyns, T. and Edwards, J. R. (1997) ‘The Construction of Cost Accounting Systems in Britain to 1900. The Case of the Coal, Iron and Steel Industries’, *Business History*, 39 (3): 1-29.

⑦ Higson, A. W. (1997) ‘Developments in Audit Approaches: From Audit Efficiency to Audit Effectiveness?’, in Sherer, M. and Turley, S. (eds)(1997), *Current Issues in Auditing*, 3rd edn, London: PCP, 198-215.

⑧ Power, M. K. (1992) ‘From Common Sense to Expertise: Reflections on the Prehistory of Audit Sampling’, *Accounting, Organizations and Society*, 17 (1): 39.

Myers 也发现，美国学术界很少关注审计师的实际工作内容。① 一个合理的解释是，过去会计师事务所大多不保存旧的审计工作底稿和操作手册。此外，直至 20 世纪 80 年代，很多会计师事务所仍然将其审计方法视为机密，不对外公布。② 显然，审计是相对机密的行为。从历史学家的角度来看，审计教材中的内容仅仅是“审计应该是怎样的”，他们很难找到描述真正的审计实务程序的可靠信息③，因为这些信息仅在商业杂志的司法案件报道中有少量提及。

导致审计史研究匮乏的另一个重要原因在于，会计史学家大多采用文献研究法，而有关审计史的文献资料相对不足。另外，会计史学家过去似乎还不大乐意研究口述史，这多少令人有些遗憾。

尽管有学者倡导史学研究应适当关注口述史资料（如 Collins and Bloom 1991④；Hammond and Sikka 1996⑤），但这一提议未被会计学界广泛采纳。⑥ 此外，包括会计学在内的各学科的历史学家们至今仍较少采用邮寄问卷法（postal questionnaire，又称邮寄问卷调查法）。事实

① Myers, J. H. (1985) 'Spiralling Upward: Auditing Methods As Described By Montgomery and His Successors', *The Accounting Historians Journal*, 12 (1): 70.

② Myers, J. H. (1985) 'Spiralling Upward: Auditing Methods As Described By Montgomery and His Successors', *The Accounting Historians Journal*, 12 (1): 53-72; Higson, A. W. (1987) 'An Empirical Investigation of the External Audit Process. A Study of the Reaction of Professional Auditors to Recent Changes in the Audit Environment', unpublished thesis, University of Bradford: 5; Higson, A. W. (1997) 'Developments in Audit Approaches: From Audit Efficiency to Audit Effectiveness?', in Sherer, M. and Turley, S. (eds)(1997), *Current Issues in Auditing*, 3rd edn, London: PCP, 199.

③ Chandler, R. and Edwards, J. R. (eds)(1994) *Recurring Issues in Auditing: Professional Debate 1875-1900*, New York: Garland Publishing.

④ Collins, M. and Bloom, R. (1991) 'The Role of Oral History in Accounting', *Accounting, Auditing and Accountability Journal*, 4 (4): 23-31.

⑤ Hammond, T. and Sikka, P. (1996) 'Radicalising Accounting History: The Potential of Oral History', *Accounting, Auditing and Accountability Journal*, 9 (3): 79-97.

⑥ Loft, A. (1990) *Coming into the Light: A Study of the Development of a Professional Association for Cost Accountants in Britain in the Wake of the First World War*, London: CIMA; Mumford, M. J. (1991) 'Chartered Accountants as Business Managers: An Oral History Perspective', *Accounting, Business and Financial History*, 1 (2): 123-140; Matthews, D. and Pirie, J. (2001) *The Auditors Talk: An Oral History of a Profession from the 1920s to the Present Day*, New York: Garland.

上，邮寄问卷法目前已被社会科学领域（包括会计领域）的学者广泛使用，如 Lee and Tweedie 对股东财务报告阅读情况的调查研究①，Bartlett and Chandler、Drury 等对成本会计的研究②以及 Beattie 等对审计师与客户关系的调查③等都采用了邮寄问卷法。但令人费解的是，会计史学家很少使用该方法来研究审计历史。

鉴于与审计相关的文献资料较少，且仅采用资料研究法存在一定弊端，我们决定成立一个课题组，利用口述史材料和问卷调查方法来研究审计历史。这样的课题无疑要花费大量的人力、物力和财力，但 ICAEW 的资助使我们的项目得以开展。为了收集口述史材料，我们访谈了大量退休和在职的特许会计师。我们还通过邮寄问卷的方式向各时期参与审计工作的当事人了解情况。口述史材料和问卷的具体内容详见本书附录和正文。

本书的另一个重要的数据来源是上市公司披露的材料。为深入了解审计程序的发展历程，课题组收集了上市公司在对外报告中披露的审计费用数据，并深入分析了审计报告的内容。具体内容详见本书附录和正文。这项工作得到了利华休姆信托基金（Leverhulme Trust）的资助。

最后，除了采用访谈、问卷和分析公司报告等研究方法，本书还采用了传统的文献研究法，即对公开发表的论文和教材进行分析。此外，本书对 ICAEW 不同时期的考试内容（尤其是与审计技术相关的试题）进行了分析，这在一定程度上也有助于了解审计的发展历史。

本书的创作目的是全面、综合地再现英国审计程序的发展历史。需要强调的是，本书着重关注审计程序和审计技术的发展历程。诸如审计目的、审计质量和审计成本等问题则不是本书的关注重点，这些话题仅

---

① Lee, T. A. and Tweedie, D. P. (1977) *The Private Shareholder and the Corporate Report*, London: ICAEW.

② Bartlett, S. A. and Chandler, R. A. (1997) 'The Corporate Report and the Private Shareholder: Lee & Tweedie Twenty Years on', *British Accounting Review*, September 1997: 245-261; Drury, C., Braund, S., Osborne, P. and Tayles, M. (1993) *A Survey of Management Accounting Practices in the UK Manufacturing Companies*, London: ACCA.

③ Beattie, V., Fearnley, S. and Brandt, R. (2001) *Behind Closed Doors: What Company Audit is Really About*, London: Palgrave.

仅在其与审计程序和审计技术相关的时候才捎带提及。本书第 2 章讨论了流行于 19 世纪至 20 世纪 60 年代的账项基础审计（bookkeeping audit）。最新证据显示，那个时期的审计师大多还为客户提供会计服务。该章节还介绍了为节约人力成本而出现的“打卡式”（ticking and bashing）审计。我们认为，该方法看似机械，但并不像前人所认为的那样草率或随意。后续章节陆续讨论了在账项基础审计之后发展起来的审计方法。事实上，这些审计方法在职业审计产生之初就已初具雏形。

第 3 章讨论了审计文件的演变过程，主要阐述早期简单的审计记录簿如何发展成包括审计计划、审计工作底稿和审计手册等在内的完整的审计记录。第 4 章讨论了审计测试和审计抽样的发展历程。我们发现，审计抽样在早期仅用于审计一些大型公司，后来才逐渐得到广泛应用。20 世纪 70 年代以前，即计算机被用于审计实务之前，抽样过程依然比较简单，但随着计算机在统计抽样领域的流行和推广，审计抽样的程序变得复杂起来。第 5 章介绍了基于风险测试和客户内部控制的制度基础审计（system approach）的产生。第 6 章以“资产负债表审计”内涵的变化为例展现了审计程序重点的转变过程，例如更重视存货盘存和对债权的函证等。第 7 章介绍了计算机对审计的影响。计算机技术是自审计产生以来对其影响最大的因素之一，对传统的审计程序产生了严重冲击。第 8 章探讨了审计技术的变化，重点阐述了风险、重要性、分析性程序等日渐流行的概念。

第 9 章对全书内容进行了总结，梳理了审计程序的变化历程及其影响因素。英国审计最大的特点就是审计多样性，这在很大程度上取决于审计客户较大的差异性。尽管绝大部分审计技术和审计术语均来自美国，但英国审计依然基于本国的实际发展情况对这些技术和理论进行了本土化。20 世纪 60 年代，除计算机的发展外，公司规模的日益壮大也是促进审计程序持续发展的主要因素之一。而 1980 年以后审计程序的变化主要是会计师事务所为应对社会压力所做出的调整。

第二章　账项基础审计

19 世纪会计和职业审计的兴起

众所周知，英国审计最早可追溯至中世纪。当时，审计师主要负责听取庄园管家对账簿记录的报告并代表庄园主对这些账簿进行检查，以确保管家认真履行了职责（对早期审计的论述可参见 Higson①）。② 18 世纪以来，随着商贸企业和制造企业的发展，会计师开始受托检查企业的运营情况，以判断企业是否符合企业合伙人或股东的利益诉求。例如，Howitt 在其文章中摘录了一家名为 Josiah Wade 的会计师事务所的审计意见："检查无误，Bristol，1797 年 12 月 20 日。"③ 但 Lee 认为，19 世纪经济环境的巨变才是促进审计程序发展的最重要因素，他指出：

---

① Higson，A. W.（1987）'An Empirical Investigation of the External Audit Process. A Study of the Reaction of Professional Auditors to Recent Changes in the Audit Environment'，unpublished thesis，University of Bradford：14－30.

② Edwards，J. R.（1989）*A History of Financial Accounting*，London：Routledge：37.

③ Howitt，Sir H.（1996）*The History of the Institute of Chartered Accountants in England and Wales 1880－1965，and its Founder Accountancy Bodies 1870－1880*，London：Heinemann：245.

“社会经济结构的变化引发了对审计的需求增加。具体来说，工业化进程创造了融资需求，引发了合并浪潮，这些最终导致社会对‘财务报告审计’的需求增加。”[①]

铁路公司的急速发展，尤其是19世纪40年代对投机行为的狂热[②]，对英国早期的职业会计产生了重要影响。铁路公司是工业化的标志性产物，对会计的发展有着巨大影响，但已有文献对铁路时代的会计发展情况存有争议。Reed阐述了19世纪40年代的会计记录：“即使是那些规模较小的铁路公司，也拥有一套统一的、综合的、复杂的记账体系……因为拥有完善的记录企业资产的会计记账体系和行之有效的审计体系是非常必要的……大部分铁路公司还拥有一套较为完善的内部控制系统。”[③] 早在19世纪四五十年代，诸如Lancashire公司、Yorkshire公司等铁路企业便拥有了专职的会计人员，甚至设置了会计部门。[④] 这些会计人员与活跃于伦敦等城市且训练有素的、专门负责破产清算的公共会计师不同，他们通常拥有较强的专业技能，擅长会计记账，并可凭借该技能晋升为企业高管。[⑤] 例如，Henry Tennant在19世纪40年代以前只是两家小型铁路公司的会计人员，1854年他加入铁路行业巨头东北铁路公司（North Eastern Railway），1871年他成为该公司的总经理。[⑥] 大名鼎鼎的Mark Huish曾在1846—1858年间担任伦敦西北铁路公司（London North Western Railway，LNWR）的总经理，其早期在

---

① Lee, T. A. (ed.)(1988) *The Evolution of Audit Thought and Practice*, New York: Garland: 17.

② Kitchen, J. (1988) 'Auditing: Past Development and Current Practice', in Lee, T. A. (ed.), *The Evolution of Audit Thought and Practice*, New York: Garland: 26.

③ Reed, M. C. (1997) 'Accountancy', in J. Simmons and G. Biddle (eds), *The Oxford Companion to British Railway History From 1603 to the 1990s*, Oxford: Oxford University Press: 5.

④ Broadbridge, S. (1970) *Studies in Railway Expansion and the Capital Market in England 1825-1873*, London: Frank Cass: 41.

⑤ Matthews, D., Anderson, A. and Edwards, J. R. (1998) *The Priesthood of Industry: The Rise of the Professional Accountant in British Management*, Oxford: Oxford University Press: chap. 2.

⑥ Irving, R. J. (1976) *The North Eastern Railway Company 1870-1914: An Economic History*, Leicester: Leicester University Press: 15-16.

东印度公司从事会计工作的经历帮助他得到了这份工作。[①]

另一些学者对铁路公司与会计发展的关系有不同的看法。Gourvish指出："早期的铁路公司仅设置了少量基本的会计账户。"[②] 铁路公司普遍存在欺诈和投机行为，股东难以对公司的日常支出决策和分红决策实施有效控制。[③] 因此，铁路公司的会计记录必然也充斥着造假和混乱，同一公司的会计记录在各年度之间缺乏可比性，不同公司之间也没有可比性。正如《泰晤士报》(*The Times*) 1850年一篇略带夸张的报道所称，苏格兰铁路公司（Caledonian Railway Company）的会计记录是财务人员"酒足饭饱后在睡梦中完成的"。[④] 相比之下一些来自伦敦的公共会计师（例如 William Quilter 和 William Deloitte 等）促进了会计的发展，他们经常受托调查铁路公司的财务造假及其他相关问题，这些公共会计师的工作极大地帮助了铁路公司规范它们的会计记账体系。[⑤] 例如1850年，公共会计师第一次将真正意义上的资产负债表引入中部铁路公司（Midland Railway Company）和东南铁路公司（South Eastern Railway Company）。[⑥]

早期的公共会计师尽管以审计之名受托检查铁路公司的会计记录，但实际上是帮助公司代行会计记账的职能。以 Quilter and Deloitte（德勤会计师事务所）为代表的外部审计师虽不是复式记账法（double account system，该方法将资本从收入费用中分离出来）的发明者，但

---

① Gourvish, T. R. (1972) *Mark Huish and the London & North Western Railway: A Study of Management*, Leicester: Leicester University Press: 49.

② Ibid.: 30.

③ Jones, E. (1995) *True and Fair: A History of Price Waterhouse*, London: Hamish Hamilton: 52.

④ Robb, G. (1992) *White-collar Crime in Modern England: Financial Fraud and Business Morality, 1845–1929*, Cambridge: Cambridge University Press: 43.

⑤ Jones, E. (1984) 'William Welch Deloitte 1818–1898', in Jeremy, D. J. (ed.) *Dictionary of Business Biography*, vol. 2: London: Butterworth, 58; Bywater, M. (1985) 'William Quilter (1808–1888). Accountant', in Jeremy, D. J. (ed.), *Dictionary of Business Biography*, vol. 4, London: Butterworth: 792; Edwards, J. R. (1985) 'The Origins and Evolution of the Double Account System: An Example of Accounting Innovation', *Abacus*, 21, March: 38.

⑥ Edwards, J. R. (1989) *A History of Financial Accounting*, London: Routledge: 265.

却推动了该方法在铁路公司的广泛应用。[①] 例如，伦敦西北铁路公司的审计师 Edwin Waterhouse 为该公司引入了复式记账法。从某种意义上说，这为 1868 年《铁路公司法案》（Regulation of the Railway Act）要求统一铁路公司会计规则提供了基础。Pollins 指出："经历了多年的混沌状态后……该法案是铁路公司会计发展史上的重要转折点。"[②]

1868 年该法案出台以后，铁路公司的会计记录是所有上市公司中最详尽且最真实的。由于拥有一套完整的记账体系，铁路公司不再像 19 世纪四五十年代那样聘请公共会计师来代理记账。Gourvish 详细介绍了铁路公司在经营管理方面的变化："铁路公司全面更新了管理技术，在会计记录、成本控制、定价管理、市场营销以及统计规划等方面均取得了较大进步。"[③] 例如，Huish 将一套较为复杂的"用于成本控制与定价管理的内部控制体系"引入伦敦西北铁路公司。大西部铁路公司（Great Western Railway）的会计记录显示，公司在 1870 年就建立起了一个庞大的管理团队，团队中的总经理、总经理助理、会计师及出纳的工资总额高达 20 170 英镑。到 1880 年，该公司又聘请了一位总会计师（Great Western Railway, Minutes of the Half-yearly General Meeting, 31 August 1870 and 9 February 1880.）。

在 19 世纪的最后 25 年，诸如天然气公司等大部分公用事业公司以及保险公司、大型商业银行等金融机构均建立并成功使用了各自行业的会计记账体系。根据 Wilson 的论述，天然气公司在 19 世纪 70 年代由

---

① Jones, E. (1984) 'William Welch Deloitte 1818-1898', in Jeremy, D. J. (ed.) *Dictionary of Business Biography*, vol. 2: London: Butterworth, 58; Bywater, M. (1985) 'William Quilter (1808-88). Accountant', in Jeremy, D. J. (ed.), *Dictionary of Business Biography*, vol. 4, London: Butterworth: 792; Edwards, J. R. (1985) 'The Origins and Evolution of the Double Account System: An Example of Accounting Innovation', *Abacus*. 21, March: 30; Kitchen, J. (1988) 'Auditing; Past Development and Current Practice', in Lee, T. A. (ed.), *The Evolution of Audit Thought and Practice*, New York: Garland: 28.

② Pollins, H. (1969) 'Aspects of Railway Accounting Before 1868', in M. C. Reed (ed.), *Railways in the Victorian Economy: Studies in Finance and Economic Growth*, Newton Abbot, David & Charles: 138-139.

③ Gourvish, T. R. (1972) *Mark Huish and the London & North Western Railway: A Study of Management*, Leicester: Leicester University Press: 267, 290.

工程师负责登记会计账簿，并且设立专职的会计部门来编制资产负债表。[①] 银行业会计的发展则可从 Edward Holden 的经历中窥见一斑，他在 1881 年进入米特兰银行（Midland Bank）并从事会计工作，不久便晋升为董事会秘书，后又出任董事会主席。如此快速的职位晋升与他善于分析被并购企业资产负债表的能力不无关系。[②]

但直到 1914 年，大部分英国企业依然是家族企业，经营管理模式与上述企业截然不同。[③] Chandler 详细介绍了这一时期英国企业管理的特点："很少有企业实行职业经理人制度，采用董事会集体决策而非个人决策的企业更是少之又少。"[④] 因为许多英国公司的股东似乎不愿意把企业委托给受过专业培训的经理人[⑤]。整体而言，该时期英国企业的会计管理水平有些倒退。Edwards 指出，1844—1856 年企业公开的会计账簿（现存于国家档案馆）看起来"乱七八糟的，根本不像是会计记录"。[⑥] 甚至连最基本的复式记账法（一般认为该方法产生于 14 世纪的意大利）都被弃置在一旁。[⑦] 以家族企业——Dowlais 钢铁公司为例，该公司是 19 世纪 40 年代全球最大的钢铁公司，保留着一个涵盖范围极其广泛的费用账户，但就是这样一家巨型企业，直到 1860 年才设立利润和损失账户。[⑧] 此外，普华会计师事务所在 1889 年审计某民营银行并为其编制资产负债表时发现，该银行仍在采用单式记账法（single

① Wilson, J. F. (1991) *Lighting the Town: A Study of Management in the North West Gas Industry 1805–1880*, London: Paul Chapman Publishing: 121–141, 158.

② Holmes, A. R. and Green, E. (1986) *Midland: 150 Years of Banking Business*, London: Batsford: 83.

③ Wilson, J. F. (1995) *British Business History*, Manchester: Manchester University Press: 120, 132.

④ Chandler, A. D. (1990) *Scale and Scope: The Dynamics of Industrial Capitalism*, Cambridge, MA: Belknap: 242.

⑤ Wilson, J. F. (1995) *British Business History*, Manchester: Manchester University Press: 120, 132.

⑥ Edwards, J. R. (1989) *A History of Financial Accounting*, London: Routledge: 191.

⑦ Jones, E. (1981) *Accountancy and the British Economy 1840–1980: The Evolution of Ernst & Whinney*, London: Batsford: 23.

⑧ Ibid.: 54.

entry bookkeeping)。[①] de Paula 指出："19 世纪 90 年代，经常能在采用单式记账法或复式记账法的企业账簿中发现原始记录。"[②] 1892 年《会计师》(*The Accountant*) 杂志发表的一篇文章也能佐证会计管理的倒退：

> 令人困惑的是（尽管是事实），在高等教育如此发达的今天，竟还有这么多企业坚持采用落后陈旧的单式记账法……其原因或许并不难发现，就在于学校的课程设计不合理。
>
> (Chandler and Edwards[③])

可见，不同企业的会计信息系统存在较大差异。部分企业的记账体系确实比其他企业更为先进，甚至有企业高薪聘请了高水平的会计人员。例如，Ferranti 电力公司 1889 年聘请了一位总会计师，并专设会计部门[④]；玻璃制造商 Pilkingtons 公司虽然是一家家族企业，但也早在第一次世界大战前就设立了专门的审计部门[⑤]；人造纤维生产商 Courtaulds 公司从 1913 年开始聘请特许会计师担任总会计师[⑥]；Lever Brothers 在第一次世界大战前就聘请了一位总会计师（这可能是英国第一位总会计师）和一位财务经理[⑦]。但 Chandler 认为，像肥皂生产商 Port Sunlight 这样拥有先进的会计管理体系的企业还只是少数，"可能

---

① Jones, E. (1995) *True and Fair: A History of Price Waterhouse*, London: Hamish Hamilton: 56.

② de Paula, F. R. M. (1948) *The Principles of Auditing: A Practical Manual for Students and Practitioners*, 10th edn, London: Pitman: 22.

③ Chandler, R. and Edwards, J. R. (eds)(1994) *Recurring Issues in Auditing: Professional Debate 1875–1900*, New York: Garland Publishing: 144.

④ Wilson, J. F. (1988) *Ferranti and the British Electrical Industry, 1864–1930*, Manchester: Manchester University Press: 73.

⑤ Barker, T. C. (1960) *Pilkington Brothers and the Glass Industry*, London: Allen and Unwin: 196.

⑥ Matthews, D., Anderson, A. and Edwards, J. R. (1998) *The Priesthood of Industry: The Rise of the Professional Accountant in British Management*, Oxford: Oxford University Press: 175, 177.

⑦ Wilson, C. (1954) *The History of Unilever: A Study in Economic Growth and Social Change, vol. I*, London: Cassell: 207–209.

只有像 Lever Brothers 这样的大企业才会在第一次世界大战前就建立起职业经理人制度”。[1] 大部分英国企业，甚至是一些规模较大的企业，都尚未设立专门的会计部门，例如位于伯明翰的 Sharp Parsons 会计师事务所从 19 世纪 80 年代开始审计 Boots 公司，但直到 1920 年还在替该公司记账。[2] Lucas 工程技术公司在 1922 年以前一直没有聘请专业的会计人员来负责管理公司的财会业务。[3] 甚至连 Crosvilles 公共汽车制造公司这样在 20 世纪 20 年代就曾完成一系列兼并收购的上市公司，直到 1930 年才雇用第一位全职会计师。[4] 1948 年全英排名第 63 位的工业企业 Metal Box 公司在 1940 年以前从未设立独立的会计部门。[5]

与铁路公司类似，在一些会计系统较为落后的企业中，职业审计师承担了主要的会计工作，甚至很多大企业也经常寻求会计师的帮助。很多企业委托外部审计师代为设置会计账户，登记会计账簿，甚至接受委托的外部审计师的第一项工作，就是帮助客户企业建立复式记账体系。[6] 1856 年和 1862 年《公司法》的实施，促使一些谋求上市并进行股票交易的家族企业规范其内部的会计管理体系。1856 年《公司法》规定，股份有限公司的会计记录必须遵循复式记账法，除非该公司以《公司法》提供的“表 A”为模板编制并披露资产负债表。[7] 此外，尽

---

① Chandler, A. D. (1990) *Scale and Scope: The Dynamics of Industrial Capitalism*, Cambridge, MA: Belknap: 266.

② Chapman, S. (1974) *Jesse Boot of Boots the Chemists*, London: Hodder & Stoughton: 121, 136.

③ Nockolds, H. (1986) 'Sir Arthur Bertram Waring (1902－1974): Manufacturer of Electrical Engineering Components' in Jeremy, D. J. (ed.), *Dictionary of Business Biography*, vol. 5, London: Butterworth: 666.

④ Anderson, R. C. (1981) *A History of Crosville Motor Services*, North Pomfret: David and Charles: 161.

⑤ Reader, W. J. (1976) *Metal Box: A History*, London, Heinemann: 144; Chandler, A. D. (1990) *Scale and Scope: The Dynamics of Industrial Capitalism*, Cambridge, MA: Belknap: 685.

⑥ Matthews, D., Anderson, A. and Edwards, J. R. (1998) *The Priesthood of Industry: The Rise of the Professional Accountant in British Management*, Oxford: Oxford University Press: 105－106.

⑦ Freear, J. (1977) 'Historical Background to Accounting', in Carsberg, B. and Hope, T. (eds), *Current Issues in Accounting*, London: Philip Allan: 7.

管此时的法律未强制要求公共会计师在招股说明书上签字，但公司和资本市场普遍认为公共会计师的签字认可至关重要。① 理论上，审计师的职能是对企业过去的财务状况提供鉴证（certificate)，并对未来的业绩预测做出说明，而不是为企业建立行之有效的账户体系。② 但在实务中，那些原先负责给公司记账的公共会计师普遍都成了这些公司的审计师。

公共会计师的审计职能是伴随着股份公司的发展而逐步形成的。诸如东印度公司等股份公司的股东不直接参与公司的经营管理活动，因而他们会通过股东大会选举出 1～2 名代表，并委托代表对公司进行审计(股东大会的召开频率可能是一年一次，也可能是一年两次)，以保护股东的投资权益。③ 后来，股东在年度股东大会上选举股东代表对公司进行审计的做法被写进了 1845 年《公司法》(Company Clauses Consolidation Act)。④ 这一做法后来又被铁路企业广泛采纳。如前所述，铁路行业吸引了大量投资者和社会资本，这些投资者急需借助外部审计来保障自身的投资利益。⑤

然而，股东代表毕竟只是业余的审计师，他们在审计时通常只用一天的时间粗略地浏览一遍公司账簿。这种审计形式极为简单，因而被戏称为“饼干加雪利酒式审计”或“业余审计”。⑥ 以 Eastern Counties 铁路公司为例，其选出的股东审计代表在半年内只去过公司两次，每次在

① Edwards, J. R. (1989) *A History of Financial Accounting*, London: Routledge: 222.

② Chandler, R. and Edwards, J. R. (eds) (1994) *Recurring Issues in Auditing: Professional Debate 1875-1900*, New York: Garland Publishing: 26, 85, 104.

③ Littleton, A. C. (1981) *Accounting Evolution to 1900*, Alabama: University of Alabama Press: 290.

④ Robb, G. (1992) *White-collar Crime in Modern England: Financial Fraud and Business Morality, 1845-1929*, Cambridge: Cambridge University Press: 42.

⑤ Reed, M. C. (1975) *Investment in Railways in Britain, 1820-1844: A Study in the Development of the Capital Market*, Oxford: Oxford University Press: 197; Wilson, J. F. (1995) *British Business History*, Manchester: Manchester University Press: 37.

⑥ Robb, G. (1992) *White-collar Crime in Modern England: Financial Fraud and Business Morality, 1845-1929*, Cambridge: Cambridge University Press: 53; Jones, E. (1995) *True and Fair: A History of Price Waterhouse*, London: Hamish Hamilton: 50.

公司停留不过数小时。① 可以想见，该类审计很难有效遏制铁路公司内部的欺诈或犯罪行为，用一位当代评论家的话说，这些业余审计“毫无效果可言”，有时甚至会引发一些“闹剧”。② 因此，这些业余审计师很快便开始聘请专业的审计师，尤其是聘请那些善于发现欺诈和会计舞弊的公共会计师来帮助他们完成审计工作。③ 到 1850 年，北斯塔福德铁路公司（North Staffordshire Railway）和中部铁路公司（Midland Railway）的股东均开始聘请公共会计师来协助执行公司审计。④ 到 20 世纪 60 年代，Edwin Waterhouse 会计师事务所拥有了很多铁路公司的审计业务。⑤

通过分析大西部铁路公司的年度报告（现藏于国家档案馆），我们可以大体上梳理出审计职能的演变路径。1840 年，即大西部铁路公司成立的第 5 年，公司年度报告里不存在任何与审计相关的痕迹。1850 年，公司股东选出 2 名股东代表对公司进行审计。股东代表在执行审计工作时深感自身能力的不足，因而在没有通知公司董事会的情况下聘请了德勤会计师事务所来协助执行审计工作。⑥ 在股东代表的提议下，公司董事会最终同意将股东代表审计确立为年度例行的审计制度（Great Western Railway，Minutes of the Half-yearly General Meeting，14 Feb-

---

① Robb，G.（1992）*White-collar Crime in Modern England：Financial Fraud and Business Morality，1845－1929*，Cambridge：Cambridge University Press：129.

② Broadbridge，S.（1970）*Studies in Railway Expansion and the Capital Market in England 1825－1873*，London：Frank Cass：40；Littleton，A. C.（1981）*Accounting Evolution to 1900*，Alabama：University of Alabama Press：290.

③ Jones，E.（1981）*Accountancy and the British Economy 1840－1980：The Evolution of Ernst & Whinney*，London：Batsford：52；Littleton，A. C.（1981）*Accounting Evolution to 1900*，Alabama：University of Alabama Press：292；Parker，R. H.（1986）*The Development of the Accountancy Profession in Britain to the Early Twentieth Century*，San Antonio：The Academy of Accounting Historians：7－8；Robb，G.（1992）*White-collar Crime in Modern England：Financial Fraud and Business Morality，1845－1929*，Cambridge：Cambridge University Press：129.

④ Williams，F. S.（1876）*Midland Railway：Its Rise and Progress*，Newton Abbot：David and Charles：99.

⑤ Jones，E.（1995）*True and Fair：A History of Price Waterhouse*，London：Hamish Hamilton：50－55.

⑥ Jones，E.（1984）'William Welch Deloitte 1818－1898'，in Jeremy，D. J.（ed.）*Dictionary of Business Biography*，vol. 2：London：Butterworth，57.

ruary 1850)。1867 年，公司设立了由股东组成的审计委员会，负责监督股东代表的审计工作。1870 年，负责审计的股东代表增加至 3 名，并聘请德勤会计师事务所协助执行审计工作。1870 年 8 月 31 日的年中会议记录显示，公司该年度“审计师及公共会计师”一项的费用为 600 英镑，反映了公共会计师服务的收费状况。1889 年，德勤会计师事务所担任公司的外部审计师。这在一定程度上反映了当时的实际情况，即很多铁路公司的股东代表将审计工作交给专业的外部审计师来完成。[①] 事实上，在 1883 年以前，大部分铁路公司的审计工作依然由业余的股东代表来执行，但在 1900 年，公司审计基本都由专业的外部审计师独立完成，或由外部审计师与股东代表合作完成。在那以后，绝大多数公司的股东代表都退出了公司审计，仅大西部铁路公司例外。该公司在 20 世纪 40 年代国有化以前，一直保留着自己的股东代表审计制度（来源于 StockExchange Official Intelligence and Stock Exchange Official Yearbook)。

如前所述，自 19 世纪 60 年代起，大量公司出于商业考虑开始的上市并寻求股票交易的热潮是助推职业审计发展的重要外部因素。[②] Edwards and Webb 发现，1863—1900 年间，尽管拟上市的公司未被强制要求聘请特许会计师进行审计，但在钢铁行业的 13 家上市公司中，有 12 家公司聘请了特许会计师，并由他们负责建账、出具审计财务报告及起草招股说明书等工作。[③] 此后，特许会计师审计逐渐取代了业余的股东代表审计。正是在这样的背景下，代表特许会计师的行业组织——ICAEW 在 1880 年成立。[④] 到 1886 年，接受职业审计的上市公司比例

---

① Jones, E. (1984) ‘William Welch Deloitte 1818-1898’, in Jeremy, D. J. (ed.) *Dictionary of Business Biography*, vol. 2: London: Butterworth, 58.

② Jeremy, D. J. (1998) *A Business History of Britain*, Oxford: Oxford University Press: 109.

③ Edwards, J. R. and Webb, K. M. (1985) ‘Use of Table A by Companies Registering under the Companies Act 1862’, *Accounting and Business Research*, Summer: 188.

④ Matthews, D., Anderson, A. and Edwards, J. R. (1998) *The Priesthood of Industry: The Rise of the Professional Accountant in British Management*, Oxford: Oxford University Press: 60.

超过 75%，后来又迅速攀升至 90%。①

之后，职业审计从原来的仅负责破产清算，发展成为有偿提供专业审计服务的特许职业。以 Whinney，Smith & Whinney 事务所为例，1880 年以前，审计业务收入仅占该事务所总收入的 10%，到 1880 年增长至 22%，但到 1990 年，这一比例增长至 70%。② 事实上，该时期职业会计的蓬勃发展主要是因为英国公司的数量和规模均在 20 世纪得到了迅猛增长。③

会计和账项基础审计

时至今日，依然有一些审计工作不属于真正意义上的审计（至少在英国是这样），这种名义上的审计工作常被公共会计师比喻为“用牛皮纸打包包裹”。这一戏称源于审计师拿到的客户企业的账簿资料常常不完整（对 Muir，Hardcastle 和 Wilde 的访谈）。审计师通常需要先帮助客户整理账簿、结账并编制报表，再以审计师的身份进行审计。这一情况在那些记账体系较为完善的企业中较为少见，但审计师依然被希望在出具审计报告前帮助客户完成结账、试算平衡以及编制财务报表等工作。与之相对应的另一类审计是审计师直接对客户提交的完整的报表资

① Broadbridge, S. (1970) *Studies in Railway Expansion and the Capital Market in England 1825－1873*, London: Frank Cass: 41; Parker, R. H. (1986) *The Development of the Accountancy Profession in Britain to the Early Twentieth Century*, San Antonio: The Academy of Accounting Historians: 7－8; Edwards, J. R. (1989) *A History of Financial Accounting*, London: Routledge: 265; Edwards, J. R., Anderson, M. and Matthews, D. R. (1997) 'Accountability in a Free-Market Economy: The British Company Audit, 1886', *Abacus*, 33 (1): 8.

② Jones, E. (1981) *Accountancy and the British Economy 1840－1980: The Evolution of Ernst & Whinney*, London: Batsford: 47; Boys, P. (1994) 'The Origins and Evolution of the Accountancy Profession', in W. Habgood (ed.), *Chartered Accountants in England and Wales: A Guide to Historical Records*, Manchester: Manchester University Press: 38.

③ Matthews, D., Anderson, A. and Edwards, J. R. (1997) 'The Rise of the Accountant in British Management Hierarchies, 1880 to the Present Day', *Economic History Review*, 2nd ser., L (3): 407－429.

料进行审计，即“单纯审计”(pure audit)(对 Wilde，Beard，Carter，Sims，Niddrie 和 Boothman 的访谈)。早期，单纯审计非常少见，直到近几年“审计是指职业审计师对会计人员所编制的财务报告进行查验”[①] 这一观点才流行开来。

英国的职业审计在产生之初便与账项基础审计有着密切的联系。正如上面所提到的，审计师在执行审计工作前通常还需要提供会计服务。19 世纪 60 年代以来，无论是家族企业还是上市公司，审计师均需要在执行审计业务的同时为其提供会计服务，有时甚至要负责日常的账簿记录和报表编制。直到 20 世纪 60 年代，英国的大部分“审计”还只是名义上的审计，而非教材上的单纯审计。Jones，Frederick Whinney 等会计历史学家也发现了这一现象。[②] Frederick Whinney 在 1891 年指出，会计师事务所“经常被要求帮助客户企业编制利润表和资产负债表”。但这些学者低估了该现象的普遍性和持久性。

导致低估的原因可能是企业和外部审计师故意隐瞒事实，因为同时提供会计服务和审计服务的做法可能不符合法律规定。《公司法》虽然未对审计师提供的服务类型做出规定，但明确区分了管理层编制财务报表的责任和审计师发表审计意见的责任。[③] 从法律和会计职业道德的意义上说，审计师必须将会计服务和审计业务严格区分开来，以保证其相对于企业管理层的独立性，督促其扮演好股东“看门狗”的角色。

会计服务与审计业务的混合对早期英国的审计程序产生了巨大影响，相关内容将在后面展开。这种混合业务模式还会影响审计的目的、质量和独立性，这虽不是本书探讨的重点，但一个简单的道理在于，如果让审计师审计自己编制的会计报告，那他们很可能就会认为会计报告是准确无误的。此外，这种模式还会使审计师卷入财务欺诈丑闻。以 1921 年法罗银行（Farrow's Bank）舞弊案为例，著名特许会计师 Gil-

---

① Sherer, M. and Kent, D. (1983) *Auditing and Accountability*, London: Pitman: 17.

② Jones, E. (1981) *Accountancy and the British Economy 1840–1980: The Evolution of Ernst & Whinney*, London: Batsford: 54.

③ Edwards, J. R. and Webb, K. M. (1985) 'Use of Table A by Companies Registering under the Companies Act 1862', *Accounting and Business Research*, Summer: 177.

bert Garnsey 作为该案的重要证人出席庭审。他被问道："审计师在审计由同一家会计师事务所编制的财务报告时，是否真的会提出反对意见?"他回答："是的，我确定这种情况大量存在。不过话说回来，对自己编制的报表提出质疑确实十分困难。"但当进一步被逼问"这种情况是否真的大量存在"时，他又坦承自己对于这种情况大量存在的陈述仅仅"是我的判断"(*Accountant* 9 July 1921：53)。

大量事实表明，会计服务与审计业务混合的现象在当时的英国广泛存在。19 世纪八九十年代，《会计师》杂志刊发了大量关于审计师提供会计服务的文章。1889 年，公共会计师 Trevor 探讨了营业收入和损失账户的构成问题，但其讨论的前提是由审计师负责编制企业的会计报表。① 5 年后，伯明翰最大的会计师事务所的合伙人 Carter 发表评论指出，企业通常拥有 1 名出纳、1 名记账员、1 名发票管理员和 1 名会计主管，会计主管的职责主要是向外部审计师提交"资产负债表和会计账簿的初稿"。Carter 进一步指出："对于我们而言，平衡会计账簿，甚至建立账簿都属于审计师的工作内容。"② 还有一位公共会计师向我们讲述了他在第一次世界大战前的审计工作经历：

> 那时候，有 80%的时间用于检查客户企业的账簿记录，还有 20%的时间用于结账。(审计师) 需要检查所有的过账记录以及所有可以得到的其他会计文件……我们很少能遇到一开始拿到手的会计账簿就是平衡的情况……等到所有的账簿都实现平衡，所有的检查都完成后，初级审计师会将这些数据汇总起来上报给合伙人，由合伙人负责结账和编制报表，并签字确认。
>
> (*Accountant* 20 March 1937：416)

甚至有观点认为，审计师提供会计服务有助于其开展审计工作。

---

① Chandler, R. and Edwards, J. R. (eds)(1994) *Recurring Issues in Auditing: Professional Debate 1875–1900*, New York: Garland Publishing: 109, 111.

② Ibid.: 157, 159.

《会计师》杂志1876年的文章指出，审计师帮助客户企业建立账簿体系的做法具有一定的积极意义，因为“他们可借此全面审查企业的会计系统”。[①] 1883年，第一本审计教材的作者、公共会计师Pixley在一个讲座上表示，自己比较倾向于由审计师负责编制公司报表。

> 在客户同意的情况下，最好由审计师来编制财务报表。这样一来，审计师就可以按照自己的要求和范式来编制报表，而无需审计别人编制的报表。他们有时不认可别人提交的财务报表的格式，又因报表内容没有错误而无法提出修改意见。
>
> (*Accountant* 26 May 1883：8)

审计师同时提供审计服务和会计服务的做法，无疑会对审计独立性产生影响，这或许是他们不愿向公众公开审计实务操作过程的原因。Pixley在其第1版教材中写道：“很多公司的会计流程止步于编制试算平衡表，而利润表和资产负债表的编制一般委托审计师完成。”[②] 但在1910年第10版教材中，Pixley修改了这一表述：

> 会计报表的编制应当由董事会负责。在董事会完成报表编制并将报表提交给股东后……董事会秘书方能通知审计师开始审计。因此，设置会计账户、登记会计记录和编制会计报表不再是审计师的职责。然而在实践中，很多公司董事会依然要求审计师做这些会计工作。
>
> 当审计师在登记会计账簿、编制会计报表时，他们不是在履行审计职责，而是在履行会计人员的职责。当然，这些工作会给他们带来相应的服务报酬，但该报酬有别于审计收费。[③]

① Chandler，R. and Edwards，J. R. (eds) (1994) *Recurring Issues in Auditing：Professional Debate 1875－1900*，New York：Garland Publishing：11.

② Pixley，F. W. (1881) *Auditors：Their Duties and Responsibilities*，1st edn，London：Effingham Wilson：89－90.

③ Pixley，F. W. (1910) *Auditors：Their Duties and Responsibilities*，10th edn，London：Henry Good：345－346.

Pixley 用 8 页和后续一个章节的篇幅阐述了职能和报酬分离论，但研究结论缺乏说服力。[1]

1914 年，有两本审计教材采纳了 Pixley 的观点。例如，de Paula 坚定地认为：

> 审计业务与会计服务存在显著区别，审计业务不包括编制资产负债表，它只是对别人编制的报表进行查验……尽管在实务中，审计师在审计前代替企业编制资产负债表和利润表的现象较为普遍，但我们必须清楚地认识到，审计人员在编制会计报表时，是以会计师而非审计师的身份工作的。该工作和审计师的职责没有内在联系。[2]

到 1957 年，该书的表述则巧妙地改为："在审计一些小公司时，审计师经常代为编制客户企业的资产负债表和利润表。"[3] Spicer 和 Pegler 的教材也认为：

> 编制资产负债表并将报表提交给外部审计师是董事会的职责。董事会提交的账簿和报表应当是平衡的，把账做平不是审计师的职责，除非董事会另行要求审计师提供会计服务。此外，会计师在提供会计服务时不能算作审计人员，并且会计服务的报酬应当单独支付。[4]

---

① Pixley, F. W. (1910) *Auditors: Their Duties and Responsibilities*, 10th edn, London: Henry Good: 355, 389.

② de Paula, F. R. M. (1914) *The Principles of Auditing: A Practical Manual for Students and Practitioners*, lst edn, London: Pitman: 2-3.

③ de Paula, F. R. M. (1957) *The Principles of Auditing: A Practical Manual for Students and Practitioners*, 12th edn, London: Pitman: 3.

④ Spicer, E. E. and Pegler, E. C. (1914) *Practical Auditing*, 2nd edn, London: H. F. L. (Publishers) Ltd: 196; Bigg, W. W. (1951) *Spicer and Pegler's Practical Auditing*, 10th edn, London: H. F. L: 212.

1951 年出版的由 Spicer 和 Pegler 编著的第 10 版审计学教材仍然保留了上述观点。

另一本著名审计教材的作者 Dicksee 则强烈反对审计师提供会计服务。他在教材中收录了 1887—1936 年间发生的 89 起会计诉讼案①，并清晰展示了其中 26 起案件的审计程序。然而这些案例显示，有 19 起案件（几乎占 3/4）的审计师承担了客户的结账工作；在发生于两次世界大战之间的 11 起案件中，仅有 3 起案件的审计师没有为客户结账。这表明，审计业务似乎未呈现出向单纯审计发展的趋势。有趣的是，这些案件中的法官或其他相关人员都没有提到编制资产负债表是董事会的法定职责，也没有认为审计业务和会计服务应当严格区分。例如 1895 年，伦敦通用银行案的法官甚至明确指出："Theobold 先生作为审计师，其职责在于为客户设计或编制资产负债表，以显示企业的经营状况。"②然而事实上，Dicksee 在评论审计师在这些案件中扮演的角色时，却又在无意间将资产负债表称为"他们（审计师）的资产负债表"。③

对于早期的审计工作，我们可以从当时的审计报告中窥见一斑。对比 19 世纪 80 年代早期、1900 年和 1901 年的公司年度报告可以发现，该时期的审计报告没有明显变化，大多是诸如"报表已审计，未发现错误"之类的意见。报告尽管篇幅较长，但所表达的意思大同小异，大概就是声明审计师已检查了所有账户。在我们收集的资料中，只有 1900 年的一份审计报告略有不同，即 Brewis and Rainie 事务所对一家小型文具公司出具的审计报告：

> 我们检查了 Andrew Whyte & Son 有限责任公司截至 1901 年 6 月 30 日的会计账簿、由该公司管理层认可的存货记录、发票以及其他相关资料，此外还编制了资产负债表和利润表。经检查，财务报表准确反映了该公司 1901 年 6 月 30 日的财务状况以及从年初

① Waldron, R. S. (1969) *Auditing: A Practical Manual for Auditors by the Late Lawrence R. Dicksee*, 18th edn, London: Gee & Co: 769－1066.

② Ibid.: 780.

③ Ibid.: 890.

至今的经营成果。

早期，很少有公司在利润表中披露审计费用。根据我们收集的资料，19 世纪 80 年代早期，仅 23 家公司披露了审计费用（详见附录），但到 1900 年和 1901 年，披露该信息的公司增至 121 家。通过分析审计费用的披露信息，我们检验了部分教材提到的“审计费用和会计服务费用相分离”的观点的合理性。结果表明，大多数公司的对外报告笼统地披露了“审计师费用”、“审计费用”或“审计师的费用和成本”。仅 S. Blankensse and Son 公司和 Welsbach Incandescent Gas Light 公司的披露项目反映了审计师的双重角色：前者报告了 143 英镑的“审计及会计费用”，后者报告了 1 500 英镑的“审计费用和会计服务报酬”。可见，上述教材的观点不符合实际，审计业务费用和会计服务费用并没有实现分离（至少在表面上未呈现出明显的分离状态）。时至今日，这种混合的审计模式依然存在。Chan 等在 20 世纪 90 年代对六大会计师事务所合伙人进行了访谈，调查结果表明，合伙人承认早期的审计收费包含会计服务和纳税服务的报酬，但近年来，“审计收费和会计收费的区别已比较清晰”。①

进一步地，审计费用能够在一定程度上反映审计师的工作量。分析 Edwards 等②、Pixley③ 和 Jones④ 等的研究可知，该时期审计师的日平均工资为 2 基尼（英国旧货币名），合伙人的报酬相对较高，实习审计师的报酬相对较低。在我们收集到的数据中，审计收费的最低值为 1 基尼，出自 J. W. Roach 事务所对 Exeter 咖啡馆的审计业务；审计收费的最高值为 1 500 英镑，出自德勤会计师事务所对 Welsbach Incandescent

---

① Chan, P., Ezzamel, M. and Gwilliam, D. (1993) 'Determinants of Audit Fees for Quoted UK Companies', *Journal of Business Finance &Accounting*, 20 (6): 772.

② Edwards, J. R., Anderson, M. and Matthews, D. R. (1997) 'Accountability in a Free-Market Economy: The British Company Audit, 1886', *Abacus*, 33 (1): 17-21.

③ Pixley, F. W. (1910) *Auditors: Their Duties and Responsibilities*, 10th edn, London: Henry Good: 38.

④ Jones, E. (1995) *True and Fair: A History of Price Waterhouse*, London: Hamish Hamilton: 59.

Gas Light 公司的审计业务。这相当于有 714 位审计师参与了该项审计业务，或有 6 位审计师连续工作了 6 个月。如前所述，根据该公司披露的审计费用信息，我们可推断出审计师提供了额外的会计服务。

有时，我们还可以从审计报告中推测出审计师提供了会计服务。以 Turquand Youngs 会计师事务所对 William Whiteley 百货公司的审计报告为例：

> 我们认为，详细检查公司每一笔销售记录是不切实际的。因此，为了及时完成审计工作，避免给公司带来不必要的麻烦，我们以经公司内部审计人员加总验算过的销售数据为基础开展审计活动。

我们推测，上述报告中的“内部审计人员”应该是指公司的记账人员，负责对日常的销售记录进行汇总验算，而其余的会计工作全部由 Turquand Youngs 会计师事务所来完成。这也就解释了为什么他们能够获得高达 1 000 英镑的天价审计费。虽然诸如此类的审计报告并不多见，但通过分析审计费用我们可以确信，当时的审计师承担了很多审计职责之外的工作。例如，啤酒制造企业 Watney Coombe Reid 公司的审计费用为 750 英镑，Cunard 航运公司的审计费用为 200 基尼（1 基尼等于 21 先令或 1.05 英镑），Salt Union 制盐公司的审计费用为 450 基尼。这些审计费用几乎等于甚至超过了上面提到的铁路公司的审计费用。铁路公司的会计记录和账簿整理一般都是由公司内部的财务人员负责的。

正如我们在前面所讨论的，审计师提供会计服务的原因在于，客户企业内部缺乏专业的会计人员来设置会计账户、登记账簿并编制报表。要完成这些工作，公司不仅要拥有普通的会计人员，还要聘请具有一定资质的合格的会计师（如英格兰、威尔士和苏格兰的特许会计师、注册会计师以及成本管理会计师等）。很显然，一般的记账人员、出纳员或财务主管只能完成初步的会计记录，无法编制完整的会计账簿和财务报告。在这样的情况下，不难想见公司会聘请审计师来协助完成会计工作。一系列访谈资料进一步印证了我们的猜想。20 世纪 50 年代，一家大型会计师事务所的审计人员在访谈中表示："我们以前会帮助客户设置会计账户、登记会计记录并编制财务报告……因为它们（客户企业）没有员工能够胜任此类工作。客户内部的员工提交给我们的一些基本业务资料倒是非常完整"（对 Partridge 的访谈）。另一位审计师告诉我们："我只遇到过 3 家能够独立完成会计工作的上市公司"（对 Colvin 的访谈）。

表 2－1 反映了各时期合格的会计师（包括英格兰、威尔士和苏格兰的特许会计师、注册会计师以及成本管理会计师）的数量与公司数量（包括工业企业和商业企业）的对比情况。由表可知，合格会计师的人数虽然在不断增长，但依然无法与公司的增长速度相匹配。此外，合格会计师的增长速度主要与 1931 年后非上市公司的增长速度相一致。1951 年，平均每家上市公司仅拥有 1 名合格会计师（其中，每 4 名合格会计师中只有 1 名特许会计师）；到 1971 年，平均每家公众公司拥有的合格会计师的人数增加至 2.5 名（事实上，公众公司的数量自 20 世纪 50 年代以来持续下降[①]）。但该数值可能还存在高估的问题，因为表中显示的会计师并非全为上市公司工作，还有部分是为非公众公司服务的。另外，所有在企业任职的特许会计师中，只有 65%～70%的会计师从事与财务会计相关的工作。[②] 1931 年，在所有公众公司的会计人员中，仅 14%的会计人员具有一定资质，这一比例到 1950 年略升至 29%，甚至到 1991 年也才达到 50%。[③] 1931 年，约 1/5 的上市公司的董事会拥有 1 名合格的会计师，该数值先后在 1951 年和 1991 年增长至 2/5，4/5。综上可知，即便是在第二次世界大战后，能够独立完成会计工作的公众公司也屈指可数。

---

① Matthews, D., Anderson, A. and Edwards, J. R. (1998) *The Priesthood of Industry: The Rise of the Professional Accountant in British Management*, Oxford: Oxford University Press: 90, 138.

② Ibid.: 223.

③ Ibid.: 125.

表 2-1　1890—1991 年间公司数量与合格会计师人数的对比情况

年份	1890	1911	1931	1951	1971	1991
在公司任职的合格会计师人数	128	642	6 253	17 491	39 960	94 917
公众公司数量	—	—	16 263	17 202	15 425	11 100
非公众公司数量	—	—	95 598	241 063	503 232	998 700
公司合计数	13 323	51 787	111 861	258 265	518 657	1 009 800
每家公众公司拥有的会计师人数	—	—	0.38	1.02	2.59	8.55
每家公司拥有的会计师人数	0.01	0.01	0.06	0.07	0.08	0.09

资料来源：Matthews et al. ①

问卷调查的结果进一步反映了审计师为客户企业提供会计服务的情况。我们通过发放问卷的形式调查了 ICAEW 会员在执行审计前参与客户企业会计工作的情况，具体结果见表 2-2。20 世纪 20—50 年代，大约有 2/3 的被调查者表示他们经常为审计客户设置会计账户、登记会计账簿和编制会计报表。只有不到 1/4 的被调查者认为自己在 60 年代以前很少或从不为客户提供会计服务。与我们的初步预测一致，调查结果在不同规模的公司组别之间存在较大差异。当客户企业的规模较小时，审计师更有可能为该公司设置、登记会计账簿。当客户企业为大型上市公司时，审计师为其提供会计服务的可能性则相对较低。表 2-2 统计了审计师为上市公司客户设置会计账户、登记会计账簿并编制会计报表的比例（在括号中列示）。70 年代这一比例大约为 1/3。

表 2-2　“事务所是否经常在审计前为客户提供会计服务”这一问题的答案汇总

	经常*	偶尔	很少	从不	总计	
	(%)	(%)	(%)	(%)	(%)	*N*
时期（20 世纪）						
20—30 年代	62.3（25）	15.6	7.8	14.3	100	77

① Matthews, D., Anderson, A. and Edwards, J. R. (1998) *The Priesthood of Industry: The Rise of the Professional Accountant in British Management*, Oxford: Oxford University Press: 90, 138.

续表

	经常*（%）	偶尔（%）	很少（%）	从不（%）	总计	
					（%）	N
40年代	64.1（32）	15.3	9.2	11.5	100	131
50年代	62.4（33）	12.7	10.8	14.0	100	157
60年代	53.8（38）	18.6	15.2	12.4	100	145
70年代	52.7（20）	15.5	22.5	9.3	100	129
80年代	27.1（9）	31.4	28.0	13.6	100	118
90年代	24.5（1）	28.8	28.1	18.7	100	139
客户企业的类型						
上市公司	20.6	28.5	31.5	19.4	100	165
中小型公司	52.0	21.5	16.1	10.4	100	498
个人独资或合伙企业	67.8	5.6	13.3	13.3	100	90
客户企业的规模						
排名前20的大规模企业	33.4	26.4	25.4	14.7	100	299
中型企业	57.1	17.7	11.7	13.5	100	282
小型企业	57.7	15.4	15.4	11.5	100	305

*括号中的数字为专门针对上市公司的调查结果。

资料来源：问卷调查结果详见附录。

在收回的896份调查问卷中，有12位被调查者主动向我们阐述了他们的观点。在5位担任小型公司审计师的被调查者中，有1位在1981年获得会计师资格的被调查者向我们表示，审计师其实一直在为客户企业提供会计服务。另外4位被调查者对调查问题的含义表示不解，他们认为会计服务与审计工作是紧密相连的。还有2位被调查者表示他们之所以选择“从不”这个选项，是因为没有看懂问题。如果这种情况普遍存在，那么审计师提供会计服务的真实情况可能比表2-2所显示的调查结果更加严重。还有1位曾在1939年任职于一家中型会计师事务所——W. M. Chadwick and Sons，Hyde，Cheshire会计师事务所的被调查者告诉我们：“只有在极特殊的情况下，事务所才不会在审计工作中为客户登记会计账簿并编制报表。”一位曾在1963年任职于另一家中型事务所——Mellor Snape会计师事务所的被调查者表示：

如果你问我，事务所的审计业务是否常常包含为客户提供登记会计账簿和编制会计报表的服务，我的回答是“经常”。但我从没听到有人先提供会计服务再进行审计业务，因为两者从根本上说就是一回事。

早期从事审计行业的被调查者也向我们证实了审计业务和会计服务并存的情况。部分受访者表示，只有在少数情况下，才会由一家事务所提供会计服务而由另一家事务所提供审计服务。一位审计师在回忆自己20世纪30年代的从业经历时说道：

在大部分情况下，我们需要为客户完成会计结账等收尾工作。在很少情况下，诸如Bigger Building Society等大型企业，通常会向我们提供完整的会计账簿，因此我们只需负责审计即可。在极少情况下，企业会聘请一家事务所的会计师作为秘书并管理账簿，再聘请另一家事务所进行年度检查并出具审计报告。

（对Goodwin的访谈）

另一位同时期的被访者回忆道：“我们最大的客户是一家总部位于某滨海城市的连锁酒店。该公司聘请了另一家事务所来设置会计账户、登记会计账簿和编制会计报表，并聘请我们对公司报表进行审计。我们的审计频率通常是每半年一次”（对Fabes和Chapman的访谈）。

然而，最常见的还是客户企业的会计和审计工作一般都由同一家会计师事务所负责。一位较为年长的审计师在20世纪30年代任职于莱斯特的一家小型会计师事务所，他回忆：“虽然别人称呼你为审计师，你也确实出具了审计报告，但其实你的90%的工作都是登记会计账簿、编制会计报表”（对Aspell的访谈）。另一位审计师曾在20世纪50年代早期任职于一家小型地方性会计师事务所，他告诉我们：“在审计小公司时，你通常需要在开展审计业务的同时，负责该公司所有的会计工作（包括税务事项）。你不需要将审计和会计工作区分开来”（对Burlingham 的访谈）。事实上，这种情况不仅仅发生在对小公司的审计业务中。一位曾经在 20 世纪 50 年代任职于斯温西的 Peat Marwick 会计师事务所的特许会计师回忆道：

> 那时候，审计和会计业务是混合在一起的。很少有事务所拥有单纯的审计业务。一般来说，客户企业的规模越小，审计师就越有可能被要求同时提供这两类服务。即使客户企业的规模较大，审计师也需要做一些试算平衡等收尾工作，有时甚至要包揽所有的会计工作。
>
> （对 Davies 的访谈）

20 世纪 30 年代公开发表的学术文献也揭示了当时审计业务和会计服务并存的现象。例如，W. J. Back 在《会计师》杂志上发表的一篇文章（1934-09-22：403）提到："早期……职业审计师这一行业起源于为客户做账，而不是审计……他们需要自行计算账户余额并编制试算平衡表。"Back 进一步指出，尽管"随着公司内部合格会计师的数量日益增多"，审计师的会计职能会逐渐弱化，但是"审计师为客户企业记账、编制试算平衡表等现象依然广泛存在于一些中小型公司中，甚至也存在于某些大型企业中"。正如上面提及的，虽然将会计服务从审计业务中剔除出去符合公共会计师行业的利益，但从访谈结果来看，两者并存的情况普遍存在于 20 世纪五六十年代的审计业务中。例如一位职业审计师回忆道："尽管 Carreras 是一家早在 50 年代初期就上市的公司，但我在审计该公司时……依然要为其登记会计账簿"（对 Keel 的访谈）。Carreras 公司是一家烟草公司，1948 年，它在英国所有工业企业中位列第 22 名，市值高达 2 560 万英镑。[1] 直到 1950 年，J. H. Champness，Corderoy，Beesly 等审计师对该公司出具的审计报告依然含糊其词，未明确报告审计师是否提供了会计服务："我们检查了所附的资产负债表

---

① Hannah，L.(1983) *The Rise of the Corporate Economy*，2nd edn，London：Methuen：191.

和利润表，报表所反映的内容与公司的账户记录一致。”①

在针对大型企业的审计业务中，“会计式审计”(accountancy audit)也十分常见。我们采访了一位来自曼彻斯特的公共会计师，他曾在1953年任职于Dearden and Farrow会计师事务所，拥有审计多家上市公司的经验，包括Chloride蓄电池公司、Mather and Platt纺织品公司等。在被问及是否会在审计前为企业做账时，他告诉我们：

> 真实的答案是——“每次都会”。作为一名外部审计人员，我从来没有遇到过客户将完整的会计报表提交给我们，使我们得以直接开展“单纯审计”的情况。客户企业通常缺乏相应的员工来独立完成会计报表的编制工作。会计师事务所虽然被称为审计方，但事实上经常扮演编制会计报表的会计人员的角色……他们（客户）或许只能做到平衡账簿，因此审计师需要完成余下的所有会计程序。这时候你可能就会想，审计师是否还能保持应有的独立性。
>
> （对Gilliat的访谈）

另外，位于利兹市的Peat Marwick会计师事务所的一位战略合伙人告诉我们，他曾在20世纪60年代初期审计过几家商贸公司、纺织公司和钢铁公司。他提到：“在当时，单纯审计在实务中几乎不存在，能提供试算平衡后的会计报表的客户屈指可数。你很难遇到一上来就直接对企业提交的资料和账户进行审计的情况”（对Mordy的访谈）。根据该被访者的观点，“会计式审计”在20世纪70年代依然存在但数量略有下降，这与表2-2的调查结果一致。在70年代的英国，除极个别大型公司的审计项目外，大部分审计业务均包括会计服务。

另一方面，表2-2表明，英国审计师为客户提供会计服务的情况确实在不断减少。超过50%的被访者表示，在20世纪六七十年代“经

① Carreras Limited, *Directors Report and Accounts*, 31 October 1950: 11.

常”为客户登记会计账簿，八九十年代这一比例降至25%。对于参与过60年代上市公司审计的被访者而言，有超过1/3的审计师“经常”为客户提供会计服务，但到90年代，该比例降至1人（尽管该数值可能被低估）。然而，若将回答“经常”和“偶尔”的人数比例加总，加总后的数据的递减趋势则没那么明显。在两次世界大战之间，加总后的比例为78%，到20世纪90年代，该比例仍高达53%。值得注意的是，一位曾在90年代任职于永道会计师事务所的审计师在问卷中提到：“除大型公司外，审计师在审计时通常都需要为客户设置会计账簿、编制会计报表。”

有观点认为，会计服务占会计师事务所整体业务的比例下降的原因在于，客户企业逐渐开始聘请专业的会计人员，不断提升自己的会计业务水平。对此，我们将在本书的最后章节进行详细讨论。然而部分被访者提出了不同意见，他们认为主要的原因是会计师事务所改变了原有的从业理念。一位曾在20世纪60年代任职于Peat Marwick Mitchell会计师事务所的审计人员表示：“审计师意识到了审计业务和会计服务存在严重冲突，因此减少了提供会计服务的次数。”另一位被访者也提到：“我改变了自己的想法，认为审计师不应审计自己编制的报表。”

有趣的是，从我们的调查结果来看，会计师事务所似乎并不为失去会计业务而感到惋惜。一位受访者解释道：“事务所鼓励客户独立完成报表编制工作，如此一来，事务所的审计才变得有意义。”另一位被调查者表示：“客户企业的会计人员的专业素质普遍有所提高。会计师事务所有时会帮助客户企业培训财务人员，提高他们的专业胜任能力，然后再由培训后的财务人员去招聘并培训新员工。”一位曾在20世纪90年代任职于安永会计师事务所（Ernst & Young）的被调查者告诉我们：“事务所更倾向于选择那些能够独立编制会计报表的审计客户。”此外，永道会计师事务所的一位审计人员提到：“随着客户企业的规模不断扩大，审计师代为编制会计报表的成本不断提高，因此事务所逐渐减少了提供会计服务的次数。”

账项基础审计程序

如前所述，在早期的英国审计中，审计的职能与会计的职能没有太大差别，审计师常常要代客户完成记账和编制报表等会计工作。然而审计早在20世纪就被写进法律，其法律职能被初步定义为“检查公司账簿内容的准确性，发现舞弊和欺诈行为”。

那么，账项基础审计具体是如何运行的呢？要回答这一问题，我们首先要对参与账项基础审计的人员及其工作内容进行简单介绍。会计师事务所合伙人一般是审计项目的总负责人。合伙人（在20世纪70年代以前，以男性居多）在大多数情况下会在业务开始和结束的时候参与到项目中，有时偶尔会在项目中期检查审计工作的进展情况，然而后一种情形极少发生（对Kemp，Aspell，Colvin和Mold的访谈）。当审计工作量较大时，合伙人手下可能会配有高级会计师（一些规模较大的事务所可能还有中级经理或主管）。高级会计师一般拥有多年的从业经历，通过了中级会计师或特许会计师考试，但尚未成为合伙人。然而在某些情况下，一个初级审计人员即使未获得会计师考试的资格认证，但他们在事务所工作多年，积累了大量经验，也可以逐步进阶为高级会计师（对Haddleton的访谈）。账项基础审计的具体工作主要是由初级审计人员完成的，一个审计项目通常配有至少两名初级审计人员。这些人员一般位于审计项目组的底层，尚处于职业生涯的“学徒”阶段。有位审计师告诉我们：“具体执行审计工作的审计师的待遇并不是很好，且工作环境较差。他们一般都被安排在一间脏乱的小屋子里开展审计工作，而且他们并不受人尊重，有时甚至会招致客户的厌恶和憎恨”（对Grenside的访谈）。在某些较好的情况下，审计人员可能会被允许使用客户企业的董事会会议室或其他稍大一些的房间，这类房间又被称为“审计室”（*Accountant* 22 September 1934：403）。如果审计工作量很小，客户企业甚至会直接把会计账簿送到会计师事务所的办公室，让审计师在自己的事务所里完成审计工作（对 Partridge 和 Pearce 的访谈）。

接下来，我们将具体阐述早期的一些审计技术。Littleton 指出，账项基础审计的审计技术最早可追溯至帕乔利时代和中世纪，主要包括过账和交易检查，专业化的账项基础审计程序直到 19 世纪上半叶才正式形成。[①] 1849 年，Quilter 在上议院铁路特别委员会上被问及审计师职责，他介绍了过账和检查账户等内容。这些内容在一个世纪以后被广泛用于审计程序中。[②]

19 世纪，业界并没有有代表性的账项基础审计程序。根据客户业务性质和规模的不同，审计工作呈现出多样化的形式。例如 1900 年，一家事务所的审计人员同时审计了一家类似 Lever Brothers 这样的跨国公司、一家本土的小型零售公司和一家律师事务所，但在审计时采用的审计程序可能截然不同。Spicer 和 Pegler 探讨了 37 种适用于不同类型公司的审计程序，这些公司包括保险公司、俱乐部、公交公司以及水务公司等。[③] 此外，审计程序的选择还取决于客户企业自身的会计水平、会计工作的完成情况以及会计记账体系的可靠性，并且会计师事务所的特色和惯例也会影响审计程序的选择。

另一方面，Dicksee，de Paula，Spicer 和 Pegler 等人的审计教材均提到，账项基础审计程序尽管在不同事务所之间存在差异，但依然具有一些共同点。例如，审计程序一般包括如下步骤：首先，了解客户的账簿体系及业务特征[④]；其次，根据银行对账单核对企业的现金日记账，检查从日记账到分类账的过账过程，检查交易凭证（如发票），重新加

① Littleton, A. C. (1981) *Accounting Evolution to 1900*, Alabama: University of Alabama Press: 307-308.

② Parker, R. H. (1986) *The Development of the Accountancy Profession in Britain to the Early Twentieth Century*, San Antonio: The Academy of Accounting Historians: 29; Kitchen, J. (1988) 'Auditing: Past Development and Current Practice', in Lee, T. A. (ed.), *The Evolution of Audit Thought and Practice*, New York: Garland: 26-29.

③ Spicer, E. E. and Pegler, E. C. (1914) *Practical Auditing*, 2nd edn, London: H. F. L. (Publishers) Ltd: 14.

④ Littleton, A. C. (1981) *Accounting Evolution to 1900*, Alabama: University of Alabama Press: 311-312.

总各类账户余额，包括现金、工资、存货及其他分类账户；最后结账并编制试算平衡表。在单纯审计中，客户企业负责执行上述程序，而审计师仅需在此基础上对相关证据进行检查。但如前所述，在实践中，上述会计程序和审计程序通常都由审计师完成。换言之，即使客户企业不要求审计师提供会计服务，或自行编制了完整的会计报表，审计师也会通过执行上述会计程序来开展审计工作。

在账项基础审计程序中，过账、检查交易凭证、加总账簿数据等是最为烦琐、枯燥的工作。一位曾在20世纪50年代从事审计工作的受访者告诉我们："一个审计项目的工作团队一般有2～5人。如果你是一名初级审计人员，你的工作很可能就是和另一位同事一起数发票"（对Patient的访谈）。另一位审计师也表示："审计工作一般是由两人一组合作完成，其中一人负责读出客户企业的账簿记录，另一人负责校对。他们采取这样的方式逐条检查账簿中的每一笔分类账，并尽量让自己不睡着"（对Venning的访谈）。有位受访者向我们传授了他克服睡意的方法：

> 为了帮助审计师克服"一到下午就犯困"的毛病，我们采用了一个特殊的办法：让负责读会计账簿的审计师故意读错一个数字。此时，负责校对的审计师若没能发现这一错误，则需要向同事支付罚金；反之，若能及时指出错误，则会收到同事支付的罚金。
>
> （对Thornton的访谈）

一位曾在20世纪30年代从事审计工作的受访者介绍了审计工作的另一大特点："审计人员需要对所有的审计工作进行标记"（对Palmer的访谈）。在完成数据加总、过账、检查凭证等每一项工作后，审计师会用不同颜色的记号笔进行记录，并加盖不同图案的图章（有时又称作印章），以区分完成该项工作的审计人员（对Thornton的访谈）[①]。另

① Spicer, E. E. and Pegler, E. C. (1914) *Practical Auditing*, 2nd edn, London: H. F. L. (Publishers) Ltd: 30.

一位在 20 世纪 50 年代从事审计工作的受访者绘声绘色地告诉我们：

> 每完成一项审计工作，审计师都会用不同颜色的马克笔或橡皮章做标记。每个审计师都有自己专属的记号，比如我的记号就是一条小猪尾巴。此外，审计师需要尽可能地将标签排列整齐，因为客户企业有时会抱怨："在整洁的会计账簿上贴这么多标签，实在是太不美观了。"
>
> （对 Beard 的访谈）

一位曾在 40 年代担任审计师的受访者回忆道：

> 当时，所有的账簿资料都是纸质的，审计师在核对完成后需要在账簿上做标记。几乎所有的账簿资料都至少会被标记 1 次，在账簿检查完成后、过账前会被标记第 2 次。而所有的现金账簿还会被标记第 3 次，因为审计人员需要将其与银行对账单进行核对。
>
> （对 Livesey 的访谈）

也正是因为如此，一些枯燥的工作常常被戏称为"贴标签"（tick and bash）（对 Aspell，Sims，Atkinson 和 Whinney 的访谈）。

账项基础审计的另一个主要特征是强调"账簿记录的绝对正确性"（对 Shaw 的访谈）。正如一位审计师所言："对小公司的审计目标是保证账簿平衡、余额正确。你们可能难以相信，审计师有时甚至能检查出 1 便士的差错"（对 Middleton 的访谈）。Aspeu 也认为："审计就是平衡账簿，并检查精确到每一便士的错误"（对 Aspeu 的访谈）。而根据我们的调查结果，这一情况并不仅仅存在于一些小公司的审计项目中。例如，Hays Wharf 事务所曾在 60 年代审计了一家位于伦敦东部的大公司，参与审计的工作人员告诉我们，事务所"花费了数周时间才完成所有账簿数据的汇总、核对工作"（对 Spens 的访谈），这表明在该时期，对大型公司的审计同样强调"数字的绝对正确性"。一位曾在 60 年代任职于普华会计师事务所的审计师回忆说：

> 尽管当时有诸如穿孔卡片机等工具，但企业的账簿记录依然错误百出。审计师不得不花费大量时间来处理这些差错，以保证账簿数据的正确性。
>
> （对 Brindle 的访谈）

另一位曾在 50 年代从事审计工作的退休人员说："直到今天，我还能快速记忆一长串数字，现在应该很少有人具备这个能力。我还可以边聊天边计算出一长串数字的总和"（对 Patient 的访谈）。

> 最重要的是，你一定要比客户企业算得快。当你在客户企业的办公地点执行审计工作时，如果你的计算速度比公司的总会计师还慢，那将是一件十分可耻的事情。
>
> （对 Jones 的访谈）

尽管具体成本难以量化，但我们可以确定，大量的人力、物力和时间被用于检查交易记录的准确性。虽然 Spicer 和 Pegler 在 1914 年编写的审计教材中指出"除检查账簿外，审计师另一项重要的职责是核实资产负债表中的数据"[①]，但这些教材的大部分篇幅都在介绍审计师如何检查账簿，而不是如何核实资产负债表。因此对比篇幅的长短可知，审计资产负债表不是审计师的主要职责。再比如，Dicksee 在 1904 年版审计教材中用 205 页的篇幅介绍了试算平衡前的审计程序，却只用 55 页的篇幅来介绍试算平衡之后的程序（在 1969 年的版本中，这两部分内容所占的篇幅分别为 128 页和 33 页）。试算平衡后的审计程序主要包括盘点存货和固定资产，检查坏账，评估折旧和准备金等项目计提的合理性，以及核实对外投资的情况，审计师在这些程序上花费的时间远远少

① Spicer, E. E. and Pegler, E. C. (1914) *Practical Auditing*, 2nd edn, London: H. F. L. (Publishers) Ltd: 159.

于核对交易记录所花费的时间。正如我们在后面章节提到的，导致上述时间分配情况的原因之一是，当时需要实地查验的资产和负债相对较少。Littleton 指出："在 19 世纪 80 年代的账项基础审计中，查验资产负债表的审计技术相对于其他审计技术较为薄弱。"①

在完成上述所有审计程序，并确保会计记录不存在差错后，审计师会编制最终的会计报表，并将其提交给合伙人签字确认。在实务中，尽管合伙人有责任对报表进行最终复核，以确保所有的会计记录和审计过程完整无误，但如前所述，合伙人对审计项目的参与程度通常较低。另外，审计业务的最终产品是按照一定规范编写的审计报告。审计师通常会在与公司董事愉快地共进午餐后，将会计账簿、会计报表及审计报告一并交给客户企业。根据我们的了解，会计师事务所的合伙人有时甚至还会参加审计客户的公司年会。

大部分受访者均对审计合伙人表现出了不同程度的轻视。一位被访者说："我一直在怀疑合伙人到底做了什么工作，他们要么一个人坐在办公室里，要么出去打高尔夫"（对 Chapman 的访谈）。还有一位被访者表示："我在工作中从来没有见到过合伙人的身影"（对 Haddleton 的访谈）。大部分审计人员对合伙人的印象是"甩手掌柜"（对 Livesey 的访谈）或者"在千里之外"（对 Palmer 的访谈）。还有人回忆说："我从没看到合伙人去见过客户……通常都是我们离开事务所，去客户企业的办公地点执行审计工作，然后将审计后的账簿和报表拿回事务所并交给合伙人检查，仅此而已"（对 Sharman 的访谈）。只有少部分人肯定了合伙人在审计中发挥的积极作用。一位曾经在 20 世纪 70 年代任职于 Touche Ross 事务所的被访者回忆道："合伙人的作用绝不仅仅是待在办公室或和客户握手、吃饭"（对 Scicluna 的访谈）。另一位在 60 年代任职于库珀兄弟事务所（Cooper Brothers）的审计师也表示，合伙人非常敬业，他们将 Henry Benson 的职业道德传递到了事务所的每个角落（本书作者感谢 Dick Edwards 教授对此处内容的建议）。

---

① Littleton, A. C. (1981) *Accounting Evolution to 1900*, Alabama: University of Alabama Press: 312.

审计的深度

鉴于很多文献对早期账项基础审计的深度存在误解，我们认为有必要围绕审计深度展开论述。如前所述，不同事务所甚至同一家事务所对不同审计项目采用的审计程序存在巨大差异，审计深度同样如此（时至今日，这种情况依然存在）。1849 年，Quilter 在国会听证会上简要介绍了关于审计深度的内容。他指出，一个审计项目不仅要检查发票，还要关注发票上的数字是否准确、真实。他会怀着质疑一切的态度看待客户企业所有的会计信息，并要求“全面检查所有分录，掌握债权人和债务人的情况”。① Quilter 表示，审计师既要具备精准的计算能力，又要有较高的职业判断技能。② 但与 Quilter 同时期的其他研究大多只关注了审计的表面特征，并将股东代表的业余审计和外部审计师的职业审计混为一谈。③ 例如，George Jessel 爵士于 1877 年向 Lowe 委员会提出的问题其实是针对业余审计而言的，它不属于职业审计的范畴。④ 此外，在诸如 1887 年利兹房地产投资公司案等诉讼案件中，造成错误的责任方是股东代表审计而非职业审计。⑤ 显然，在研究时将两者区分开来是十分有必要的。⑥

阐述清楚股东代表审计和职业审计的区别后，我们继续回到审计深度的问题。不同审计师执行审计的深度存在较大差异。1894 年，伯明

① Kitchen, J. (1988) ‘Auditing: Past Development and Current Practice’, in Lee, T. A. (ed.), *The Evolution of Audit Thought and Practice*, New York: Garland: 28.

② Ibid.: 27.

③ Chandler, R. and Edwards, J. R. (eds)(1994) *Recurring Issues in Auditing: Professional Debate 1875-1900*, New York: Garland Publishing: 16-17.

④ Edwards, J. R. (1989) *A History of Financial Accounting*, London: Routledge: 267.

⑤ Chandler, R. A., Edwards, J. R. and Anderson, M. (1993) ‘Changing Perceptions of the Role of the Company Auditor, 1840-1940’, *Accounting and Business Research*, 23 (92): 448-450.

⑥ Chandler, R. and Edwards, J. R. (eds)(1994) *Recurring Issues in Auditing: Professional Debate 1875-1900*, New York: Garland Publishing: 16-17.

翰的一位著名会计师 Carter 在《会计师》杂志上发表文章指出，实务中审计程序的深度存在巨大差异。这一观点得到了很多实务界人士的认可。以审计工作中最繁重的部分为例：

> （最繁重的审计程序）是检查日记账和现金日记账的过账是否正确……部分人认为，在任何情况下，审计师都必须对所有的过账过程进行检查，但也有人指出，若账簿余额已经实现了平衡，就没有必要进行全面的检查。①

Carter 还列举了其他不同审计深度的例子：

> Pixley 认为，核验单据是“机械的并且是最简单的程序”，而 Gourlay 却将其视为“非常重要的程序”。对于企业的现金日记账，部分人默认现金日记账与银行对账单是一致的，但也有人认为两者存在差异。②

关于审计深度的分歧，主要集中在审计师应当在多大程度上保证账簿内容的真实性，而不在于审计师是否应当按照 1879 年《公司法》的规定，检验资产负债表的数据是否与“账簿记录一致”。③ 正如 Dicksee 在 1892 年所说，针对审计师的主要职责，“有人认为是将资产负债表与账簿记录进行核对，也有人认为是检查账簿中记录的每一笔交易，还有很多人的观点介于上述两类观点之间”。④ 随后修订的《公司法》和一些法院判例（如影响较大的 1895 年伦敦通用银行诉讼案）沿用了“保证会计报表与账簿记录一致”的表述，并增加了“检查会计账簿是否真

---

① Chandler, R. and Edwards, J. R. (eds) (1994) *Recurring Issues in Auditing: Professional Debate 1875–1900*, New York: Garland Publishing: 157.

② Ibid.: 159.

③ Chandler, R. A., Edwards, J. R. and Anderson, M. (1993) 'Changing Perceptions of the Role of the Company Auditor, 1840–1940', *Accounting and Business Research*, 23 (92): 448.

④ Ibid.: 450.

实反映了企业的财务状况”等职责（Quilter 在 50 年前就提出了类似的观点）。[①] Chandler 等甚至提出：“审计师应当更多地关注公司账簿以外的审计证据。”[②] 例如 1900 年的一起诉讼案表明，如果涉案审计师在检查应收款分类账时能更多地使用除会计资料以外的其他信息，那么审计结果将会更可靠。[③]

针对早期审计的深度，Edwards 和 Chandler 等近代历史学家的观点与 19 世纪末期的学者基本一致。Chandler 指出，Whinney 作为一名出色的会计师，“他提出的‘审计师必须确保账簿记录符合事实’的观点不具有代表性”。Chandler 认为：“职业审计与业余审计的工作内容大同小异。”[④] Edwards 表示，从僵化的审计程序中可以看出，19 世纪的审计大多是“机械审计”，即“只是在重复一些简单的工作，不同于重视估计和判断的现代审计”。Edwards 进一步指出，审计时间通常很有限（一般为 7 天），因此审计师只能粗略地检查部分资产负债表项目。[⑤] 可见，在 Edwards 看来，早期审计的主要问题在于“机械和草率”。

我们同意 Edwards 的部分观点。早期的审计师在查验资产负债表等程序上投入的时间确实较少，他们想当然地认为报告真实的财产状况是管理层的责任（一些审计师至今仍这么认为）。这类观点或许是受到了 1895 年 Kingston Cotton Mill 公司诉讼案的影响。该案的主审法官认为，审计师可以假设企业管理层是诚实的，除非有证据表明他们在撒谎。[⑥] 但 Edwards 的观点也有偏颇之处。如前所述，尽管早期的审计程序较为机械，但机械并不代表简单或草率。职业审计师在审计时通常会

---

① Chandler, R. A., Edwards, J. R. and Anderson, M. (1993) 'Changing Perceptions of the Role of the Company Auditor, 1840—1940', *Accounting and Business Research*, 23 (92): 449.

② Ibid.: 450.

③ Chandler, R. (1997) 'Judicial Views on Auditing from the Nineteenth Century', *Accounting History*, 2 (1): 70.

④ Ibid.

⑤ Edwards, J. R. (1989) *A History of Financial Accounting*, London: Routledge: 196.

⑥ Chandler, R. A., Edwards, J. R. and Anderson, M. (1993) 'Changing Perceptions of the Role of the Company Auditor, 1840—1940', *Accounting and Business Research*, 23 (92): 454.

检查所有交易，当总分类账与交易记录明显不一致时，审计师会收集会计账簿以外的信息并反复查验。

综上，账项基础审计尽管让人觉得过于机械，但却是复杂而具体的，绝不是简单、草率的。我们通过收集并分析 19 世纪 80 年代早期 23 家公司的审计报告，总结了早期审计的工作量及工作特点。需要说明的是，我们选取的样本虽然数量较少，但却非常具有代表性，所选的样本公司既包括 Redheugh 路桥公司这样的小企业，又包括大西部铁路公司（英国第三大企业）这样的大型企业；既包括工业企业，又包括金融企业。我们采用公司会计年度结束与审计报告报出日之间的时间间隔来衡量审计项目所花费的时间。这种计量方法虽然难以反映审计时间的精确值，但代表了审计时间的最大值，且可以在很大程度上近似反映审计项目的真实时间。数据分析的结果表明，审计项目的平均时长为 2 个月。鉴于该平均值可能受到电报公司数据缺失的影响，我们还查看了众数（5 周）和中位数（6 周）。对审计师的访谈结果则显示，审计时间最短仅一周，最长可至 3 个月（对 Wilde，Atkins 和 Wilkes 的访谈）。一位在 20 世纪 40 年代从事审计工作的受访者回忆说："我清晰地记得我们花费了 5 周的时间，才完成对一家百货公司的审计项目，这家公司是我们规模最大的客户"（对 Mold 的访谈）。之后几年审计时间没有发生太大变化，例如曼彻斯特的一位审计师说："20 世纪 50 年代，对小企业的审计可能只需不到一周的时间，但对类似 Combined English Mills 公司这样的大客户，审计时间可能长达 3 个月"（对 Boothman 的访谈）。此外，50 年代，德勤会计师事务所用一个月到 6 周的时间完成了 Vauxhall Motors 公司的审计业务（对 Milne 的访谈）。

综合考虑审计时间和前面提到的审计费用信息，我们可以大致估计出一个审计项目所花费的人力。以 1881 年对 Metropolitan Railway Carriage & Wagon 公司的审计为例，该项目的审计费用为 105 英镑（约合 100 基尼），审计时间为 5 周。假设一名审计师的日平均工资为 2 基尼，每周的工作时间为 5 天，那么我们可推算出该项目的审计人员为 2 名。利用这种推算方法，我们发现审计团队的规模平均为 5 人，众数和中位数均为4人。这些数据在一定程度上反映了19世纪80年代审计团队的规模。我们还利用1900—1901年间121家样本公司的数据进行测算，结果表明，审计费用的平均值为171英镑，这相当于81位审计师共同工作了1天，或1位审计师连续工作了81天，抑或是4位审计师工作了近1个月。不难发现，19世纪80年代的分析结果和1900—1901年的结果基本一致，表明在该时期，审计时间并未发生明显变化。此外，在19世纪末期，一个审计项目通常由4位审计师花费4～8周的时间完成。

我们还通过收集审计报告来进一步分析审计工作的情况。例如，普华在1882年对Artisan Labourers and General Dwellings公司的审计报告中写道："我们在检查了公司的账簿和发票后认为，公司的会计记录是正确的。"这是比较常见的审计报告的形式。当然，也有一些审计师会建议客户改进它们的记账体系，如Turquand，Youngs事务所通过多年的努力说服了Marbella Iron Ore公司取消对货币资金贬值的会计记录。还有证据显示，审计师有时会出具保留意见，如Robert A. Maclean公司因国家安全储备金账户存在问题而被审计师出具保留意见。在121家样本公司中，有30多家（约占1/4）公司在1900年被出具了保留意见。与之相比，19世纪80年代的审计报告则较为简单，很多报告只有"已审计"等字样。这样的审计报告确实容易让人误以为该时期的审计工作简单粗暴。例如，伦敦啤酒厂（City of London Brewery）和水晶宫公司（Crystal Palace）的审计报告就采用了这一形式。然而深入分析可知，这两家公司的审计费用高达200英镑，这表明至少有5位审计师在啤酒厂工作了1个月，有2位审计师在水晶宫公司工作了6周。

综上可知，该时期的账项基础审计属于劳动力密集型工作，需要耗费大量人力和时间。虽然其审计程序比较机械，但绝不是简单草率的。

中期审计或持续审计

自职业审计产生开始，审计就不仅仅只在年末进行（当然，年末进行一次性集中审计可能会加大审计难度）。Spicer 和 Pegler 指出：

> 大多数人认为，审计工作是在企业结账或财务年度结束后的一段时间内集中进行的。然而，这只是审计工作最理想的状态。①

此外，Spicer 和 Pegler（同见 de Paula②）还介绍了中期审计（interim audit），又称持续审计（continuous audit）：

> 在这类审计中，审计人员全年都在跟踪检查企业的账簿记录，或者审计人员在会计年度中定期或不定期地到企业走访，并进行中期审计。可见，这类审计的工作量非常大。③

“持续审计”和“中期审计”尽管从字面上看略有不同，但一般可以互相替换。除股东委托的外部审计以外，持续审计还隐含了为管理层提供内部审计服务的意思（非常感谢 Dick Edwards 教授提供的这一观点）。与“审计”这个概念类似，在审计领域有很多内涵较为复杂的专业词汇。

Birmingham Railway and Wagon 公司 1886 年的审计报告是典型的中期审计的审计报告。很多被访者向我们介绍了 20 世纪二三十年代的中期审计的情况：

> 一个大企业的中期审计项目通常要花费 7～8 名审计师几乎一整年的时间，审计师们每个月都要进行中期审计。例如，我们在对 Trustees Savings 银行进行中期审计时，每个月都有相应的审计任

---

① Spicer，E. E. and Pegler，E. C.（1914）*Practical Auditing*，2nd edn，London：H. F. L.（Publishers）Ltd：25.

② de Paula，F. R. M.（1914）*The Principles of Auditing*：*A Practical Manual for Students and Practitioners*，lst edn，London：Pitman：15.

③ Spicer，E. E. and Pegler，E. C.（1914）*Practical Auditing*，2nd edn，London：H. F. L.（Publishers）Ltd：22.

务需要完成。

（对 Goodwin 的访谈）

如前所述，此时的审计师还要为客户提供会计服务。Dicksee 编著的早期版本的审计教材提到：“有时，中期审计业务还包括持续为客户编制会计账簿。”① 该书 1951 年的版本又删除了这一内容。

事务所开展中期审计业务的动机有两方面：第一，便于年末登记会计账簿、编制会计报表；第二，年中的业务压力较小而年末的业务压力较大，因此中期审计可以使全年的业务安排更为合理。② 正如一位被访者在回忆 20 世纪 30 年代的审计经历时所说：“为了提高年末审计的效率，规模较大的事务所一般都有中期审计业务。当然，还有一个重要原因是能够在业务淡季充分利用人力资源”（对 Chapman 的访谈）。另一位受访者也表示：

> 即使员工在办公室无所事事，我们也要照常支付工资，而这些工资本可以用于聘请更多的注册会计师。因此，为了充分利用员工的空闲时间，我会让他们去执行中期审计。有的员工可能会说，“Joe Bloggs 公司的审计业务并不麻烦，不需要从年中就开始”，但我依然要求员工在年中多做一些，而不是把所有的工作都留到年末。
>
> （对 Mold 的访谈）

20 世纪 50 年代负责审计 Consett 钢铁公司的审计人员表示：

> 你可能一整年都会在钢铁公司执行审计工作，以减轻年末的工作压力。事实上有 70%的审计业务都集中在 12 月至次年 3 月，而

---

① Dicksee, L. R. (1904) *Auditing: A Practical Manual for Auditors*, 6th edn, London: Gee: 12.

② Cooper, V. R. V. (1966) *Manual of Auditing*, London: Gee & Co: 33.

> 且现在来说依然如此。如果把所有的工作都压在年末，你根本忙不过来。
>
> （对 Middleton 的访谈）

美国企业在英国的分支机构通常都要求审计师尽快将审计后的会计账簿和报表交给它们。普华会计师事务所的一位审计师在回忆 20 世纪 50 年代的从业经历时说道："诸如 Bird's Eye 等美国公司希望审计师尽快将会计报表交给它们。因此，审计人员不得不进行大量的中期审计工作，以便在年末尽快完成审计"（对 Atkinson 的访谈）。

我们的调查结果表明，最初只有规模较大的客户才需要中期审计，但随着公司规模不断扩大，需要中期审计的项目越来越多。Dicksee 在 1951 年版的审计教材中提到："除对小企业的审计外，大多数审计项目或多或少都需要持续审计。"该书 1969 年的版本仍然保留了这一说法。[①] 普华会计师事务所早在 20 世纪 50 年代就开始对其大客户壳牌石油公司（Shell）进行持续审计，甚至还专门派审计人员全年驻扎在客户公司（对 Brindle 和 Stacy 的访谈）。

随着审计工作的发展，中期审计逐渐成为常规的审计程序之一，审计师们在年末只需做一些收尾工作。正如一位曾在 20 世纪 60 年代从事审计业务的受访者所说："中期审计的主要内容是评估企业内部控制系统的有效性，以及检查与年末审计相关的交易记录。到了年末，你可能就不用再关注内部控制和交易账户了，只需对资产负债表进行核查即可"（对 Haddleton 的访谈）。1976 年再版的由 de Paula 编著的审计教材《审计：原理和实务》（第 15 版）也提到，中期审计"通常关注企业的内部控制和具体交易"，"在一些大项目中"审计师需要"频繁去客户企业进行实地调查，甚至提供持续审计服务"。[②] Woolf 的第 1 版审计

① Magee, B. (1951) *Dicksee's Auditing*, 17th edn, London: Gee & Co: 30–31; Waldron, R. S. (1969) *Auditing: A Practical Manual for Auditors by the Late Lawrence R. Dicksee*, 18th edn, London: Gee & Co: 30.

② de Paula, F. C. and Attwood, F. A. (1976) *Auditing: Principles and Practice*, 15th edn, London: Pitman: 17.

教材同样指出，只有当审计客户的规模极小时，审计师才会把所有的工作放到年末，例如：

> 由于年末的业务压力较大，在审计大客户时，审计师不得不借助中期审计的工作……他们通常每半年或每季度，有时甚至是每个月进行一次中期审计……从而减轻年末的工作压力。中期审计的内容主要包括评价内部控制系统的有效性，检查已完成的交易记录及相关凭证等。①

Woolf 还提到，若企业内部控制的有效性较差，则持续审计是必不可少的。Woolf 1997 年出版的《当代审计》（第 6 版）（*Auditing Today*）沿用了这一说法。②

然而，Higson 对 20 世纪 80 年代中期的审计人员的访谈结果表明，由于该时期各类审计测试不断减少，中期审计的频率有所下降。③

小 结

账项基础审计是英国 19 世纪早期至 20 世纪 60 年代最主要的审计类型。由于该时期大部分的家族企业缺乏专业的会计人员来完成会计工作，因此，账项基础审计常常包括为客户登记会计账簿、编制会计报表等会计服务。直到 20 世纪 60 年代，仍有 2/3 的审计师为客户企业提供会计服务，这使审计师不得不把主要的工作精力都放在检查交易、验证计算和查验账簿等方面。此外，账项基础审计一般还包括检查过账、验算合计数等基础性工作，因此被戏称为“打卡式审计”。这类审计的审

---

① Woolf, E. (1978) *Auditing Today*, 1st edn, London: Prentice-Hall International: 46.

② Woolf, E. (1997) *Auditing Today*, 6th edn, London: Prentice-Hall International: 46-47.

③ Higson, A. W. (1987) ‘An Empirical Investigation of the External Audit Process. A Study of the Reaction of Professional Auditors to Recent Changes in the Audit Environment’, unpublished thesis, University of Bradford: 323.

计程序往往比较机械，且要消耗大量时间，一家上市公司的审计项目平均需要 2～4 名审计师花费 1～3 个月的时间完成。相较于检查具体的交易记录，账项基础审计对资产负债表的关注较少，审计师通常默认管理层所提供的存货等资产负债表数据是真实的。此外，有趣的是，审计师会在年中开展大量审计工作，从而为年末审核资产负债表提供更充裕的时间。

第三章　审计文件

审计计划

早期，不同的会计师事务所编制的审计计划存在较大差异。早在19世纪末期，会计师事务所便开始用审计记录簿（audit note-books）来“记录已经执行的审计工作以及审计过程中遇到的问题”。[①] Trevor在1889年指出：

> 用审计记录簿记录审计项目的执行情况是很有必要的。比如登记每一项任务的执行人可以使审计人员对自己的工作更加负责，从而提高审计的正确性。此外，这种做法还可以减少项目复核的时间和人力成本。[②]

① Dicksee, L. R. (1892) *Auditing: A Practical Manual for Auditors*, 1st edn, London: Gee: 1-2.

② Chandler, R. and Edwards, J. R. (eds) (1994) *Recurring Issues in Auditing: Professional Debate 1875-1900*, New York: Garland Publishing: 110.

Dicksee引用了G. P. Norton对审计记录簿的介绍：

> 审计记录簿通常用于记录一些通用的要求和指令，以及备忘事项。在一项审计业务开始前，（事务所）会将记录簿交给项目组，项目组在通用要求的基础上对记录簿的内容进行补充和修正。可见，审计师必须按照记录簿上的通用要求执行审计工作。[①]

Spicer和Pegler的第1版审计教材《审计实务》(1911年）中也讨论了审计记录簿的相关内容：

> 审计师应当将各项审计业务清楚地记录下来，以避免某些审计项目被遗漏，保证审计工作的一致性。编制审计计划是明智之举，有助于明确项目组成员的责任和义务。[②]

"审计计划"(audit programmes）源自美国的审计实务，这一概念在审计记录簿出现以后才形成，后来英国审计界也开始使用"审计计划"一词。1929年11月，"审计计划"一词首次出现在ICAEW的审计考试中（第10题）。Spicer和Pegler[③]以及de Paula[④]在其第1版教材中就使用了"审计计划"一词。最早在1908年，Spicer和Pegler在他们编写的关于通用审计计划的著作中，就提到了审计计划程序适用于银行、铁路公司和啤酒厂的审计项目。[⑤]

编制审计计划的主要目的在于控制项目组成员的行为。"在大多数

---

① Dicksee, L. R. (1892) *Auditing: A Practical Manual for Auditors*, 1st edn, London: Gee: 1-2.

② Spicer, E. E. and Pegler, E. C. (1911) *Practical Auditing*, 1st edn, London: H. F. L. (Publishers) Ltd: 28-29.

③ Ibid.: 29.

④ de Paula, F. R. M. (1914) *The Principles of Auditing: A Practical Manual for Students and Practitioners*, 1st edn, London: Pitman: 12-13.

⑤ Spicer, E. E. and Pegler, E. C. (1908) *Audit Programmes*, London: H. Foulkes Lynch.

审计项目中，如果不编制审计计划，项目负责人很难对审计人员实施有效控制。”① Dicksee在1904年版的审计教材中指出，审计计划的出现是因为项目负责人认为“为审计师规定特定的审计程序比任其自由发挥更好”。Dicksee还指出：“项目负责人希望拥有对审计项目和项目组成员的绝对控制权。”② Spicer和Pegler在他们的第1版审计教材中，讨论了审计计划的优点：

> 在审计的每个环节进行一些明确的记录是可取的，为确保工作一致性，并确保所有应做的工作都完成，（项目组）最好制定一份工作计划，即负责完成审计工作的项目组成员对自己执行的每一部分工作签字。③

此外，对已完成的审计项目进行记录，能够为“未来编制审计计划提供基础”。1951年出版的由Spicer和Pegler编写的第10版审计教材中也提到了这一审计计划的概念。④

1892年，Dicksee编写的《审计记录簿》出版。他在1904年版的审计教材中提到：“《审计记录簿》的畅销充分说明了该书在实务界的广泛影响……事实上，这本书至今仍被很多审计师使用。”⑤ 《审计记录簿》介绍了三种不同的审计记录簿。第一类是“事务所统一制定的记录簿。该类记录簿对几乎所有的审计工作都做出了规定，详细列出了审计师在各类情形下的职责要求”，如对“平衡现金账簿”“日记账及过账”

---

① de Paula, F. R. M. (1917) *The Principles of Auditing: A Practical Manual for Students and Practitioners*, 2nd edn, London: Pitman: 12.

② Dicksee, L. R. (1904) *Auditing: A Practical Manual for Auditors*, 6th edn, London: Gee: 5.

③ Spicer, E. E. and Pegler, E. C. (1911) *Practical Auditing*, 1st edn, London: H. F. L. (Publishers) Ltd: 28-29.

④ Bigg, W. W. (1951) *Spicer and Pegler's Practical Auditing*, 10th edn, London: H. F. L: 27-29.

⑤ Dicksee, L. R. (1904) *Auditing: A Practical Manual for Auditors*, 6th edn, London: Gee: 2.

"机密账""资产负债表和利润表"等项目的审计要求（这进一步表明审计师应当承担会计责任）。[①] 该类记录簿也可能由一些备忘录组成。审计师通常不会将这种记录簿带到客户企业，而是放在事务所的办公室里。第二类审计记录簿是由项目组成员自行编制的，其内容更偏向于审计计划，一般在审计项目开始前制定完成。第三类记录簿是由审计项目负责人编写的，其内容与第二类记录簿类似，但该类记录簿只有在审计负责人对审计项目负有较大责任时才会出现。[②] 我们的调查结果显示，后两类审计记录簿最晚在20世纪60年代就已经比较常见了。一位曾在60年代任职于一家中型地方性事务所的审计师表示，他所在的事务所的审计计划是由高级审计师和初级审计师共同编写的（对Sharman的访谈）。另一位被访者同时期在一家仅有4位合伙人的事务所任职，他向我们讲述了他在审计Taylor Woodrow建筑公司的子公司时的经历。他提到："当时市面上找不到任何现成的可供参考的审计计划，我们通过不断总结审计经验，才逐渐形成了自己的审计计划"（对Kemp的访谈）。

到了20世纪60年代，审计记录簿开始广泛使用。可能是编者为了省时间，1969年出版的《审计学：审计人员实务手册》（第18版）没有对审计记录簿的内容做出重大修订，相较于1892年的版本，新版本仅有少数几处改动。[③] 此外，还有一位被访者向我们介绍了审计记录簿：

> 在我加入Peats事务所时（1958年），每年的审计计划均由事务所的高级会计师负责编制。审计计划一般写在大页纸上，并用绿色的硬面封皮装订。我常常看到同事们为了制定清晰的审计计划跑上跑下地找合伙人，甚至边走边在楼梯上填写，但实际上合伙人很少花时间检查审计计划的执行情况。60年代早期，虽然这一老旧

---

① Magee, B. (1951) *Dicksee's Auditing*, 17th edn, London: Gee & Co: 32-33.

② Ibid.: 34.

③ Waldron, R. S. (1969) *Auditing: A Practical Manual for Auditors by the Late Lawrence R. Dicksee*, 18th edn, London: Gee & Co: 36.

的方法依旧存在，但已经开始发生一定变化。

（对 Hardcastle 的访谈）

一份审计计划有时会被事务所沿用很长一段时间。一位曾在 20 世纪 50 年代从事审计工作的受访者回忆说：

真正的审计计划书应当是一本会被使用很多年的厚厚的册子。你会在册子上标出各项工作的内容及相应的时间。假设你花了一个月的时间完成了某项工作，那么你会在册子上把该项工作的内容和完成时间记录下来。

（对 Beard 的访谈）

普华的一位合伙人回忆说："审计计划一旦制定出来就会被事务所使用很多年。我记得第一次接触审计计划是在 1957 年。它是创始合伙人 Nicholas Waterhouse 在 20 年前制定的"（对 Stacy 的访谈）。一位在 50 年代工作于 Thornton and Thornton 事务所（位于牛津的一家中型事务所）的会计师告诉我们："我是参考 10 年前制定的审计计划展开审计的。上一份审计计划是参考 20 年前的审计计划制定的，事务所貌似会在很长时间内使用一份审计计划"（对 Haddleton 的访谈）。还有一位在 20 世纪 60 年代从业的被访者表示：

今年的（审计计划）是基于上一年的审计计划制定的，并且基本的审计技术一般不会改变。我们只会根据个别不同的情况做出一些微小的调整，并在不同年份用不同颜色的笔标记出来。审计计划 95%的内容一般都不会改动。

（对 Patient 的访谈）

此外，Peat Marwick 事务所的"审计计划也和 15 或 20 年前的一样"（对 Mordy 的访谈）。此外，不管教材如何强调要针对不同客户制定不同的审计计划，当时审计师一般不会针对某一项目制定特定的审计计划。另一位在60年代从业的审计师提到："不管审计什么类型的公司，遵循的都是同样的审计计划。我们在审计不同工厂的时候，用的也是同样的审计程序"（对 Chapman 的访谈）。

但是，那个时候不是所有的事务所都会使用审计记录簿或者制定审计计划。Dicksee 也解释了不制定审计计划的原因：

> 如果事务所派出一个有能力的会计师去开展审计工作（事务所当然要派遣有能力的人出去），那么与其用各种现成的指令去约束他，还不如让他放开手脚地干。这样可以让审计师根据客户账簿系统的类型以及他所碰到的特殊情况来开展审计，从而可以避免审计师对所有项目都执行一样的标准，忽略项目的特殊性。而且，让审计师自己决定审计过程能充分发挥其主观能动性，也能提高其对项目的责任感和责任心，激励他们更彻底地开展工作。[①]

此外，1949年 D. A. Bostock-Smith 发表文章称：

> 在项目开始之前一般需要制定审计计划。一般有两类审计计划：(a) 无形的审计计划。它存在于高级审计师头脑中，一旦高级审计师离开，比如出差发展业务，审计计划就很可能被打乱；(b) 纸质版的审计计划。我们讨论的是第二种审计计划，这种审计计划相对较少。
>
> (*Accountant* 12 March 1949：198)

这种观点或许有失偏颇，但是我们也不能否认第一类审计计划的存在。比如一位20世纪40年代在一家小型事务所工作的审计师告诉我们："其实没有严格的审计计划来约束我们。你只需要出去执行审计工

---

① Dicksee, L. R. (1904) *Auditing: A Practical Manual for Auditors*, 6th edn, London: Gee: 2.

作，没有人告诉你应该怎么做”（对 Brittain 的访谈）。另一位被访者也向我们介绍了无形的审计计划，他说：

> 20 世纪 60 年代，每一位审计经理一般都有自己的工作风格。我记得有一位经理虽然不制定纸质版的审计计划，但是在 10 年、15 年和 25 年的工作经历中，他形成了自己的审计流程。所以说，审计计划一般不是在纸上，而是在这些人的头脑中。
>
> （对 Niddrie 的访谈）

后来在 Stoy Hayward 事务所工作的审计师也说：“我们第一套通用的审计方法产生于 1972 年。我确实参考了审计计划执行审计工作，但是当时制定的审计计划还是非常粗糙的”（对 Martin 的访谈）。

表 3－1 反映了事务所使用审计计划情况的巨大差异。我们的调查证据显示，20 世纪 60 年代，只有 50%～60%的事务所在审计的时候“每次”都会或者“经常”使用审计计划。也就是说，即便是 20 世纪 60 年代，也有约 45%的事务所在审计的时候“从不”或者“很少”使用审计计划。直到 20 世纪 70 年代，审计计划的使用率才有显著的提高。在这一时期，审计时“每次”都会或者“经常”使用审计计划的事务所比例提升至 70%左右。而到了 20 世纪 80 年代，这一数据提升至约 90%，最后增长至 20 世纪 90 年代的约 96%。表 3－1 还显示使用审计计划的频率与事务所规模没有很明显的关系，而是与被审计客户的规模有很大关系。通过采访从两次世界大战期间到 20 世纪 90 年代参加过审计工作的受访者，我们发现，主要审计上市公司的人中有约 90%的人“每次”都会或者“经常”使用审计计划，而主要审计中小型企业的人中有约 2/3 使用审计计划，主要审计个人或合伙企业的人中该比例仅为约 1/3。一位被访者告诉我们，事务所只有在审计大客户的时候才使用审计计划（对 Norris 的访谈）。这也就解释了为什么 20 世纪七八十年代审计计划的使用频率不断提高，因为该时期审计客户的规模在持续扩大。

表 3-1 我们事务所在审计的时候……会使用审计计划书

	每次 (%)	经常 (%)	有时 (%)	从不 (%)	总计 (%)	总计 N
根据时间分组（20 世纪）						
20—30 年代	39.3	20.2	28.1	12.4	100	89
40 年代	38.9	17.6	25.2	18.3	100	131
50 年代	35.4	16.5	30.4	17.7	100	158
60 年代	46.3	9.5	31.3	12.9	100	147
70 年代	58.5	12.3	19.2	10.0	100	130
80 年代	78.3	12.5	5.8	3.3	100	120
90 年代	92.8	3.6	2.2	1.4	100	138
根据公司规模分组						
上市公司	84.4	5.4	6.0	4.2	100	167
中小型公司	56.9	14.3	20.1	8.7	100	411
个人或合伙企业	20.4	15.1	38.7	25.8	100	93
根据被调查者所在事务所规模分组						
前 20 大型	69.4	8.3	13.1	9.2	100	314
中型	50.2	12.2	25.8	11.8	100	287
小型	49.7	16.8	21.9	11.6	100	310

资料来源：问卷调查结果详见附录。

审计工作底稿

英国审计中的审计计划书通常都包含在一本装订好的审计记录簿中，并在 20 世纪 60 年代开始普及。早期美国审计也广泛使用审计记录簿，审计记录簿一般为纸质的，包括“通用审计指南页和空白页。空白页用来填写针对特定项目的说明以及对各类账户的详细解释……审计师在执行了相关程序以后需要签上其姓名首字母”。[1] 但在 Montgomery

[1] Myers, J. H. (1985) ‘Spiralling Upward: Auditing Methods As Described By Montgomery and His Successors’, *The Accounting Historians Journal*, 12 (1): 54.

的第 1 版审计教材（美国第一本审计教材）[1] 出版前，美国审计师就不再使用审计记录簿而改用审计工作底稿（working paper）了。Montgomery 认为账项基础审计更需要审计记录簿，而美国人之所以放弃审计记录簿是因为账项基础审计减少，并且美国人越来越依赖所谓的“审计工作底稿”。Montgomery 提到，审计工作底稿与审计记录簿类似，但是包括了审计计划、已执行的审计工作以及审计发现的差错。[2] 审计工作底稿一般都用活页装订在一个文件夹中，并配有相应的索引。对同一家公司的审计项目会一直使用同一本工作底稿。[3] 1915 年 Waldron H. Rand 在《会计学杂志》（*Journal of Accountancy*）（美国注册会计师协会的官方学术期刊）发表的一篇文章讨论了审计工作底稿。1923 年美国会计学会还出版了 J. Hugh Jackson 编写的《审计工作底稿——编制方法和内容》来介绍审计工作底稿。[4]

因此，美国人比英国人更早采用审计工作底稿。一位 20 世纪 50 年代从业于 Thornton and Thornton 事务所的英国会计师也证明了这一点：

> 我只编制过一次审计工作底稿，那还是出于审计计划的要求。当时我在加拿大一家大型事务所工作。北美人的审计理念是你审计了资产负债表，那么你就应该将你审计时发现的有关资产负债表项目的问题都记录下来。
>
> （对 Haddleton 的访谈）

在英国，在审计过程中不可避免地积累起来的甚至是逐年审计积累的文件，也是英国审计从一开始就面临的问题。de Paula 的第 1 版教材就说道：“应该将审计工作底稿，甚至是一些草稿和附件都归档整理并

---

① Montgomery, R. H. (1912) *Auditing*, 1st edn, New York: Ronald Press: 242-246.

② Ibid.: 73-77.

③ Montgomery, R. H. (1934) *Auditing*, 5th edn, New York: Ronald Press: 47-53.

④ Waldron, R. S. (1969) *Auditing: A Practical Manual for Auditors by the Late Lawrence R. Dicksee*, 18th edn, London: Gee & Co: 372-373.

保存起来。”① 支持使用审计工作底稿的人还提到：“如果审计师不进行适当记录的话……很可能会出错。审计师可能会发现自己的脑子根本用不过来。”相比之下，Dicksee 对这一问题的关注比较晚，1951 年出版的第 17 版审计教材中虽然讨论了类似问题，但是没有使用“审计工作底稿”一词：

> 在谈到“笔记”的时候，除了涉及近几年流行起来的审计计划以外，还涉及与审计相关的一些文件。事务所每次在签订一项新业务时都会用到这类文件，在审计时还经常会参考过去的这类文件……事务所还会将这些文件“永久”保存下来。②

在英国，不同事务所编制的审计工作底稿各不相同，并没有固定的格式。因为审计工作底稿是英国审计在自然发展过程中产生的，不是人为规定的。而且它的出现还受到了审计业务模式的影响，即审计师经常需要为客户编制会计报表。正如《Thornton and Thornton 实习生》早些时候所引用的解释：

> 会计师在审计时之所以会编制工作底稿，是因为其执行的审计工作本身就会形成工作底稿。审计工作从结转银行存款账簿开始，到结转现金账簿……然后将各类日记账过到分类账中……再编制会计报表。可以看出，在做这些工作的时候就自然会产生工作底稿。我从来不记得我曾经坐下来专门编制什么工作底稿。
>
> （对 Haddleton 的访谈）

我们访谈了一位来自 Mellors，Basden & Mellors 事务所的会计师，他所在的事务所是位于诺丁汉的一家中型事务所。他告诉我们：“20 世

① de Paula，F. R. M.（1914）*The Principles of Auditing：A Practical Manual for Students and Practitioners*，lst edn，London：Pitman：12-13.

② Magee，B.（1951）*Dicksee's Auditing*，17th edn，London：Gee & Co：34.

纪50年代，我们还需要根据会计账簿编制会计报表。虽然我们确实也在做审计工作，但是那时的重点就在会计服务上。工作底稿基本就是一些计算和验算的草稿，而不是检查账簿的记录”（对Hewitt的访谈）。

审计师在不同企业进行的会计工作差异较大，所以早期英国审计中的工作底稿没有后来那么系统化，信息量也没那么多。另一位会计师回忆说：

> 我们只是记录一些需要解释的内容和已经完成的审计程序，事务所会将这些记录保存起来。这样任何对项目有疑问的人可以自己去了解已经完成的审计工作。我就看到过1939年编制的工作底稿……那时候编制审计工作底稿没有那么多规定和限制，所以Cardiff事务所的工作底稿和Newport事务所的工作底稿一般都是不一样的。现在的工作底稿则更加标准化。
>
> （对Jones的访谈）

同时代的另一位会计师则说：“那时候典型的审计工作底稿的篇幅是现在的1/4，甚至可能更少”（对Whinney的访谈）。20世纪50年代的注册会计师则提到：

> 我经常将我们现在的文件和过去的文件进行对比。过去的文件还是很原始的，编制的审计工作底稿都没有统一的标准。而且那时候的工作底稿更多的是会计服务的工作底稿，而不是审计服务的底稿。
>
> （对Shaw的访谈）

另一位20世纪40年代从业于一家小型城市事务所的实习生说他们根本不编制工作底稿（对Ainger的访谈）。也有被访者对此做出了解释：“之所以没有编制工作底稿是因为：(a)纸张不够；(b)没有打印机，不方便打印”（对Atkinson的访谈）。

由于各事务所在审计程序、客户规模以及事务所对客户会计报表编制工作的参与度等方面存在较大差异，审计工作底稿也是千差万别。但是从20世纪40年代开始，不少事务所开始关注工作底稿的编制格式。40年代晚期，普华事务所合伙人Stanley Duncan在ICAEW的牛津夏令营上发表了一次重要的演讲。这是审计史上具有里程碑意义的事件。他回忆说："我展示的是普华事务所编制工作底稿的方法，审计工作底稿主要反映了已经做过的审计工作并证实各种数据的真实性"（对Duncan的访谈）。从此以后，其他事务所都开始学习普华事务所编制工作底稿的方法。普华事务所的一位合伙人回忆说：

> 20世纪50年代，我们编制的工作底稿覆盖了资产负债表的每一个项目，并利用索引表（Lead Schedule）告诉你如何对比当年和上年的信息，比如对比固定资产的变化，对比应收账款和其他应收款的分类，以及对比坏账条款的差异等。我们的工作底稿还会举例介绍检查资产负债表项目的方法，并且我们一般都会遵循这些方法。这样不管是合伙人还是审计经理，当怀疑固定资产或者应收款存在问题时，只需要检查一下工作底稿就行了。工作底稿其实是我们分析账簿体系的记录。我个人认为普华对客户账簿体系的分析还是比较透彻的，工作底稿的逻辑也还是很清晰的。
>
> （对Stacy的访谈）

有些事务所没有审计计划，却有很好的审计工作底稿，有些则相反。一位50年代从业于一家小型事务所的会计师回忆说："我们没有编制审计计划书，但是我们编写的审计工作底稿都非常详细"（对Boothman的访谈）。同样有趣的是，Spicer和Pegler虽然编写了一本审计教材，但是他们所创立的事务所到50年代都还没有成型的审计计划。他们事务所的一位实习生回忆说：

> 直觉是最重要的。你可能会被要求编制一套完美的工作底稿。

> 如果你没有好好编制，那么当你去见他们（Spicer 和 Pegler）的时候就会出问题。因为……如果……他们所需要的信息不在里面，他们会对此表示不满。但他们最主要的决策依据仍然是职业判断。
>
> （对 Denza 的访谈）

与审计计划一样，系统化的审计工作底稿从 20 世纪 70 年代才开始流行。以 de Paula 编写的审计教材为例。该书的第 1 版（1914 年版）到第 13 版（1966 年版）对审计工作底稿的介绍没有什么变化。但到了 1976 年，该书第 15 版对审计文件，包括审计工作底稿进行了详细的介绍，并建议使用 ICAEW 在 1969 年发布的 U12 文件——《审计工作底稿》。[①] Dicksee 在 1969 年版的审计教材（第 18 版）中则直接新增了题为“审计工作底稿”的章节，详细介绍了各类审计工作底稿，并列举了该程序的诸多优点。该书认为，审计工作底稿最主要的优点就是，“当审计结果或者审计工作被质疑（甚至起诉）的时候，审计师可以利用工作底稿为自己辩护”。[②] Spicer 和 Pegler 的审计教材到第 16 版（1978 年版）才略微提及审计计划，却详细介绍了编制审计工作底稿的相关内容。该书还区分了“本期审计文件和永久审计文件”，Dicksee 1951 年版的审计学教材中也进行了类似的分类，此外，1966 年 Cooper 出版的《审计手册》也做出了类似分类。[③]

审计手册

与编制审计计划和审计工作底稿一样，审计师编制审计手册（Audit

---

① de Paula, F. C. and Attwood, F. A. (1976) *Auditing: Principles and Practice*, 15th edn, London: Pitman: 18-21, 268.

② Waldron, R. S. (1969) *Auditing: A Practical Manual for Auditors by the Late Lawrence R. Dicksee*, 18th edn, London: Gee & Co: 373.

③ Cooper, V. R. V. (1966) *Manual of Auditing*, London: Gee & Co: 7; Waldron, R. S. (1978) *Spicer and Pegler's Practical Auditing*, 16th edn, London: H. F. L: 60-62.

Manual）以及一些指导性文件都是为了使审计程序更加系统化，这些文件通常保存在事务所办公室，审计人员可以直接或修改后应用于所有的审计。Dicksee 编写的第 1 版审计教材《审计：审计人员实务手册》中摘取了 David Chadwick 在 1883 年发表于《会计师》杂志上的 22 条审计指南。[①] 这位审计师在当时非常有名。他的第一条审计指南便是："在开始一项新的审计项目的时候，你应该拿到所有的账簿记录以及有权收付现金和订货的员工名单。" Dicksee 对 David Chadwick 的审计指南做了如下解释：

> 有些事务所习惯在审计记录簿的最前面列出这些通用的审计指南。这在当时很常见。这大概是为了提醒所有的会计师他们工作可能涉及的范围。[②]

这类指南最早可以追溯到 19 世纪 60 年代，它们实际上就是审计手册的雏形。到 20 世纪 50 年代，一些事务所对这些指南在格式上加以改造，进而形成了审计手册。20 世纪 50 年代在 Thornton and Thornton 会计师事务所工作的一位会计师解释了审计手册如何发挥作用，并避免重复犯错：

> 还有一种审计项目组自己制定的手册……我记得这些手册解释了为什么在审计工作中需要进行某些工作。我之所以能记得，是因为在 1920 年（或是在 1932 年），有人因为执业不当被抓。我们当然不想被抓起来，所以我们之后就开始按照审计手册的要求小心检查保险卡和数存根什么的。
>
> （对 Haddleton 的访谈）

---

① Dicksee, L. R. (1892) *Auditing: A Practical Manual for Auditors*, 1st edn, London: Gee: 2-4.

② Magee, B. (1951) *Dicksee's Auditing*, 17th edn, London: Gee & Co: 32.

但是，早期的审计手册都无法和库珀兄弟事务所在第二次世界大战以后的创新相比。库珀《审计手册》的真正作者 Henry Benson 在 1946 年将该手册的第 1 版发给了事务所员工。[1] Henry Benson 当时刚成为 John Pears 事务所的负责人。有人告诉我们，该事务所编写这本手册的主要目的在于更好地管理事务所员工：

> 我记得有一次和 Henry Benson 聊天，他说他们最担心无法管理手下的员工。他们手下有很多员工，事务所高层不确定这些员工会做什么错事，犯什么错误。他们担心员工的行为不确定性，所以编制了审计手册。
>
> （对 Goodwin 的访谈）

库珀兄弟事务所的审计手册的前言说，编制手册“是为了帮助从战场上回来的审计师尽快重拾审计技能，因为他们已经很久没有接触这一职业了”。[2]

考虑到事务所的业务在未来会不断扩张，库珀兄弟事务所将审计手册印在活页纸上，以便在未来增加内容。事务所内部手册最初涵盖的内容包括：清算、调查、税务、公司账簿、执行人、受托人以及审计。但在 1966 年的版本中，审计这一项被排在最后。据事务所内部人员透露，该事务所之所以会将内部手册出版共享，是因为 Henry Benson 希望送给同行一份礼物。库珀兄弟事务所的一位高级审计师也告诉我们：

> 之所以出版（该手册），是因为 Henry Benson 认为我们应该告诉同行我们做了什么，也可以帮助他们进步。我们在制定手册方面走在了前列。手册的内容是基于我们事务所的工作经验形成的。让他们学习我们手册的部分内容就可以让他们知道我们是如何审计存

---

① Benson，H. (1989) *Accounting for life*，London：Kogan Page.

② Cooper，V. R. V. (1966) *Manual of Auditing*，London：Gee & Co：7.

货或者债权等其他项目的。

（对 Hobson 的访谈）

手册是以事务所合伙人 Vivian Cooper 的名义出版的。一方面是为了附上事务所的名字；另一方面也是为了避免违反法律，因为法律规定事务所不能做广告（对 Middleton 的访谈）。《会计师》（1966-07-09）上发表的一篇文章认为："……这是一本精致的、出色的手册，它将受到实务界同仁的欢迎，因为一些人希望重新评估和改进自身的审计体系。"

手册共有 620 页，将审计程序大致分成五个部分：第一，如何将客户分成从 A 到 E 五个等级，A 级包括规模最大且内部控制最完善的客户，E 级包括规模最小且没有内部控制的客户，其他客户介于 A 级至 E 级之间；第二，如何通过问卷调查了解内部控制（该书用 135 页介绍此部分）；第三，如何制定和落实审计计划（该书用 99 页介绍此部分）；第四，如何将发现的问题通报给客户；第五，如何使用明确定义的审计工作底稿系统。[①]

库珀《审计手册》对审计实务的影响非常大。很多被访者认为凭借其审计手册，库珀兄弟事务所业务规模和业务质量在 20 世纪五六十年代一下子超越了很多大型事务所。一位被访者表示，"库珀兄弟事务所成了审计效率的代名词……并且成了审计行业的领头人"（对 Hewitt 的访谈）。一位会计师在 20 世纪 70 年代成为库珀兄弟事务所的高级合伙人，他回忆说：

我于 1953 年成为合伙人，在我的印象中，我们一直在使用审计手册。我记得早在 1950 年我们就使用审计手册来指导我们的工作了。当时，普华事务所曾经和我们合作展开联合审计项目，他们那个时候还没有使用审计手册。他们除了将员工派到现场，没有任

① Cooper, V. R. V. (1966) *Manual of Auditing*, London: Gee & Co: 7, 26.

何指示和安排。

（对 Hobson 的访谈）

事实上，库珀兄弟事务所的审计手册对审计界的影响在其出版之前就开始显现了。一位来自 Thornton and Thornton 事务所的被访者向我们回忆了他在 20 世纪 60 年代的经历，当时他们与库珀兄弟事务所联合审计 BMC 汽车公司：

我们遵循他们的审计手册来执行审计，这自然也影响了我们之后的审计方法。我父亲在加入 Thorntons 事务所之前（20 世纪 50 年代）曾在库珀兄弟事务所工作过四五年，他的审计方法也比同时代的其他审计师要先进。

（对 Atkins 的访谈）

此外，很多被库珀兄弟事务所兼并的事务所不得不开始使用审计手册。一位被访者将其称为“库珀化”（对 Middleton 的访谈）。一位被访者所在的事务所在 1967 年被库珀兄弟事务所兼并，他回忆说：“库珀的审计体系……仍然非常先进”（对 Livesey 的访谈）。但是另一方面，兼并后的一体化过程并不顺利。一位被访者回忆了 1965 年他所在的事务所被库珀兼并的经历：

被库珀兼并以后，我们原先的审计体系发生了根本性的转变。库珀带来他们自己的审计手册，里面的内容和我们以前的审计方法完全不一样……并不是所有客户都希望有这样的改变。我们虽然开始使用抽样的方法，但是不得不向客户解释我们为什么要改变审计方法。此外，在引入库珀手册以后，我们原先的审计体系的优点也完全被抛弃了。

（对 Palmer 的访谈）

库珀的《审计手册》在出版以后影响更大。Waldron 在 1970 年写道：

> 审计界没人不知道库珀手册，几乎人手一本。审计人员喜欢将其放在办公室，以便随时拿来参考或者给他们的员工参考。对于事务所来说，它们都需要一套审计手册。但现实的情况是，不是所有的事务所都有精力和能力编制自己的审计手册（所以库珀的《审计手册》非常受欢迎）。
>
> （*Accountant* 19 February 1970）

从我们的调查结果来看，其他事务所也都愿意向库珀兄弟事务所学习。一位从业于一家中型城市事务所的审计师回忆说：

> 我仍然清楚地记得我们事务所编制第 1 版审计手册的过程，因为我参与了它的制定过程。我们当时参考的就是第一部公开出版的审计手册——库珀《审计手册》。它的出版是审计史上的里程碑。几乎所有的事务所开始以库珀手册为模板编写审计手册，或者直接采用库珀手册。有些事务所在编制审计计划的时候都会参考它。
>
> （对 Patient 的访谈）

普华事务所的一位前合伙人回忆说：

> 我们第一部审计手册由 Charles Bailey 编写……他当时正在努力成为合伙人……那已经是在 1969 年了，所以在我们的审计手册中有关……控制测试的内容比较多。那个时候我们开始朝控制系统方向发展。
>
> （对 Stacy 的访谈）

到 20 世纪 80 年代，无论什么规模的事务所都拥有了属于自己的审计手册。Thornton Baker①，Thomson McLintock② 等人还出版了自己的审计手册。③ Humphrey 和 Moizer 通过对 18 位审计经理的调查访谈发现，制定审计手册的最初动机仍是控制事务所员工，或者说是“将事务所的审计方法和审计判断标准化”。他们还发现审计手册使事务所对审计业务的分类产生了重大影响。但是我们访谈的一些审计经理告诉我们：“一直以来，审计手册仅仅是建立了一个松散的框架，指导审计师利用这个框架进行审计判断。”④

小　结

早期审计所涉及的文件因事务所而异。20 世纪 60 年代，有 50%～60%的事务所“每次”或者“经常”使用审计计划书。我们调查发现，影响事务所使用审计计划频率的主要因素是客户规模。此外我们发现，事务所使用审计计划主要是为了对审计人员进行有效管理。审计计划一般都和审计记录簿联系在一起，后者用于记录已执行的审计工作的内容及其执行人。事务所会使用同一本审计记录簿很多年。另一方面，我们发现，早期审计中很多事务所并没有具体的审计计划。这些事务所会根据高级审计师头脑中的计划来执行审计。随着账项基础审计的减少，美国的事务所倾向于在审计过程中编制审计工作底稿。20 世纪 60 年代以后，审计计划和审计工作底稿都开始流行，也越来越标准化和正规化。随后，除了一些非常小的事务所，几乎所有事务所都开始使用审计计划书和审计工作底稿。最后，审计工作手册（通用审计指导）也来源于专

---

① Thornton Baker Associates (1981) *Audit Manual*, London: Oyez Longman.

② Thomson McLintock (1983) *The Thomson McLintock Audit Manual*, London: Macmillan.

③ Turley, S. and Cooper, M. (1991) *Auditing in the United Kingdom: A Study of Development in the Audit Methodologies of Large Accounting Firms*, London: Prentice Hall/ICAEW: 7.

④ Humphrey, C. and Moizer P. (1990) 'From Techniques to Ideologies: An Alternative Perspective On the Audit Function', *Critical Perspectives on Accounting*, 1: 225-226, 228.

业审计产生之初。库珀兄弟事务所在 1946 年编制的审计手册相比以往的审计手册更加先进，它在 1966 年出版以后（甚至在其出版之前）对英国审计产生了巨大的影响。从那以后，几乎所有的事务所开始拥有自己的审计手册。而且，事务所编制审计手册的主要的目的仍然是对其员工进行有效管理。

第四章　测试和抽样

测试

会计史学家普遍认为早期审计师很少在审计中执行测试（testing）程序。19 世纪 80 年代，Littleton 在《会计师》上发表的一篇调查研究表示："（学术界）很少有文献提及检验和测试的具体方法。所以我们自然而然可以推测出，实务界真正执行测试程序的可能性很小。"① 尽管 Brown 认为在 19 世纪 90 年代左右审计师第一次使用测试程序②，但 Lee 认为："在 1900 年以前，（审计师）很少通过测试程序获得证据。"③ Pixley 编写的第 1 版审计教材认为"完整彻底的审计应该检查公司所有

---

① Littleton, A. C. (1981) *Accounting Evolution to 1900*, Alabama: University of Alabama Press: 312.

② Brown, R. (ed.) (1968) *A History of Accounting and Accountants*, originally published in 1905, London: Cass: 698.

③ Lee, T. A. (ed.) (1988) *The Evolution of Audit Thought and Practice*, New York: Garland: 18.

交易记录"[1]，该教材的第10版仍然持这个观点。[2] 维多利亚时代的会计师都不愿承认他们没有检查所有的交易（他们往往为客户提供会计服务），比如前面提到的Quilter。因为他们意识到，发生在20世纪八九十年代的一些审计失败的案例使他们的工作饱受批评，这些审计失败案例包括利兹房地产公司事件、房地产投资公司（Building and Investment）事件、解放者永久福利建筑协会（Liberator Permanent Benefit Building Society）事件以及米尔沃尔港口公司（Millwall Dock）事件等（*The Accountant*，1909-05-15：687-696）。1885年的一起法律诉讼的判决甚至直接规定："在通过公司的财务报告之前，审计师应该检查和验证公司所有的票据和账户。"[3]

自审计产生以来，审计师显然不可能去检查客户所有的交易。比如铁路公司自19世纪20年代成立以来规模就很大，让审计师去检查其所有交易完全是不切实际的，这意味着在审计产生之初就自然存在测试程序。19世纪80年代的很多演讲和文章都支持1888年J. C. Bolton在ICAEW会议上的观点：

> 审计师怎么可能去检查所有的交易……比如审计一家与位于伦敦西区的库茨（Coutts）银行类似的银行……我们这些审计师怎么可能去审计它的所有项目？我们只能接受一个事实：审计师只能审计部分项目。[4]

很多演讲也都重申了上述观点。Monkhouse提到："检查大公司所有的交易细节根本是不可能的。公司越大，审计师检查的项目或者来得

---

① Pixley, F. W. (1881) *Auditors: Their Duties and Responsibilities*, 1st edn, London: Effingham Wilson: 164.

② Pixley, F. W. (1910) *Auditors: Their Duties and Responsibilities*, 10th edn, London, Henry Good: 541.

③ Chandler, R. (1997) 'Judicial Views on Auditing from the Nineteenth Century', *Accounting History*, 2 (1): 64.

④ Chandler, R. and Edwards, J. R. (eds) (1994) *Recurring Issues in Auditing: Professional Debate 1875-1900*, New York: Garland Publishing: 85.

及检查的项目占所有项目的比例就越低。”①

如前所述，Carter 在 1894 年对以往学者进行了抨击，他认为关于审计的结论前后没有一致性，并且反对要求审计师检查所有项目，因为实践中让审计师检查客户的所有账簿是完全不可能的。Carter 也承认，他虽然批判了“很多学者要求机械地检查所有交易”的观点，“但审计师在审计中借助测试程序以减少详细检查账簿的行为似乎也说不过去”。② 很多像 Carter 这样的审计师也承认他们在执行测试程序时使用的方法并不明确。然而早在 1888 年，测试程序就有了明确的方法，在 ICAEW 举办的年会上，Murray 认为可以每年测试客户业务的不同部分，该观点后来被称为滚动测试。他提到：“我们绝对不能每次都测试同样的内容，而是应该每年都有一定变化，这样才能将审计程序和客户的整个业务过程联系起来。”③

逐渐地，测试程序被广泛承认是合法的审计程序。在 1895 年的案例中，审计师就使用了抽样程序，法官的判决认为：“我相信在实务中，审计师会随机选择一些项目进行检查，并以抽查的结果为参考推测所有项目的检查结果。”④ Dicksee 在其编写的第 1 版审计教材中提到：“不可否认，审计师绝对做不到检查所有的项目。”他还引述了 Joseph Slocombe 的观点，即在有些情况下，为了保证审计的效果，审计师应当对所有项目进行检查。但是在更多情况下，审计师实际上只需要借助测试程序对部分账簿进行检查，而没有必要检查所有的账户。⑤ Spicer 和 Pegler 在第 1 版审计教材中将审计分成了检查所有账户的“完整审计”和检查部分账户的“部分审计”。他们认为“部分审计”是必要的，因为：

---

① Chandler, R. and Edwards, J. R. (eds) (1994) *Recurring Issues in Auditing: Professional Debate 1875–1900*, New York: Garland Publishing: 87.

② Ibid.: 159.

③ Ibid.: 87.

④ Brown, R. (ed.) (1968) *A History of Accounting and Accountants*, originally published in 1905, London: Cass: 698.

⑤ Dicksee, L. R. (1892) *Auditing: A Practical Manual for Auditors*, 1st edn, London: Gee: 8–9.

> 不管是什么规模的公司……交易细节都是数不胜数的。对这些细节进行检查所需要的时间一般也都较长。审计师应该检查客户内部控制系统的运行情况，并以此来推断交易细节记录的准确程度。这样审计师就不需要检查所有的交易细节，只需集中精力检查一些重大项目。

书中还提到：

> 如果发现了一些可疑的项目，审计师应该对其进行进一步检查。相反，如果审计师发现所检查的项目没有问题，他就可以推定剩下的项目也可以通过检查……审计师应该对票据进行细致的检查，他们既可以检查某一连续期间的票据，也可以检查一定金额以上的票据。[①]

他们的上述观点即对应之后的区间测试（block testing）和分层测试（stratified testing）。[②] 他们还认为：

> 当客户有很多销售分类账时，如果其内部检查系统运行良好，那么审计师就有充分理由使用测试程序。在测试程序中，审计师既可以选一个分类账专门进行测试，也可以在每个分类账中都选一部分进行测试……审计师还应当把测试的结果和过程记录下来。这样在以后年度的审计项目中，审计师可以对相关内容加以关注。[③]

值得注意的是，1978 年出版的《审计实务》（第 16 版）仍然以此

---

① Spicer, E. E. and Pegler, E. C. (1911) *Practical Auditing*, 1st edn, London: H. F. L. (Publishers) Ltd: 22.

② Spicer, E. E. and Pegler, E. C. (1914) *Practical Auditing*, 2nd edn, London: H. F. L. (Publishers) Ltd: 56, 72.

③ Ibid.: 99.

解释这一测试程序。①

Power 认为应该将“测试”（tests）和“抽样”（sampling）加以区分（“抽样”一词首次出现在 Dicksee 1933 年版的审计教材中），因为前者没有抽取“有代表性部分”的意思。② 而代表性的提高还得益于数理统计在 20 世纪 20 年代以后的发展。早期，“测试”和“抽样”这两个专业术语在实务中除了语义上有所不同外，并没有严格的区分。因为早期审计师虽然早就采用随机抽样的方法对具有代表性的项目进行测试，但没有直接使用专业术语。在实务操作中，审计师会任意选取一个月或几个月的区间进行区间测试，如果发现了某一类错误，审计师就会推定客户在这一方面存在某些缺陷并对此进行进一步的调查。正如一位 20 世纪 30 年代从业的审计师所言：“我们可能会选择 1～2 个月的区间，并对该时期的项目进行彻底的检查。如果没有发现什么问题、错误或者缺陷，我们就接受检查的结果；相反，如果对检查结果不满意，我们就会扩大我们的检查范围”（对 Keel 的访谈）。

Spicer 和 Pegler 主编的第 1 版审计教材中介绍了测试程序，在该书的后续几个版本中，有关测试程序的内容没什么大的变化。可以看出，该程序从产生之初到 20 世纪 60 年代都没发生什么变化。我们的问卷调查和访谈结果也反映了实务中存在不同类型的测试程序。我们发现，虽然测试方法的种类很多，但是其大体可以分成以下几类。

第一种测试方法是基于时间的区间测试。不同审计师选取的时间区间存在差异，有的会在 12 个月中选择 2 个月，有的会选择一年当中最后一个月以及除此以外的 1～2 个月，还有人会根据特定时间段内的交易量来决定选择一个月还是一周，有些人甚至会在每个月中选一周，或者每周中选择一天来检查该时段内的交易记录，另外还有人会专门选择一个时期，对发生在该时期的全部交易进行检查。区间测试在 20

① Waldron, R. S. (1978) *Spicer and Pegler's Practical Auditing*, 16th edn, London: H. F. L.: 113.

② Power, M. K. (1992) 'From Common Sense to Expertise: Reflections on the Prehistory of Audit Sampling', *Accounting, Organizations and Society*, 17 (1): 37-62.

世纪60年代之前一直很受欢迎。有被访者表示在审计上市公司时，审计师对“某个月的所有项目进行了全面检查”（对Spens的访谈）。直到20世纪60年代，普华和Peats事务所仍然规定审计师每年要选择一个月进行检查，并且所选择的月份必须不同（对Stacy和Grenside的访谈）。

第二种测试方法和区间测试有显著的区别。正如一位被访者在问卷中告诉我们的那样：“用这种方法选择的样本完全是随机的，比如在每个可选择的区间中选第10个项目。”这种方法和第三种比较流行的测试方法联系较为密切。第三种测试方法为随机选择一定比例的样本进行测试。这两种方法抽取的样本都是随机的。比如，每10张单据中选1张单据，或者每100个项目中选1个项目，或者每个月选5个项目，此外，还有可能会利用随机数的方法在10 000项交易中选132个样本进行测试。也有被访者告诉我们，他们会随机选择一定比例的分录（比如3%～4%）。Turquand和Youngs表示他们在20世纪50年代采用基本百分比法选择测试样本。此外，选择样本的规模有时也存在一定的内在逻辑：“随机选择多少样本由比例来决定，比例的多少则取决于客户会计记录的情况以及管理现状。”比如，Peats事务所的审计师在50年代可能会选择“20%的购货发票和10%的销售发票”进行测试（对Evans的访谈）。

第四种测试方法从职业审计产生之初就存在，即分层测试，对不同规模的交易使用不同类型的程序。例如在20世纪30年代，“在每页原始账簿上，选择序号为10，20……的分录，再加上两个大额分录和一个小额分录进行测试”。此外，样本也可能“由审计经理随机选定”。审计师也可能“在选择规模最大账户的同时再随机选择一些小规模账户”。第五种测试方法是只测试以前年度审计中发现有漏洞的账户。一位在40年代从事审计工作的被访者认为，这是一种“对薄弱环节的重点测试和随机测试相结合”的方法。最后，测试往往因客户情况的不同而不同。一位被访者回忆说，60年代“审计一家大型上市公司的时候，我们会借助非常复杂的审计抽样系统来验证财务报表项目，除此之外还会使用数理统计的方法”。

账项基础审计的测试方法非常多样。同一家事务所对同一个审计项目可能会使用多种测试方法。一位 20 世纪 30 年代从业的被访者在问卷中告诉我们：“每次抽样结果可能都不一样，公司规模等其他因素都会影响测试方法。”还有一位被访者也告诉我们：“（抽样方法）可能是基于时间，也可能是基于百分比来决定，有时则直接由合伙人或者高级审计师随意决定。”Peats 事务所在 50 年代的测试内容包括：（1）随机选择 1～2 个月，检查具体的过账情况；（2）检查其余几个月中的重大项目和异常项目；（3）检验各大分类账和主要账户。

“深度测试”（testing in depth）或者叫“穿行测试”（walk-through testing）的产生进一步丰富了测试程序的多样性。审计师在运用这种方法的时候会选取一小部分交易，追踪这些交易在账簿处理系统中的全过程。以采购交易为例，审计师可能会从发起订单开始深入追踪该笔交易，检查企业收到发票、登入日记账、过账、登记采购分类账和现金账簿等一系列程序。我们不清楚这一方法具体是什么时候产生的，但可以确定的是它只被用于测试客户的内部控制系统，并且该方法在 60 年代逐渐发展成为账项基础审计的重要组成部分（后面将对此展开讨论）。不管怎样，审计师在很早以前就开始运用该方法。正如上面提到的，Spicer 和 Pegler 的第 1 版审计教材曾提到“从所有账户中选几个账户进行检查”①，这或许就是在描述早期的深度测试。随后在 1951 年，Binder Hamlyn 事务所的合伙人 William Lawson 在牛津夏令营上的一篇文章介绍了当时的审计状况，他提出，审计师使用深度测试程序“是为了让自己充分了解（客户）系统的运行效果”（*Accountant* 6 October 1951：306–307）。他认为深度测试不是随机选择 5%或者 2.5%的分录进行测试，而是“抽取一些业务样本，然后追踪检查这些业务的每个账务环节”。ICAEW 在 1961 年发布了 U1 文件——《通用审计原则》，该文件强调审计师评价客户内部控制系统的必要性：“进行深度测试非常

① Spicer，E. E. and Pegler，E. C.（1914）*Practical Auditing*，2nd edn，London：H. F. L.（Publishers）Ltd：99.

重要……一笔交易应当被追踪至账务处理的每个环节”（*Accountant* 18 May 1963：645）。该文件建议：

> 审计师应该挑选100笔因采购而产生的应付账款，他可以检查其中一部分的支票……然后再挑选一部分……检查供应商提供的发票和对账单。审计师还可以再挑选一部分检查存货记录，也可以对其余部分进行深度测试。①

然而在20世纪60年代早期，学术文献竟然建议实务界执行深度测试程序，这意味着学术界当时并不了解实务界的情况。（*Accountant* 2 December 1961：718－19；2 November 1963：573）

与实质性测试（substantive testing）相比，深度测试与符合性测试（compliance testing）的关系更加紧密。但需要强调的是，实务中对各类交易的实质性测试和对内部控制运行状况的符合性测试的界限往往模糊不清。因为审计师在测试内控系统的时候往往需要对一些交易进行穿行测试，所以大多数事务所一般都会同时执行这两项测试。在1978年起草《审计准则（讨论稿）》的时候，很多英国的审计专家甚至不知道两者的区别，有些人竟然没有接触过这些来自美国的专业术语。② Higson发现，到20世纪80年代，大部分事务所已经在概念上区分了这两类测试。③

最后，还需要介绍一种近几十年才产生的测试方法，即定向测试（directional testing），使用这种方法的主要目的是降低审计成本。④ 这种方法的原理是：在复式记账法下，如果要检查资产和费用的高估情况或者检查收入和负债的低估情况，审计师只需要对某一方面进行测试。但我们不知道这一方法在彼时的普及情况。

---

① Waldron, R. S. (1969) *Auditing: A Practical Manual for Auditors by the Late Lawrence R. Dicksee*, 18th edn, London: Gee & Co: 356.

② Hatherly, D. J. (1978) ‘Compliance and Substantive Tests - Can the Auditor Tell the Difference?’, *The Accountant's Magazine*, September: 378－380.

③ Higson, A. W. (1987) ‘An Empirical Investigation of the External Audit Process. A Study of the Reaction of Professional Auditors to Recent Changes in the Audit Environment’, unpublished thesis, University of Bradford: 242.

④ Ibid.: 244－255.

统计抽样

测试/抽样（testing/sampling）和所谓的统计抽样（statistical sampling）的唯一区别是抽样技术的复杂程度，但这一差异对审计本身没有大的影响。统计抽样运用严格的随机抽样方法得到样本再进行测试，在抽样测试基础上根据数理统计和概率论的基本原理，以测试部分的错误水平推断整体的错误水平。审计时运用最多的统计抽样方法是估计抽样（estimation sampling），即借助对抽样样本的测试结果得到对整体的估计结果，比如估计收入总额和负债总额的差错情况，最后基于估计结果（而不是对所有细节的检查结果）决定是否接受被审计客户的报表。这种方法也可以用于实质性测试或者符合性测试。[①] 在符合性测试中，审计师还可能会用容错抽样（acceptance sampling），即审计师先预设一个可接受的错误率作为底线，然后再根据抽样结果决定是否接受被审计客户财务报表。还有一种是发现抽样（discovery sampling），该方法只抽取很少的样本，并且不接受任何错误。这一方法尤其适用于对恶意造假行为的审计。[②] 货币单元抽样（monetary units sampling，MUS）则适用于实质性测试。与其他抽样方法以分散的交易或者实物资产为抽样基础不同，该方法以货币金额为抽样基础，试图解决会计项目的异质性问题，从而使金额较大并且更为重要的交易在 MUS 中被抽中。最后，还有贝叶斯抽样（bayesian sampling），该方法使得主观抽样（类似于允许审计师利用职业判断）和统计抽样可以在符合性测试中同时使用。

统计抽样显然是美国审计创造的（在审计领域中使用“抽样”一词也是源于美国）。尽管 Montgomery 在其早期版本的教材中提到，“几乎

---

① Sherer，M. and Kent，D.（1983）*Auditing and Accountability*，London：Pitman：64-69.

② Gray，I. and Manson，S.（1989）*The Audit Process*：*Principles*，*Practice and Cases*，London：Van Nostrand Reinhold（International）：174.

所有审计项目都会执行测试程序”[①]，但是由于某些原因，他没有详细解释测试程序是如何运行的。然而到了 20 世纪 40 年代，Montgomery 等对此进行了详细说明：

> 审计程序中的抽样测试（test-checking）是基于数学假设的，即假设可以借助对样本的检查结果推测出财报的整体质量……审计师在对样本进行详细彻底的检查后，就会根据概率论原理估计整体的错误水平，其实就是将样本的错误水平等比例放大。如此，审计师就可以借助该程序相应缩小详细检查的范围。[②]

在实务中，美国人采用的抽样方法和英国人的抽样方法基本一样：

> 审计师可能会检查某一特定期间内所有的项目，也可能会检查整个会计期间内大于某一特定金额的项目，还有可能根据某一固定比例从大型项目中选取一定的样本，同时再根据另一固定比例从小型项目中选取一定的样本。审计师选取样本的依据可能是金额，也可能是项目类型等。审计师还可能将交易根据字母进行排序，然后选择一部分交易进行检查。[③]

从理论上讲，统计抽样在很早以前就已被理解。《会计师》（1958-11-15：605）上的一篇文章曾提到，Lewis Carman 1933 年在发表于《美国会计师》上的文章中首次建议使用统计抽样方法。而最早在学术著作中介绍并推广该方法的是一位名叫 L. L. Vance 的大学教授。他在 1947 年出版的一本关于统计抽样的很有影响力的书中建议使用“容错抽样”。该书的核心观点后来还以“科学审计方法”（scientific method

---

① Montgomery, R. H. (1934) *Auditing*, 5th edn, New York: Ronald Press: 36.

② Montgomery, R. H., Lenhart, N. J. and Jennings, A. R. (1949) *Montgomery's Auditing*, 7th edn, New York: Ronald Press: 46.

③ Ibid.

for auditing）为题发表在《会计师》（1951-03-31：316）上。苏格兰会计师 McRae 在他的书中表示，Vance 的文章可以被视作“统计抽样的诞生”。[①] McRae 认为，大致来看，统计抽样在 1948—1980 年间有四次发展浪潮，每次都是由大学统计学者和实务界会计师主导。[②] 我们也发现，理论界和实务界在这方面的合作确实有很多。以普华事务所为例，该事务所的美国分部在 20 世纪 50 年代就和 Herbert Arkin 教授合作开发了一些实际可行的统计抽样方法。[③] 1963 年，Arkin 教授出版了《审计师抽样手册》一书，书中还包括一系列可供审计师参考的抽样表格，而 Arkin 教授也被 Sherer 和 Kent 称为“容错抽样”和“发现抽样”的主要推动者。[④]

美国 Haskins & Sells 会计师事务所可能是将统计抽样应用于实践的先行者。20 世纪 60 年代早期，该事务所的合伙人就和普林斯顿大学的统计学教授开发出了 MUS 的前身累积货币单位抽样（cumulative monetary amount，CMA）。据说，“到 1966 年，该方法已经被事务所广泛使用”。[⑤] 该事务所随后在此基础上开发出了 MUS 系统，并在 1972 年由 Meikle 首次对外公布。[⑥]

已有的文献并没有言过其实，美国审计师确实很早就将统计技术应用于审计实践。美国证券交易委员会在 1979 年对注册会计师调查后发现，有 45%的注册会计师表示他们使用过统计抽样，不过只有 13%的被调查注册会计师表示在 1970 年以前就开始使用统计抽样。[⑦] 而且只有 20%的被调查会计师事务所表示，在 1979 年之前已经经常使用统计抽样。此外还有 55%的事务所表示，直到 1979 年都还从未使用过统计抽样。

---

① McRae，T. W.（1982）*A Study of the Application of Statistical Sampling to External Auditing*，London：ICAEW：143.

② Ibid.：139.

③ Ibid.：147.

④ Sherer，M. and Kent，D.（1983）*Auditing and Accountability*，London：Pitman：66.

⑤ McRae，T. W.（1982）*A Study of the Application of Statistical Sampling to External Auditing*，London：ICAEW：152.

⑥ Ibid.：54.

⑦ Ibid.：181.

早期英国在审计抽样理论方面并没有明显落后于美国。1932 年发表于《会计师》(1932-10-08：444)的一篇文章就首次提出概率论可以用于审计测试。从该文发表的时间来看，英国审计提出借助抽样方法进行审计的观点并没有受到美国的影响。此外，1935 年发表的一篇文章更加详细深入地介绍了这一观点(*Accountant* 16 November 1935：679)。Rowlands 在 1933 年重编 Dicksee 的审计教材时提到，“测试应该更加科学”。他认为审计师应该“从统计学意义出发，进行无差别抽样”。[①] 但是最流行的三套英国审计教材在第二次世界大战以后的版本，即 de Paula[②]、Spicer 和 Pegler[③] 以及 Dicksee[④] 的教材都还没有提到审计抽样。Dicksee 1951 年版的审计教材中还只是提到“测试”应该更加科学，审计师应该根据统计原理进行无差异抽样等，并没有提到具体如何操作。[⑤]

到 20 世纪 50 年代早期，英国审计界开始频繁讨论有关统计抽样技术的应用问题。发表于《会计师》(1953-08-22：218-221)杂志的第一篇详细分析统计抽样数理原理的文章出现在 1953 年。该文还承认美国是该技术的先行者。有趣的是，作者认为统计抽样程序是“用于审计大型公司账户的现代审计技术”。1954 年，会计师和审计师联合会(the Society of Incorporated Accountants and Auditors)在英国首次召开了以“统计抽样审计中的数理原理”为主题的学术研讨会(*Accountant* 6 February 1954：158-159)。H. C. Mackenzie 在《会计师》(1958-10-25：491；1958-11-01：527)上发表的两篇文章都提到，“当前会计师在选择检查样本的时候没有什么公认的或者令人信服的原则”。虽然 20 世纪 60 年代发表在《会计师》上的文章都建议在审计中使用统计方法，

---

① Power，M. K. (1992) ‘From Common Sense to Expertise：Reflections on the Prehistory of Audit Sampling’，*Accounting*，*Organizations and Society*，17 (1)：51.

② de Paula，F. R. M. (1948) *The Principles of Auditing*：*A Practical Manual for Students and Practitioners*，10th edn，London：Pitman.

③ Bigg，W. W. (1951) *Spicer and Pegler's Practical Auditing*，10th edn，London：H. F. L.

④ Magee，B. (1951) *Dicksee's Auditing*，17th edn，London：Gee & Co.

⑤ Ibid.：38-39.

但是该方法在实务中的推广仍然较慢（见 1961－04－15：430－434；1961－12－02：718－719；1962－10－20：492－495；1963－06－22：805－809；1964－05－02：554－558；1964－11－28：665－667；1968－09－07：312－317）。

第一次提及统计抽样的英国审计教材是 de Paula 的《审计原理和实务》（第 13 版），但是该书在此版本中还没有明确推荐使用该技术：

> 现在关于利用统计抽样来决定检查范围的讨论越来越多。但是，该技术不管在英国还是在美国都还没有广泛应用。而且本书作者认为，在大多数情况下使用该技术可能是不明智的，也可能是没必要的……因为用统计抽样的方法来发现差错并没有考虑目标差错的性质。审计师仍然应当运用职业判断……统计抽样在某些地方或许有用，比如决定选择检查客户哪几个应收款账户等……但话说回来，这种方法仍然需要审计师的职业判断。[①]

de Paula 的教材（1970 年版）认为，虽然“只有大型事务所使用”统计抽样，但是该方法确实“逐渐在实务界流传开来”。[②] 相比之下，同时期的其他教材则倾向于推荐采用该技术，并且对它的介绍还略超前于实务的发展。Dicksee 1969 年版的审计教材详细介绍了该技术，提到统计抽样来源于美国，并向读者提到了 Arkin 的手册。[③] Spicer 与 Pegler 的审计教材（1969 年版）也对该技术进行了详细介绍。[④]

虽然自 20 世纪 50 年代开始，学术界对审计抽样的讨论非常广泛，但是直到 70 年代该技术在英国审计实务界依旧没有什么发展，这与美

① de Paula, F. R. M. (revised by de Paula, F. C.)(1966) *The Principles of Auditing: A Practical Manual for Students and Practitioners*, 13th edn, London: Pitman: 26－27.

② de Paula, F. R. M. (revised by de Paula, F. C.)(1968) *The Principles of Auditing: A Practical Manual for Students and Practitioners*, 14th edn, London: Pitman: 32.

③ Waldron, R. S. (1969) *Auditing: A Practical Manual for Auditors by the Late Lawrence R. Dicksee*, 18th edn, London: Gee & Co: 357－358.

④ Bigg, W. W. (1969) *Spicer and Pegler's Practical Auditing*, London: H. F. L. Publishers: 63－71.

国审计界的情况完全不一样。Power 认为，实务界“并不将统计抽样视为一项明确的审计技术，而是用来装点自己审计有多可靠的工具”。[①]很多人都不赞同 Power 的观点，因为审计是一种私人行为，事务所没有必要借助统计抽样方法来显示其有多么特殊。而且，采用统计抽样的事务所都明确表示该技术可以提升它们的审计水平，或者至少可以减少它们的审计工作。此外，很多反对 Power 观点的人提到，如果 Power 所言属实，就不会有那么多审计职业人员反对引入该技术，并坚持认为该技术存在缺陷了。

实务界反对引入统计抽样是基于很多方面的考虑，有些人甚至至今都坚持该想法。一个最根本的原因可能是这种技术冲击了审计师一直以来所引以为傲的职业判断。一位 20 世纪 60 年代在普华会计师事务所工作的会计师明确表示：

> 统计抽样其实没什么用。用数理方法来选择样本没什么必要，我到现在还这么认为。样本的选择一般要靠主观判断……即使你是一个实习生，你也可以自行选择样本。
>
> （对 Carty 的访谈）

20 世纪 80 年代中期一家事务所的员工告诉 Higson，即便是使用统计抽样，审计师也需要“运用大量的职业判断”（比如重要性水平、置信水平等）。换句话说，“审计师实际上是在尝试精确计量一些无法精确计量的事务”。[②] 20 世纪 80 年代，在深入调查审计师所做的工作以后，McRae 也认为“传统审计方法主要依赖主观判断和直觉……但是很多会计师事务所很少愿意使用更为系统的审计方法”[③]，这些事务所中可

① Power, M. K. (1992) ‘From Common Sense to Expertise: Reflections on the Prehistory of Audit Sampling’, *Accounting, Organizations and Society*, 17 (1): 58.

② Higson, A. W. (1987) ‘An Empirical Investigation of the External Audit Process. A Study of the Reaction of Professional Auditors to Recent Changes in the Audit Environment’, unpublished thesis, University of Bradford: 313.

③ McRae, T. W. (1982) *A Study of the Application of Statistical Sampling to External Auditing*, London: ICAEW: 297.

能还包括安达信会计师事务所。但奇怪的是，该事务所早在 20 世纪 80 年代就在倡导使用 MUS。[①] 安达信事务所英国分部的前合伙人提到：

> 安达信事务所从来就没有使用过统计抽样，这主要是因为我们一直怀疑抽样结果的有效性。审计意见是基于对财务报表的主观判断得出的，这才是问题的关键，而不是利用统计程序。这也是有些事务所在使用了该技术以后，现在又打算放弃该技术的原因。
>
> （对 Plaistowe 的访谈）

早期质疑统计抽样的事务所还有库珀兄弟事务所。该事务所虽然一直以来在审计技术方面比同行更先进，但在当时也没有很快接受该技术。1966 年出版的库珀的《审计手册》介绍了抽样方法，但是没有提到统计抽样。[②] 1981 年的版本还表示：

> 我们认为，当审计师考虑是否需要采用统计抽样时，他们也会顾虑运用主观判断的抽样能否帮助他们实现同样的目的。因为一些审计师和很多统计学者都不同意使用抽样技术，并且他们的观点确实存在一定的合理性，即审计归根结底是一项依赖主观判断的活动。[③]

库珀兄弟事务所的一位在 1982 年退休的合伙人表示：

> 库珀兄弟事务所确实不喜欢使用统计抽样。我在那里工作的时候从未使用过该技术。我们喜欢先去了解客户的内部控制系统……而不是之前所说的那种盲目审计。这样你就知道问题在哪里，并会

---

① Higson, A. W. (1997) 'Developments in Audit Approaches: From Audit Efficiency to Audit Effectiveness?', in Sherer, M. and Turley, S. (eds) (1997), *Current Issues in Auditing*, 3rd edn, London: PCP: 200.

② Cooper, V. R. V. (1966) *Manual of Auditing*, London: Gee & Co: 297–300.

③ Coopers & Lybrand (1981) *Manual of Auditing*, 3rd edn, London: Gee & Co: 96.

聚焦于那些可能会给资产负债表带来比较严重问题的地方。

（对 Middleton 的访谈）

一位自 1989 年开始在库珀兄弟事务所工作的人在邮寄问卷中告诉我们，他们认为通过统计抽样“获得的样本是无效的”，所以他们不使用这种方法。

审计师反对统计抽样还有一个深层次原因在于这种方法背后折射出的审计理念与之前的审计理念有巨大的差异。借助统计抽样进行审计的时候，审计师为自己设定一个可接受的边际错误成了必要的审计程序。一件很有趣的事情是，一位被访者回忆了他在 20 世纪 50 年代早期把该技术带到 Mellors，Basden & Mellors 事务所时所遭受的冷遇：

> 1952 年，我参加了 ICAEW 举办的夏令营，并在那里结识了 Whinney 会计师事务所的成员。那个人已经听过统计抽样并借给我一本相关的书。我回到诺丁汉以后向合伙人介绍了统计抽样，但是在正式介绍这种方法之前，我犯了一个巨大的错误——我告诉合伙人：“第一件事情就是你需要决定你可以接受多大程度的错误。”合伙人立马回答说：“我不能接受任何错误。”所以在随后很多年里，我们事务所都没有使用统计抽样。此外，我觉得即便是在 20 年以后的 70 年代，普华事务所也还只是停留在口头介绍该方法的阶段，并没有真正去实施。
>
> （对 Hewitt 的访谈）

还有一位被访者回忆说：

> 1960 年，我以普华审计经理的身份去了一次美国。我的一个任务就是学习美国审计技术并在回来以后写一个关于统计抽样的报告。但是当我回来向事务所介绍这种方法的时候，事务所并不认可该审计技术，认为它不可靠。所以，我们事务所在后来的很长一段

时间内从未使用过该技术。事务所担心应用这种方法可能会犯错。

（对 Ainger 的访谈）

还有一个问题就是统计抽样需要抽取较大的样本量，这样可能会增加审计成本。[①] 安达信的另一位成员提到：

我很早以前就发现，如果在审计中应用统计抽样，为了达到目标概率以及尽可能地降低边际错误，我们需要抽取的样本量会非常大。这是很不经济的。总体来说，直接评估和检查有风险的地方比较可行。审计工作最终实际上就是对风险的评估。

（对 Currie 的访谈）

尽管 McRae 并不赞同该观点，但他在 20 世纪 80 年代早期的调查结果却显示，由于统计抽样需要扩大样本量，审计师确实不喜欢使用该方法。他发现尤其在审计费用受到压缩的时候，审计师可能会“无法选取足够大的样本以至于不能满足执行统计抽样的条件”。[②] 显然，对于借助客户的内部控制来执行审计的事务所来说，统计抽样确实可能会增加成本，毕竟审计师在执行实质性测试的时候可能只需要选取非常小的检查样本。

在审计中使用统计方法的另一个核心问题是审计抽样可能不满足概率论的一个关键假设，即样本项目的一致性假设。公司交易项目类型和规模都是不同的，会计记录时发生错误的可能性也不同。20 世纪 70 年代在《会计师》（1977-06：121）上发表的一封公开信认为，统计抽样之所以失败是因为“项目之间的异质性”，因此该技术“不得不附属于审计师的职业判断”。McRae 也认为，统计技术之所以没有广泛应用于英国审计，是因为会计项目一致性的假设是不准确的。[③] 最后，McRae

---

① Sherer, M. and Kent, D. (1983) *Auditing and Accountability*, London: Pitman: 68.

② McRae, T. W. (1982) *A Study of the Application of Statistical Sampling to External Auditing*, London: ICAEW: 297.

③ Ibid.

还发现，英国审计师之所以不认可抽样技术，是因为法院判决更倾向于认可审计师使用传统方法而非统计抽样方法。①

因此，审计从业人员坚持他们的观点，认为在审计中应用统计抽样存在问题，统计抽样在审计中的作用被学术界曲解了。1964 年《会计师》(1964－05－16：631－632) 上刊登的一封公开信指出，审计执业人员（比如一些未点名的国际会计师事务所）过于谨慎，它们轻视了学术界发明的统计抽样。但这篇文章也承认，连学术界自己都承认“在审计中应用统计抽样的正确方法还没有被找到”。该文作者还提到深度审计可以和统计抽样一同代替混乱的账户检查。

Woolf 在 20 世纪 70 年代晚期编写的一本新的审计教材支持实务界对统计抽样的批评：

> 大多数事务所在尝试使用几次该技术以后都发现，该技术存在的缺陷比预想的多。很多事务所甚至一度将该技术应用于整个审计过程，但是现在又要改回之前采用的审计技术……②

该书 1997 年的版本也存在类似观点。③ Turley 和 Cooper 在采访最早使用统计抽样的从业人员后发现，“统计抽样之所以还没有被实务界普遍接受，是因为他们对该技术缺乏了解。而且，实务界基本的质疑是该技术应用于审计是否适当”。④

虽然受到实务界的质疑，但是统计抽样在 20 世纪 70 年代还是得到了一定的推广。表 4－1 显示了使用统计抽样频率的问卷调查结果。我

---

① McRae, T. W. (1982) *A Study of the Application of Statistical Sampling to External Auditing*, London: ICAEW: 28－29.

② Woolf, E. (1978) *Auditing Today*, 1st edn, London: Prentice-Hall International: 152－153.

③ Woolf, E. (1997) *Auditing Today*, 6th edn, London: Prentice-Hall International: 149.

④ Turley, S. and Cooper, M. (1991) *Auditing in the United Kingdom: A Study of Development in the Audit Methodologies of Large Accounting Firms*, London: Prentice Hall/ICAEW: 112.

们需要注意问卷中“统计抽样”一词的含义，问卷的意图是调查类似CMA和MUS等技术的使用情况，这些技术都是在对小样本进行检验以后，借助概率论原理精确估计整体差错情况。前面的介绍表明，这些技术在20世纪二三十年代还没有被使用，但是1/3的受访者表示在两次世界大战之间他们“有时”会使用这些技术，这可能是因为他们实际上误解为使用另外一种统计抽样技术。此外，当我们问及具体用的是什么技术的时候，很多人都会告诉我们别的技术，比如区间抽样等。如果忽略定义的模糊性，表4-1确实反映出统计抽样在20世纪六七十年代的使用频率不断上升，在20世纪60年代只有约15％的受访者表示“每次”都会或“经常”使用统计抽样，该比例在20世纪70年代已经近乎1/3，几乎翻了一倍。

表4-1　我们事务所在审计的时候……会使用统计抽样

	每次	经常	有时	从不	总计	
	（％）	（％）	（％）	（％）	（％）	*N*
根据时间分组（20世纪）						
20—30年代	2.5	8.6	21.0	67.9	100	71
40年代	3.1	7.1	19.7	70.1	100	127
50年代	0.6	4.4	15.2	79.7	100	154
60年代	4.1	10.3	22.6	63.0	100	146
70年代	13.1	18.5	29.2	39.2	100	130
80年代	25.2	35.3	26.9	12.6	100	119
90年代	29.0	37.0	21.7	12.3	100	138
根据公司规模分组						
上市公司	24.7	26.1	12.9	36.3	100	163
中小型公司	9.3	15.8	26.4	48.6	100	601
个人或合伙企业	2.2	8.6	17.2	72.0	100	95
根据被调查者所在事务所规模分组						
前20大型	18.7	26.1	21.1	34.1	100	299
中型	6.7	12.7	21.1	59.4	100	279
小型	7.5	13.1	23.7	55.7	100	305

资料来源：问卷调查结果详见附录。

审计中使用统计抽样的趋势在其他很多资料中也都能找到相应的证据。接受我们调查问卷的第一位受访者是一位自 1966 年开始从业的注册会计师。他向我们介绍了他使用预先计划好的抽样系统抽样的情形，并告诉我们他们事务所一般都会“预先设定好抽样的数量，然后再进行随机抽样”。还有一位从 1968 年开始从业的受访者回答说，在实习期间，他们的小型事务所也会使用“随机抽样表”。Longcrofts 事务所从 20 世纪 70 年代左右开始借助“随机抽样表和置信区间”来执行审计。还有些在 20 世纪 70 年代早期从业的受访者在介绍事务所使用统计抽样情况的时候表示，他们一般都会使用“假设检验的原理并设定一个可接受的错误水平”。

直到 1971 年，ICAEW 组织的审计考试中（11 月，第 1 题）才第一次出现有关统计抽样的题目。此外，20 世纪 70 年代以后，所有的教材都将统计抽样作为重点内容，甚至用一章的篇幅对该技术进行介绍。比如在 1972 年，Lee 在其非常著名的审计著作的第 1 版中提到：

> 应该利用统计抽样方法从整体中获得“垂直式深度测试”的检测对象。审计师根据测试的结果再推测得到整体的审计结果……在选择样本项目的时候，审计师应该基于随机抽样的方法，利用随机数表来进行。

但是，Lee 认为抽取的样本规模仍应基于审计师对客户系统的职业判断。[①] Spicer 与 Pegler 的审计教材（1978 年版）则支持利用统计技术决定样本规模，因为“随着审计项目规模的扩大……采用统计抽样有一定的正向作用，使审计师可以用数理方法进行检验，提高检验的客观性，同时增强他们所执行测试结果的可靠程度”。[②]

---

① Lee, T. A. (1972) *Company Auditing: Concepts and Practices*, London: ICAS and Gee & Co: 47, 169-171.

② Waldron, R. S. (1978) *Spicer and Pegler's Practical Auditing*, 16th edn, London: H. F. L: 404.

我们的采访结果也表明，20 世纪 70 年代在审计项目中使用统计抽样的频率不断上升。德勤前合伙人回忆说："在 1971 年和 1972 年前后，我们都开始使用统计抽样和随机检查，但不是检查所有项目。与此同时，测试也变得越来越复杂，而利用统计抽样可以使审计师专注于那些重要的项目"（对 Colvin 的访谈）。Harmood Banner 事务所的一位合伙人解释说，在 20 世纪 70 年代：

> 很难说清楚为什么你在 100 个项目中选择 10 个样本或者 20 000 个项目中选择 20 个样本进行测试，这些都是凭直觉来做的。审计师也不可能检测所有项目……但这样就很难说清只选择这么一点样本进行检测有什么科学依据。直到 1974 年和德勤合并以后，我们事务所在抽样时引入了一些科学方法，这些方法最开始都来源于美国审计。
>
> （对 Patient 的访谈）

或许是因为德勤会计师事务所和美国 Haskins & Sells 事务所的关系比较密切，所以他们是英国审计统计抽样的先行者，也是最热衷于使用该技术的事务所。McRae 研究了美国对该技术的影响并发现：

> 在 10 个使用统计抽样的案例中，有 7 家事务所是美国会计师事务所的英国分支机构，还有一家事务所则来自加拿大。由英国本土会计师创立的使用统计抽样的事务所只有 2 家。[①]

McRae 估计，在美国注册会计师协会的成员中，使用统计抽样的人数大约是英国专业会计师使用统计抽样人数的 2 倍。

此外，还有诸多证据表明，20 世纪 70 年代统计技术在英国审计中的推广进程与计算机在审计中的推广进程基本是一致的。在我们的邮寄

① McRae, T. W. (1982) *A Study of the Application of Statistical Sampling to External Auditing*, London: ICAEW: 171.

问卷中第一次提到“以计算机为基础”这一说法的是一位来自普华的会计师，该被访者是自1974年开始从业的。与之相比，第一次在我们的邮寄问卷中提到完整使用成熟的统计抽样技术CMA的是德勤会计师事务所的一位会计师，第一次提及使用MUS的则是来自Robson Rhodes事务所的一位会计师，这两位会计师都从1975年开始从业。对比这些年份的数据可以发现，计算机和统计抽样大约是在20世纪70年代早期先后被引入审计的。

但是20世纪80年代，使用统计抽样仍然比较小众。表4-1表明70年代统计抽样的使用状况和McRae的调查结果大致一致。他在80年代的访谈调查表明：“大约有1/3的大型会计师事务所在大量审计项目中使用统计抽样，1/3的事务所在适当时候使用统计抽样，剩下的1/3很少甚至从不使用统计抽样。”McRae进一步总结说：“统计抽样还不是公认的审计方法，当前大部分使用都还处于尝试阶段。”① Arthur Young McClelland Moores事务所的Smith探讨了他们事务所在使用MUS时的问题，他提到在实务界“使用统计抽样的能力并没有显著提升”。② Sherer和Kent在支持统计抽样时提到：

> 审计师最近才体会到借助统计抽样进行审计的优势。传统审计一般使用主观抽样进行符合性测试和实质性测试。即便是到今天，只有大型跨国会计师事务所才会使用统计抽样。③

如表4-1所示，还有一个数据从70年代至80年代翻了一倍，即70年代只有32%的受访者表示他们“每次”都会或“经常”使用统计抽样，该数据到80年代已经超过60%。此外，回答“从不”使用统计

① McRae, T. W. (1982) *A Study of the Application of Statistical Sampling to External Auditing*, London: ICAEW: 13-14, 179.

② Smith, D. (1982) 'Statistical Sampling and Analytical Review', in Bromwich, M., Hopwood, A. G. and Shaw, J. (eds), *Auditing Research: Issues and Opportunities*, London: Pitman: 141.

③ Sherer, M. and Kent, D. (1983) *Auditing and Accountability*, London: Pitman: 69.

抽样的比例从 70 年代的 40%戏剧性地降至 80 年代的 12%。在表 4-1 中，我们再次发现，与事务所规模相比，该技术的使用状况与客户的规模更为相关。在对上市公司审计师的问卷中，表示“偶尔”或者“从不”使用统计抽样的只有 36%，而在小型企业审计师的问卷中，该比例则高达 3/4。

统计抽样在 20 世纪 80 年代的推广进度也受到计算机普及的影响，尤其是个人计算机的使用（对 Niddrie 和 Milne 的访谈）。McRae 在 80 年代早期就预测说：

> 运用计算机来存储和处理会计数据将会促进统计抽样在审计中的使用，这在加利福尼亚州的一些审计项目中已经可以初见端倪。计算机可以帮助审计师执行统计抽样并且十分经济。此外，目前已经开发出了几款用于统计抽样的软件。①

一位从业人员告诉 Higson，在 80 年代中期“执行统计抽样的时候如果不借助计算机，利用手工来抽样可能需要一整天的时间”。② Manson 也提到，“在计算机的帮助下，统计抽样变得更为可行”。③ 我们邮寄问卷的调查结果也显示，统计抽样需要依赖计算机。在我们问及被调查者具体使用什么抽样方法的时候，很多人都回答基于个人计算机审计软件（PCAS）的审计程序，并且基本都使用“软件中推荐的程序”。Barras 和 Swann 在 80 年代中期的调查发现：

> 在计算机审计软件的帮助下，审计效率得以提高。因此，一家事务所表示，借助审计软件执行抽样审计比其以前的审计节省了

---

① McRae, T. W. (1982) *A Study of the Application of Statistical Sampling to External Auditing*, London: ICAEW: 14.

② Higson, A. W. (1987) 'An Empirical Investigation of the External Audit Process. A Study of the Reaction of Professional Auditors to Recent Changes in the Audit Environment', unpublished thesis, University of Bradford: 314.

③ Manson, S. (1997) 'Audit Risk and Sampling', in Sherer, M. and Turley, S. (eds), *Current Issues in Auditing*, 3rd edn, London: PCP: 241.

90%的时间。比如在审计一家汽车公司的项目中，在使用了最新的统计抽样技术以后，审计时间从原本的3个星期缩短至2天。但在有些情况下，审计师还是会像以前那样进行复杂的详细检查。审计师之所以可以这么做，是因为使用新型计算机缩短了其他项目的时间，从而有时间进行一些详细检查。①

关于统计抽样具体的使用情况的研究，Gwilliam 发现：

> 在常规审计项目中，事务所使用最为广泛的是 MUS。各大事务所，包括安达信、德勤、Haskins & Sells、Peat Marwick Mitchell 和 Touche Ross 等事务所都使用了不同类型的 MUS。②

德勤的一位合伙人在采访中表示，20 世纪 80 年代，他们已经在使用 MUS 了：

> 刚刚引入这种抽样方法的时候，我们感觉这种方法非常复杂，不过后来发现它确实减轻了审计工作量。我最后选择的抽样方法是要求我们先了解客户业务性质和风险分布，随后再进行抽样。比如当你在审计收入和费用账户的时候，假设公司营业收入总额是 2 000 万欧元，你可以假定大于 2 000 欧元的账户都必须检查，小于 2 000 欧元的账户则根据金额大小随机抽样。
>
> （对 Milne 的访谈）

Turley 和 Cooper 提到："虽然都需要主观判断，但现在统计抽样和主观抽样方法都是被认可的，最为重要的是要找到事务所自己适用的

---

① Barras, R. and Swann, J. (1984) *The Adoption and Impact of Information Technology in the UK Accountancy Profession*, London: The Technical Change Centre: 39-40.

② Gwilliam, D. R. (1987) *A Survey of Auditing Research*, London: Prentice Hall/ICAEW: 245.

方法。”[①] 这一观点也得到了我们邮寄问卷部分结果的支持。大型事务所确实会大量使用统计抽样方法，但是它们最终更倾向于根据自己的审计体系来选择抽样方法，而其中大部分都会使用 MUS。而 Touche Ross 事务所直到 90 年代还在使用 CMA。

最后，尽管我们的调查问卷和其他证据都表明，到 20 世纪 80 年代，大部分审计师“每次”都会或“经常”使用统计抽样，但是我们还应该弄清楚使用统计抽样对实务产生了什么影响。在审计中，统计学方法除了应用于选择样本以外，还用于解释结果。[②] 但即便是极力支持在审计中使用计算机和统计抽样的 McRae，在 20 世纪 70 年代也只是认为：“我们只是利用计算机进行抽样选择样本，检查样本仍然应该按照传统的审计方法来进行。”[③] Gwilliam 在调查 80 年代的审计项目以后发现：“统计抽样技术（相对应的是主观抽样、未经评估的随机数抽样）目前只应用于部分审计活动。”[④] Turley 和 Cooper 在 1987 年调查了 21 家会计师事务所以后发现：“目前还有很多方法只是表面上采用了统计学原理……事务所的工作指南中很少提及如何评估抽样检测结果。”[⑤] Higson 采访过的高级审计师也都表示，如何解释发现的错误确实是一个问题。甚至更奇怪的是，一位合伙人觉得，“发现样本中的错误就意味着统计抽样程序的终结”。[⑥] 我们收到的邮寄问卷结果也都表明统计

---

① Turley, S. and Cooper, M. (1991) *Auditing in the United Kingdom: A Study of Development in the Audit Methodologies of Large Accounting Firms*, London: Prentice Hall/ICAEW: 111.

② Gwilliam, D. R. (1987) *A Survey of Auditing Research*, London: Prentice Hall/ICAEW: 241.

③ McRae, T. W. (1977) *Computers and Accounting*, London: John Wiley & Sons: 116.

④ Gwilliam, D. R. (1987) *A Survey of Auditing Research*, London: Prentice Hall/ICAEW: 241.

⑤ Turley, S. and Cooper, M. (1991) *Auditing in the United Kingdom: A Study of Development in the Audit Methodologies of Large Accounting Firms*, London: Prentice Hall/ICAEW: 111.

⑥ Higson, A. W. (1987) ‘An Empirical Investigation of the External Audit Process. A Study of the Reaction of Professional Auditors to Recent Changes in the Audit Environment’, unpublished thesis, University of Bradford: 314-315.

学原理更多应用于选择样本，而不是结果分析。Higson[①]，Humphrey和 Moizer[②] 也都得到类似结果。他们采访的审计经理告诉他们：“利用统计学原理去推断整体的错误比较困难，所以我们更倾向于用主观推断的方法。”

20 世纪 80 年代的审计经理对 Humphrey 和 Moizer 问卷的回答表明，当时实务界还不是非常理解该技术，这也一定程度解释了为什么该方法没有推广开来。他们总结说：“审计经理制定的审计计划比传统的审计手册更不科学和不理性。”[③] 很多审计经理都被要求解释关于他们的审计结论的基础性问题，即抽样结果和置信水平的关系。大多数人的回答不是基于数理原理，而是基于自己的感觉或者信念。他们的回答非常多样，比如有人回答：“我们的置信水平是 95%，从样本来看我们认为客户账簿在统计意义上是正确的，但是我们没有获得证据表明它是百分之百正确的。”[④] 再比如，还有人回答说：“样本规模是预先设定好的。如果你是检测一项关键的控制，可能需要检查 72 份票据或文件，至于为什么是 72 份，我们也不知道，这是由统计软件决定的。”

可能正是由于从业人员的这些问题，再加上之前提到的原本就存在的质疑，尤其是样本量扩大导致成本的增加，从 20 世纪 80 年代开始，使用统计抽样的热度有所下降。Maysmor-Gee 等在 1976—1984 年间的调查发现，统计抽样使用频率有所下降。[⑤] Higson 对高级审计从业人员进行采访后发现：

---

① Higson, A. W. (1997) 'Developments in Audit Approaches: From Audit Efficiency to Audit Effectiveness?', in Sherer, M. and Turley, S. (eds)(1997), *Current Issues in Auditing*, 3rd edn, London: PCP: 211.

② Humphrey, C. and Moizer P. (1990) 'From Techniques to Ideologies: An Alternative Perspective On the Audit Function', *Critical Perspectives on Accounting*, 1: 227-228.

③ Ibid.: 225.

④ Ibid.: 226.

⑤ Higson, A. W. (1987) 'An Empirical Investigation of the External Audit Process. A Study of the Reaction of Professional Auditors to Recent Changes in the Audit Environment', unpublished thesis, University of Bradford: 118.

> 尽管20世纪70年代审计师借助统计抽样以及统计方法进行审计的情况有所增加，但是最近的数据表明这一趋势又倒退了回去。20世纪80年代，如果抽样的规模有所缩小，事务所还会假装解释一下它们这么做是有统计学依据的，但是到现在，大部分事务所都不再假装在审计中使用统计方法了。①

Higson认为，20世纪80年代早期，审计师对内部控制的信赖有所降低，而倾向于使用分析性程序和实质性测试，但是：

> 分析性审计程序在20世纪80年代的发展也可能导致了详细的实质性测试的减少。风险分析方法的实施可以减少测试的数量，并且如果公司拥有完善的内部控制系统和分析性检查机制，那就可以据此进行完整的分析，从而使审计师不再需要做任何测试……越来越多的人认为抽样测试是测试的最后手段。②

Manson也在Loebbecke工作的基础上发现，虽然使用抽样方法非常重要，但“实务界采用它的频率已经降低了很多”。③

但是，我们对统计抽样在审计中使用状况的调查结果与之并不一致。有一些证据表明一些事务所确实在这方面有所改变，比如一位被调查者回答说：“在我进入毕马威事务所工作的第一年（1991—1992年），我们用过抽样，但是后来就被分析性方法取代了。”在调查中还有一位在1996年注册从业的审计人员表示从该时期开始使用“分析性检查”。但是，表4-1显示20世纪90年代统计抽样的发展速度有所下降，但是下降趋势并不明显。而且回答“每次”都会或“经常”使用统计抽样

① Higson, A. W. (1997) 'Developments in Audit Approaches: From Audit Efficiency to Audit Effectiveness?', in Sherer, M. and Turley, S. (eds)(1997), *Current Issues in Auditing*, 3rd edn, London: PCP: 211.

② Ibid.

③ Manson, S. (1997) 'Audit Risk and Sampling', in Sherer, M. and Turley, S. (eds), *Current Issues in Auditing*, 3rd edn, London: PCP: 251.

的被访者的比例从 20 世纪 80 年代的 60％略微增长至 90 年代的 66％。

小 结

早期账项基础审计的一大特征就是尽可能地检查所有项目。但是当审计一些与铁路公司、银行等类似的大客户的时候，这种方法很显然是不适当的。因此，抽样的方法就被采用。当时最流行的是区间测试，即将所有项目按照时间排列检测，还有一种是分层检验，该方法与项目的重要程度相关。此外，还有其他很多随机选择样本的方法。这些测试的要求是如果发现了错误，那么就需要进一步彻底检查。尽管早期已经存在穿行测试的雏形，但是真正的穿行测试（即追踪交易在会计处理的整个过程）是随着 20 世纪 60 年代制度基础审计的发展和符合性测试的发展而推广开来的。此外，虽然在两次世界大战期间，基于概率论的统计抽样方法在理论上就已经得到解释和论证，但是该方法在 20 世纪 70 年代随着计算机的引入才真正被接纳。虽然统计抽样仅仅被用于决定抽样的规模而非解释结果，但在 90 年代还是有 2/3 的事务所“每次”都会或“经常”使用统计抽样。

第五章　内部控制系统

内部检查

包括制度基础审计在内的大部分审计程序看起来是现代审计的产物，实际上在早期审计实务中都早有雏形，但历史学家却忽视了这一点。比如Lee曾提到："早在20世纪二三十年代，实务界就已经普遍认为基于对公司内部控制状况的了解进行检查是一种可行的审计方法。"①而且，早在这以前就有英国审计师在一定程度上借助客户的内部控制系统进行审计。

在维多利亚时代，一些公司就有用来防止会计造假的系统，这个系统被称作"内部检查"（internal check）。一般情况下每个人在公司内部的分工不一样，所以他们可以相互监督制约。在这种情况下除非有人相互勾结，否则造假的难度会非常大。从1849年Quilter在国会听证会上

---

① Lee，T. A.（1972）*Company Auditing*：*Concepts and Practices*，London：ICAS and Gee & Co：150.

的讲话中也可以看出，那个时期的铁路公司对总会计师和总出纳员有内部检查机制。①

早期审计师已经在他们的工作中利用了公司的内部检查系统。Dicksee 编著的第 1 版审计教材中就提到："客户如果拥有一个适当的内部检查系统，那么不仅可以减少审计师需要实施的具体审计程序，还可以使一些不规范的操作被及时纠正，尽量避免下次审计发生类似问题。"②了解内部检查系统一般是审计程序的第一步。Spicer 和 Pegler 编著的第 1 版《审计程序》（1908 年）的前言详细介绍了内部检查系统：

> 需要特别强调的是，审计师应该充分了解内部检查系统的运行状况……在不同经营环境下的公司的内部检查系统肯定千差万别，系统在实际运行中也一定会有不少漏洞……审计师应当了解其遇到的内部检查系统，这是非常重要的。因为在所有的大型审计项目中，企业的内部检查系统和审计师实施的审计程序直接相关。③

Spicer 和 Pegler 编著的第 1 版审计教材也很关注审计师对内部检查的依赖和重视。

> 审计师进行细节测试的数量在很大程度上取决于客户内部检查系统的运行情况……当然，审计师不能不加选择地使用内部检查系统，更不能想当然地认为有了内部检查系统，自己就不需要进行细节测试了。在条件允许的情况下，审计师必须尽可能多地检查交易事项，并且应该尽力找到不合规的地方。④

---

① Kitchen, J. (1988) 'Auditing: Past Development and Current Practice', in Lee, T. A. (ed.), *The Evolution of Audit Thought and Practice*, New York: Garland: 27.

② Dicksee, L. R. (1892) *Auditing: A Practical Manual for Auditors*, 1st edn, London: Gee: 40.

③ Spicer, E. E. and Pegler, E. C. (1908) *Audit Programmes*, London: H. Foulkes Lynch.

④ Spicer, E. E. and Pegler, E. C. (1911) *Practical Auditing*, 1st edn, London: H. F. L. (Publishers) Ltd: 6-7.

尽管这一程序在两次世界大战期间变得比较普遍，但上面的说法可能夸大了当时英国审计师对客户内部检查系统的依赖程度。此外，“内部检查”第一次出现在 ICAEW 审计试卷上的时间是 1930 年（11 月，第 9 题）。一位在 20 世纪 30 年代审计过上市公司的审计师证实了内部检查系统实际运行的状况，他提到：“大部分审计程序都是……以抽样为基础。如果公司自身内部控制系统比较完善，那么就会减少抽样，否则会需要执行更多抽样进行检查”（对 Keel 的访谈）。

内部审计

Spicer 和 Pegler 编写的审计教材中提到，“内部检查的终极形式”是内部审计。[①] 也就是说，公司自己聘请全职会计师负责监督本公司的账簿填制状况和其他系统的运行状况，其实质就是检查企业的内部检查系统的运行状况。所以与内部检查系统相比，内部审计对外部审计的帮助更大。

最先实行内部审计的公司应该是公用事业公司。1888 年 Murray 在 ICAEW 的一次会议上提到：“以铁路公司为例，我们无法审计众多的细节，那么借助内部审计可以使审计结果变得更为可靠。”[②] 从该发言的内容中可以看出，铁路公司最晚在 19 世纪 80 年代就有了内部审计机制。内部审计在天然气公司中也很常见。比如到 1900 年，帝国大陆天然气集团（Imperial Continental Gas Association）已经拥有了“完整的内部审计系统，并主要由几个账户检查员负责对集团内的公司进行检查”（*Accountant* 12 November 1927：645-656；26 March 1921：359-365；25 August 1923：267-274）[③]。银行也是较早采用内部审计的公

① Spicer，E. E. and Pegler，E. C. (1911) *Practical Auditing*，1st edn，London：H. F. L. (Publishers) Ltd：26.

② Chandler，R. and Edwards，J. R. (eds) (1994) *Recurring Issues in Auditing：Professional Debate 1875-1900*，New York：Garland Publishing：87.

③ Hill，N. K. (1979) ‘Accountancy Developments in a Public Utility Company in the Nineteenth Century’，in Lee，T. A. and Parker，R. H. (eds) *The Evolution of Corporate Financial Reporting*，Sudbury-on-Thames：Nelson：12.

司，Bolton 1888 年在 ICAEW 的一次会议上解释说：

> 一家位于伦敦西区的与库茨银行类似的银行下定决心要对本银行的账户进行一次彻底完整的审计。他们在多年以后发现同时保存两套账簿是比较可行的内控方式。这样的话，一套账簿可以由银行的会计人员保存，另一套账簿可以由独立的、负责内部审计的人员保存。①

在两次世界大战期间，一些地方政府也拥有内部审计部门。②

早期的英国工业公司中也存在内部审计。Spicer 和 Pegler 的第 1 版审计教材中提到，"任意规模的公司"都有内部审计部门。③ 但是，很难回答为什么内部审计会变得这么普遍。应用内部审计的企业数量在 20 世纪 30 年代增长较快（对 Hewitt 和 Brittain 的访谈）。Nicholas Waterhouse 在 1934 年发表的一篇文章中提到，"管理一家拥有众多员工的公司……应该更多地依赖适当的分工和内部审计"（*Accountant* 27 January 1934：124）。Lawson 在 1951 年发表的一篇文章中提到，"一套完整的内部检查系统一般都会配有一套内部审计系统"。（*Accountant* 6 October 1951：306）。ICAEW 在 1953 年发布了一个引导外部审计单位与内部审计部门互相协调的公告，因为在那时"已经有很多组织开始进行内部审计"（*Accountant* 15 August 1953：208–210）。一名在 20 世纪 50 年代审计南威尔士钢铁企业的审计师说，只有一部分大型企业拥有自己的内部审计系统（对 Evans 的访谈）。20 世纪 50 年代末期《会计师》上刊登的一篇文章认为，"事实上所有大型组织都拥有内部审计部门"（*Accountant* 18 April 1959：450）。这两种说法并不完全冲突，

---

① Chandler，R. and Edwards，J. R. (eds)(1994) *Recurring Issues in Auditing：Professional Debate 1875–1900*，New York：Garland Publishing：85.

② Wood，B. (1976) *The Process of Local Government Reform*，1966—1974，London：Allen and Unwin：140.

③ Spicer，E. E. and Pegler，E. C. (1911) *Practical Auditing*，1st edn，London：H. F. L. (Publishers) Ltd：26.

1975 年的一项调查显示，当时有 56%的英国私营企业拥有内部审计部门①，Higson 发现，在 20 世纪七八十年代，虽然“仍然只有大企业才拥有内部审计部门”，但拥有内部审计部门的公司数量显著增加。② 内部审计部门可能由几个兼职的员工组成，也可能由 20 多个专职员工组成，他们负责向董事会报告内部审计状况。此外，根据 Higson 的理解，在经济萧条的 80 年代，内部审计部门被看作“奢侈品”，在规模上有所缩小。

内部控制在美国的发展

美国审计师无疑比英国审计师更早地开始借助被审计客户的内部控制系统进行审计。正如我们之后要讨论的，美国审计师很早就开始聚焦于资产负债表审计，并且早在 1912 年，Montgomery 就解释道：“审计师如果可以确定内部检查系统是可靠的，那么他就不用再去重复内部检查人员做过的工作。”③ 但是，正如我们之前提到的，这只是英国审计教材的解释*。Montgomery 也表示：“由于拥有完整内部检查系统的组织非常少，所以审计师在大部分情况下仍然需要进行细节测试。”④

所以我们不能肯定在第一次世界大战之前美国在利用内部控制进行审计方面比英国更为超前。但是在两次世界大战期间，美国审计在这方面确实绝对领先于英国审计。从 Montgomery 编著的 1934 年版审计教材中可以看出，当时的美国审计客户已经拥有完善的内部检查系统，内部审计在美国也发展得更早、更充分。该书介绍道，美国的“很多大公

---

① Chambers, A. D. (1981) *Computer Auditing*, London: Pitman: 21.

② Higson, A. W. (1987) ‘An Empirical Investigation of the External Audit Process. A Study of the Reaction of Professional Auditors to Recent Changes in the Audit Environment’, unpublished thesis, University of Bradford: 316-317.

③ Montgomery, R. H. (1912) *Auditing*, 1st edn, New York: Ronald Press: 82.

④ Ibid.: 80.

* 在审计实务中并非如此。——译者

司都拥有审计部门”。[①] 1941 年，美国实务界成立了内部审计师协会（Institute of Internal Auditors），到 1949 年，该组织拥有 20 个分会，会员规模超过 1 000 人。[②] 相比之下，英国的第一个内部审计师组织成立于 1948 年。1947 年，在牛津大学的夏令营上报告的一篇文章提到："我认为我们的美国朋友在会计技术方面要比我们先进，他们甚至把内部审计专门当作一种独立的职业”（*Accountant* 2 August 1951：147）。

此外，到 20 世纪 40 年代，很多美国公司的内部检查已经涉及经营的各个方面，包括“保证资产安全、确保会计数据准确与可靠、提高经营效率以及保证公司管理层经营战略的实施等”。[③] 现在这些项目都被纳入“内部控制”中。在 1934—1949 年间，Montgomery 等编著的审计教材逐渐将“内部检查”改为“内部控制”。在之后的版本中，美国审计师已经可以使用他们的审计客户扩展后的内部控制系统了，审计师在审计过程中也不再只是专注于利润表，还会验证资产负债表项目。此外，他们还会评估客户的内部控制系统，并在内部控制系统薄弱的地方进行大量的测试。由 Montgomery 等编写、于 1957 年出版的第 8 版《审计学》没太大变化，唯一比较重要的变化在于再次重视内部检查，并将其视为内部控制的一部分，而这在 1949 年版本的教材中从未提及。

在这个时期，美国的审计也有很多创新。由 Montgomery 等编写的 1949 年版《审计学》用 75 页的篇幅介绍了询问管理层内部控制状况的内部控制调查问卷（ICQ）。该书将客户分成五大类，包括：商业和工业企业、公用事业单位、银行和信托公司、投资机构和证券经纪公司。[④] 比如，针对第一类客户的问卷调查，该书根据不同部门或者资产负债表项目设计了 200 个左右的问题（很多问题下还有小题）。一些问题用于了解客户的内部检查系统，比如“所有财务部门员工的职责是否分明”等；还有一些问题用于了解客户的运营效率，比如“费用和成本

① Montgomery, R. H. (1934) *Auditing*, 5th edn, New York: Ronald Press: 64-65.

② Montgomery, R. H., Lenhart, N. J. and Jennings, A. R. (1949) *Montgomery's Auditing*, 7th edn, New York: Ronald Press: 53.

③ Ibid.: 49.

④ Ibid.: 573-648.

是否都有预算”等。Montgomery 等也简单介绍了流程图，他们认为应该根据公司的业务类型来设计内部审计的检查程序。① 他们还简要地介绍了检查手段，比如“选择一些交易事项，然后找到相应的账面记录”等。

英国制度基础审计的兴起

与美国教材相比，英国 20 世纪 50 年代的教材还在介绍账项基础审计或者细节审计。Dicksee②，Spicer 和 Pegler③ 以及 de Paula④ 的后续教材的内容与第 1 版没有什么差别，没有提到借助内部检查来减少测试每一笔分录的工作的审计方法，也没有提到内部检查，更没有提到检查的流程图或者内部控制的问卷调查等相关内容。内部检查这个概念 50 年代才在英国审计实务界出现，并逐渐从内部检查扩展到内部控制。与内部控制相关的题目直到 1963 年才出现在 ICAEW 组织的审计考试中（11 月，第 2 题）。

即便如此，美国的这种审计方法在当时也是广为英国实务界所熟知。Lawson 在 1951 年发表的一篇文章中多次提及美国的这种审计方法，还对其进行了比较完整的介绍。他还多次提到英国大公司使用内部控制系统的状况，并建议“审计师可以借助对公司内部控制系统运行有效性的了解来减少细节测试”（*Accountant* 6 October 1951：306）。Lawson 还重点介绍了审计师对内部控制系统的调查和客户管理层对内部系统的陈述。该文并没用直接用“内部控制调查问卷”的说法，但是所表达的意思与之类似，即“一些审计师发现，先把脑中想好的问题设

① Montgomery，R. H.，Lenhart，N. J. and Jennings，A. R.（1949）*Montgomery's Auditing*，7th edn，New York：Ronald Press：37-38.

② Magee，B.（1951）*Dicksee's Auditing*，17th edn，London：Gee & Co.

③ Bigg，W. W.（1951）*Spicer and Pegler's Practical Auditing*，10th edn，London：H. F. L.

④ de Paula，F. R. M.（1951）*The Principles of Auditing：A Practical Manual for Students and Practitioners*，11th edn，London：Pitman.

计整合好，形成一个体系再去向客户调查询问会更加有效”。最后，正如我们之前提到的，Lawson 还提到审计师也可以进行深度测试，以“了解内部系统运行的有效性”（*Accountant* 6 October 1951：306）。但是 Lawson 介绍到了什么程度呢？

表 5－1 展示了审计师检查客户内部控制的情况，结果表明在两次世界大战期间至 20 世纪 60 年代，英国的制度基础审计并没有明显的发展。大约有 11％的受访者表示 20 世纪 20—50 年代他们在审计的时候“每次”都会或者“经常”检查客户的内部控制系统，显然这一比例并不高。然而同一时期回答“从不”检查客户内部控制的比例不到一半，这说明在早期的英国审计中，审计师或多或少会对内部控制进行一些检查。虽然 ICAEW 早在 1961 年就发布了《通用审计原则》U1 公告（该公告要求审计师对客户内部控制系统进行详细检查和评估），但是我们的

表 5－1　我们事务所在审计的时候……会检查客户的内部控制

	每次	经常	有时	从不	总计	
	（％）	（％）	（％）	（％）	（％）	*N*
根据时间分组（20 世纪）						
20—30 年代	2.3	9.1	50.0	38.6	100	89
40 年代	2.8	9.9	38.0	49.3	100	128
50 年代	2.6	8.4	45.5	43.5	100	150
60 年代	9.0	13.8	51.0	26.2	100	146
70 年代	20.8	26.2	36.2	16.9	100	131
80 年代	26.1	33.6	34.5	5.9	100	120
90 年代	29.4	28.6	34.6	7.4	100	136
根据公司规模分组						
上市公司	29.7	36.7	26.5	7.1	100	155
中小型公司	12.2	16.3	45.9	25.6	100	473
个人或合伙企业	4.8	3.6	42.2	49.4	100	83
根据被调查者所在事务所规模分组						
前 20 大型	20.0	26.8	36.8	16.5	100	280
中型	12.6	13.8	46.6	27.1	100	247
小型	11.1	17.9	39.7	31.3	100	262

资料来源：问卷调查结果详见附录。

调查结果显示，即便是60年代，只有不到1/4的受访者在审计时“每次”都会或者“经常”检查客户的内部控制（*Accountant* 18 May 1963：645）。此外，与“内部控制调查问卷”相关的题目直到1970年才出现在ICAEW组织的审计考试中（11月，第2题）。

库珀的《审计手册》则直接关注内部控制，而不去区分“内部检查”和“内部控制”。该手册提到：“审计师应该尽量减少详细检查……而应该基于客户自身的内部控制系统展开审计。”[①] 审计师主要借助内部控制调查问卷来了解客户内部控制系统的状况，并且一般都是通过询问客户的管理层来进行此过程。[②] 该手册还提到审计师应当对内部控制系统进行进一步深入测试，即程序性测试（procedural test），而不是符合性测试。测试的程序取决于审计师对客户内部控制系统质量、客户性质及其规模大小的评价，并依此分成A～E类。根据审计经理的判断，测试的范围可能包括“10～50项具有代表性的项目”，比如购货成本、职工的周薪或月薪等。另外，库珀的《审计手册》还提到，审计师应该对被选中的交易从开始到结束的整个过程进行彻底检查，包括发票、账簿记录和授权，以及每个过程所涉及的内部控制。库珀事务所的一位合伙人谈到了1966年审计师对测试程序的时间分配的问题，他认为审计师应该将1/3的时间花在对内部控制系统的审计上，将2/3的时间花在对资产负债表项目的审计上（*Accountant* 7 May 1966：563）。

当审计那些内部控制系统较差的小公司时，库珀的《审计手册》建议仍然以详细审计为主，比如“检查在账簿、支持性文件等其他文件中记录的部分交易，另外还应深入测试一些交易”。[③] 虽然库珀的《审计手册》尝试区分借助内部控制的审计和直接检查账簿的审计（即类似Montgomery在早期版本的审计教材中对“详细”审计和“资产负债表”审计的区分），但实际上这两种类型的审计只是在审计重点上有所

---

① Cooper，V. R. V.（1966）*Manual of Auditing*，London：Gee & Co：1，11.

② Ibid.：15，361-457.

③ Ibid.：26.

不同。两者都包括基本的账簿检查和内部控制检查，同时还要求审计资产负债表。

如前所述，库珀事务所从 20 世纪 40 年代晚期就开始使用该审计手册（并在 1966 年正式出版之前进行了多次修订）。所以库珀的《审计手册》虽然没有提到该会计师事务所开始使用这一方法的具体时间，但是可以推测出它从 20 世纪 50 年代就开始使用这一方法来审计规模较大的客户，比如库珀事务所使用该方法审计了英国工业企业前三强之一的黄油制造企业联合利华（Unilever）公司（*Accountant* 26 October 1957：474-477）。库珀事务所确实是采用制度基础审计的先行者，但它一定不是当时唯一一家采用这一审计技术的英国会计师事务所。一位在 Peats 会计师事务所工作过的审计师向我们回忆了他的经历，他在 20 世纪 50 年代对南威尔士的大型钢铁公司进行了审计：

> 有些公司自己就拥有内部审计部门，所以我们在审计的时候会考虑它们的内部审计工作，还会阅读并参考它们的内部审计报告。这一方法一方面会减少我们的工作量，另一方面还可以降低客户的审计费用。客户可能就是为了减少审计费用才建立自己的内部审计部门的。
>
> （对 Evans 的访谈）

尽管如此，在库珀的《审计手册》出版后，《会计师》上发表的一篇文章（1967-05-20：658-665）还是严厉指责了英国审计实务现代化进程的缓慢。

在调查中我们也确实发现了一些会计师事务所在这方面的落后状况。纽卡斯尔的一家中型事务所的合伙人表示，他们虽然在 20 世纪 50 年代审计过一些大型上市公司，如 Consett 钢铁公司等，但事务所在 1965 年和库珀事务所合并的时候，制度基础审计对他来说完全是新事物。该合伙人还表示："当我们加入库珀事务所的时候，那些以手工标记为主的详细检查方式已经成了审计的负担，很多审计师在那时候已经开始借助客户的内部控制系统进行审计了”（对 Middleton 的访谈）。显然，在 20 世纪 60 年代，率先做出改变的是大型会计师事务所。普华会计师事务所的一位合伙人回忆说：“1969 年，我们改进了审计技术。那些在记录簿上做标记等旧的审计手段逐渐被淘汰……我们比较喜欢系统性的检查，比如沿着交易系统进行追踪检查”（对 Heywood 的访谈）。

有趣的是，当时的审计教材在提到制度基础审计方法的时候不止一次地误用这个概念，这些教材将过去的审计方法照搬到这一概念上面，出现“张冠李戴”的错误。不过也有一些教材弄清了这一概念。1966 年出版的库珀的《审计手册》向实务界推荐使用制度基础审计方法，ICAEW 在 1971 年也出版了一个关于审计程序的专题汇编，该汇编认为过去的那种详细查账的审计方法“已经不再适用了”，现在最好直接围绕客户的内部控制系统进行审计，并辅之以最少的具体测试或者详细检查。[①] 这些书在很大程度上要领先于传统的教材，甚至领先于当时的实务界。Dicksee 的 1969 年版的审计教材还在坚持传统的审计方法，对当时的创新只是表示了适当的肯定：

> 由于审计师现在会借助客户的内部控制系统，所以详细审计的工作量比以前普遍有所减少。但是审计师本来就有责任对内部控制系统进行检查，并且大部分审计师都会利用内部控制调查问卷来检查内部控制。[②]

de Paula 的教材的内容一般都是比较超前的，但是该教材直到 1976 年的版本才认可这种新的审计形式，该版本教材提到：

> 自本教材 1970 年的版本出版以来，英国很多大型审计事务所

---

① Bird, P. (ed.)(1971) *A Casebook on Auditing Procedures*, London: ICAEW: 15.

② Waldron, R. S. (1969) *Auditing: A Practical Manual for Auditors by the Late Lawrence R. Dicksee*, 18th edn, London: Gee & Co: 27.

使用的审计技术发生了巨大的变化，尤其是在审计那些拥有内部控制系统的大公司时。这些审计技术的变化可能足以改变未来的审计形式。①

de Paula 还详细说明了如何使用内部控制调查问卷和流程图，但没有提及如何进行深入测试。1978 年，Spicer 与 Pegler 的审计教材（第 16 版）才把完整的制度基础审计方法（包括深度测试）作为主要审计程序进行介绍。但即便在那时，他们的教材也提到了过去那种检查加过账式的详细审计，即“从检查具体的分录开始，一直按顺序检查到资产负债表，并且检查的顺序和编制账簿的顺序完全一样”。②

Davis 认为，他所定义的第一代审计转变到第二代审计的时间是 20 世纪 60 年代末期，在该时期审计从“检查账簿中的具体交易”变成制度基础审计。③ 但该时期可能还是转变的初期。我们的问卷调查结果（即表 5-1）显示，虽然“经常”或者“每次”都会采用制度基础审计的审计师的比例在 60 年代有所增长，但该数据也仅仅是从 50 年代的 11%增长至 23%，即使到了 70 年代，该数据也不到 50%。直到 80 年代，这一比例才增长至 60%。这一数据也和回答“从不”采用制度基础审计的比例相对应，后者从 50 年代的 40%下降至 60 年代的 26%，并在 80 年代进一步降低至 6%。从被访者的回答中我们可以再次发现，审计技术的变化和客户的规模相关，但与会计师事务所的规模关系不大。我们还发现，规模较大的事务所比规模小的事务所更可能“经常”采用制度基础审计，这可能是因为大型事务所一般审计的是大型客户。Truley 和 Cooper 在 1987 年的调查也发现，九大会计师事务所中有 8 家都会评价客户的内部控制系统并在此基础上进行审计，剩下的 1 家则认

① de Paula, F. C. and Attwood, F. A. (1976) *Auditing: Principles and Practice*, 15th edn, London: Pitman: 9.

② Waldron, R. S. (1978) *Spicer and Pegler's Practical Auditing*, 16th edn, London: H. F. L.: 33-63, 91, 430.

③ Davis, R. (1996) 'Serving the Public Interest', *True and Fair*, December 1995/January 1996: 6.

为该方法是可行的。而在12家小型事务所中只有4家利用客户的内部控制系统进行审计，剩下的8家认为该方法可行或不做评论。①

需要说明的是，制度基础审计在英国从未得到一致认可。Truley和Cooper认为，自20世纪80年代制度基础审计开始普及后：

> 审计过程中会产生大量流程图，审计师会对客户的内控系统进行评价和测试。这虽然有利于提高管理建议书的质量，但是也导致审计没有充分关注审计的财务报告目标。②

Higson也提到，检查客户的控制系统成本很高，可能会导致"过度审计"，即做了很多工作却只能得到相对很少的证据（即投入产出不配比）。③ 因此，Higson认为审计师一直都没有完全信任内部控制测试程序，而是更偏向于进行实质性测试。Truley和Cooper发现，在审计师的这种偏好下，再加上20世纪70年代末80年代初审计收费压力的不断提升，事务所更加倾向于提高审计效率以节省审计成本，这导致制度基础审计的普及程度有所倒退。④ Maysmor-Gee等在调查了1976—1984年间的审计实务后甚至发现，内部控制调查问卷的使用次数也在该时期有所减少。⑤

不过，我们的调查问卷结果并没有显示出这一倒退的趋势。正如表

---

① Turley, S. and Cooper, M. (1991) *Auditing in the United Kingdom: A Study of Development in the Audit Methodologies of Large Accounting Firms*, London: Prentice Hall/ICAEW: 84.

② Ibid.: 14.

③ Higson, A. W. (1997) 'Developments in Audit Approaches: From Audit Efficiency to Audit Effectiveness?', in Sherer, M. and Turley, S. (eds)(1997), *Current Issues in Auditing*, 3rd edn, London: PCP: 200.

④ Turley, S. and Cooper, M. (1991) *Auditing in the United Kingdom: A Study of Development in the Audit Methodologies of Large Accounting Firms*, London: Prentice Hall/ICAEW: 15.

⑤ Higson, A. W. (1987) 'An Empirical Investigation of the External Audit Process. A Study of the Reaction of Professional Auditors to Recent Changes in the Audit Environment', unpublished thesis, University of Bradford: 119.

5－1所展现的，制度基础审计的使用情况在20世纪90年代比较平稳，审计时“经常”或者“每次”都会使用制度基础审计的比例从80年代的60％变为90年代的58％，但这包含了一定的数据误差（58％有95％的可能会波动正负8个百分点）。因此检查内部控制仍然是非常普遍的审计程序。

管理建议书

此小节讨论的是最近几年比较流行的管理建议书。本书讨论了审计过程中用到的几乎所有的审计技术，其中审计报告是审计的最终产品，但审计的目的不止是提供一份审计报告，我们还需要对其他审计产物进行介绍。虽然上述观点偏离了审计的主要目的（提供审计报告），但为了能够全面地介绍审计产品，我们暂且不考虑上述观点是否正确。

与之前讨论的审计程序一样，虽然管理建议书看似在最近几十年才受到广泛关注并发展起来，但它在很早以前就有雏形。管理建议书也起源于美国，早期这种和英国审计报告类似的文件叫作审计师认证书（auditor's certificate），一般为精简版本。它与财务报告一同对外披露，并对反映公司经营状况的财务报表发表意见。如果客户要求提供额外的证明，审计师会将认证书扩展至5～6段，比如增加对存货、折旧或新增固定资产等的评价①。美国审计师的这种认证书后来称作审计报告的“详细版本”，并且会装订成册提交给管理层使用。Montgomery认为详细报告在风格上应该有趣易懂，在内容上可能包括审计师对客户经营成果、财务状况、会计账簿和内部检查方面发表的结论。该报告还可能包括以图表的形式对客户财务状况的分析，比如成本费用占总资产的比例、客户所处的行业分析等。之所以会出现这种详细形式的报告，是因

① Montgomery, R. H. (1934) *Auditing*, 5th edn, New York: Ronald Press: chap. 30; Montgomery, R. H., Lenhart, N. J. and Jennings, A. R. (1949) *Montgomery's Auditing*, 7th edn, New York: Ronald Press: chap. 6.

为美国早期不强制要求审计，所以审计师（那时在美国亦称为“商业咨询师”）需要使自己变得对客户有意义。①

英国审计师早期也会向客户提出一些详细建议。如前所述，这类报告一般会在公司公开发行股票之前给出，比如 Robert Fletcher 事务所在 1874 年以及 Peats 事务所在 1900 年对贝尔兄弟钢铁公司（Bell Brothers）出具的报告。在客户要求下，英国审计师偶尔也会在审计之外向客户提供一些建议或者详细的书面报告，比如有资料显示在 1877 年钢铁市场交易大幅降低时，审计师向 Consett 钢铁公司的董事会提出了一些与股利政策相关的建议（Consett Iron Company，Report to Directors，30 June 1877；在此感谢 Trevor Boyns 教授提供此信息）。

此外，审计师如果发现了客户账户中的风险，会逐条记录并告知管理层，这就非常有意义了。一位审计师回忆了编制此类建议书的经历：

> 我们在 1934 年写过管理建议书。当时，合伙人坚持要求我们写这一建议书，并且对质量的要求非常高……随后，我们将建议书与客户最终的财务报告以及审计报告一起提交给客户。我们甚至会在建议书里写“我们认为贵公司的现金管理非常糟糕……”等内容。
>
> （对 Passmore 的访谈）

ICAEW 一度认为，英国应参照美国的形式，将管理建议直接写在审计报告里，并和美国审计一样将详细审计报告提交给客户。ICAEW 前主席 Harold Howitt 先生在 1950 年说过：“……我们接受委员会的建议，审计报告内容应该以对客户的评价为主”（*Accountant* 13 May 1950：540）。

正如表 5－2 所示，从两次世界大战期间至 20 世纪 50 年代，大约有 1/3 的事务所在审计时“有时”会向客户提供类似我们现在称为管理建议书的文件。但直到 20 世纪 60 年代，回答“经常”或“每次”都会

---

① Montgomery，R. H.（1912）*Auditing*，1st edn，New York：Ronald Press：7.

提供该类文件的比例仍不到10%。

表5-2 我们事务所在审计的时候……会向客户提交管理建议书

	每次	经常	有时	从不	总计	
	(%)	(%)	(%)	(%)	(%)	N
根据时间分组(20世纪)						
20—30年代	2.7	4.0	26.7	66.7	100	75
40年代	3.4	6.7	29.4	60.5	100	119
50年代	3.9	5.2	31.0	60.0	100	155
60年代	11.2	12.6	46.2	30.1	100	143
70年代	30.0	24.6	29.2	16.2	100	130
80年代	43.3	36.7	18.3	2.5	100	120
90年代	54.4	27.9	15.4	2.2	100	136
根据公司规模分组						
上市公司	41.5	27.0	16.4	15.1	100	159
中小型公司	21.6	18.6	30.6	29.2	100	494
个人或合伙企业	5.5	4.4	28.6	61.5	100	91
根据被调查者所在事务所规模分组						
前20大型	36.5	20.3	22.3	20.9	100	296
中型	12.5	16.8	34.8	35.9	100	273
小型	15.8	15.1	28.5	40.6	100	298

资料来源:问卷调查结果详见附录。

因为管理建议书的主要目的是评价客户控制系统运行状况,并找出其运行漏洞,因此在测试内部控制有效性越来越重要的背景下,英国事务所提供管理建议书的次数也更为频繁。英国审计界第一次公开在期刊上明确建议以书面形式向客户提供管理建议书是在20世纪50年代末介绍加拿大审计实务的时候(*Accountant* 29 August 1959: 122)。在1960年的一个夏令营上,来自德勤的Rae Smith提到:"审计师的职责是对账户进行审计并出具审计报告,虽然审计师对内部控制缺陷的评价结果不应当与审计报告的内容相矛盾,但管理层有权让审计师报告他发现的内部控制薄弱环节"(*Accountant* 29 October 1960: 553)。一年后这种说法似乎被接受,因为审计师"对内部控制的总结归纳就形成了管理建议书"(*Accountant* 7 January 1961: 6)。

20 世纪 60 年代末期，人们意识到了管理建议书的巨大好处，此时的管理建议书在格式上也更加规范。一位已经退休的 Peats 事务所的高级合伙人介绍了该时期管理建议书的编制状况："它们（管理建议书）原本在审计中并不是很重要，现在却是审计程序中的重要模块。审计师需要编写一份综合经营报告（executive summary）提交给客户的董事会"（对 Grenside 的访谈）。正如表 5－2 所示，20 世纪 60 年代在事务所工作的受访者中，大约有 1/4 的人表示"经常"或者"每次"都会提交管理建议书，若加上"有时"会提交管理建议书的受访者，那么该比例会达到约 70%，只有少于 1/3 的人回答"从不"提交管理建议书。库珀事务所的一位审计师在提到管理建议书时表示："在 20 世纪 60 年代，因为我们写了这些管理建议书，所以别人认为我们非常具有创造性、非常先进"（对 Laine 的访谈）。一位来自 Whinney，Smith & Whinney 事务所的合伙人也证实，他们事务所是在 20 世纪 60 年代末开始编写管理建议书的。来自普华的一位会计师也提到，在 20 世纪 60 年代末，"向客户提供管理建议书变成了标准审计程序必不可少的部分"。但并不是所有客户都要求审计师提供管理建议书，"只有 50%的客户需要它们，其他客户不愿意为此而花钱"（对 Carty 的访谈）。这一证据表明，有些事务所在提供管理建议书时会收取一定的费用，但这一情况并不普遍。[①]

在 20 世纪 60 年代，管理建议书的内容从仅仅评价内部控制逐渐扩展至其他更加广泛的方面，并且我们发现，美国仍然在这一方面领先于英国。1966 年，一位美国审计师在给 ICAEW 暑期学校的信件中表示，他们事务所的合伙人认为"在将来，为客户提供管理建议书将会成为事务所为客户提供的服务的一部分。定期为客户分析经营状况和绩效，并向管理层提供审计师的评价和建议将有助于提高客户的经营能力、生产能力和盈利能力"（*Accountant* 27 August 1966：257）。在同一时期，英国会计师事务所也决定提高它们对客户的价值，开始全面了解客户的

---

① Cooper，V. R. V.（1966）*Manual of Auditing*，London：Gee & Co：16－19；Thornton Baker Associates（1981）*Audit Manual*，London：Oyez Longman：323－327.

经营业务。一位20世纪50年代从业的被访者说道：“我记得在我刚进入审计行业的时候，我们从不去考虑客户在做什么，也很少走出办公室去检查工厂”（对Colvin的访谈）。Peats事务所的一位战略合伙人告诉我们，这种情况在20世纪60年代发生了很大的转变：

> 当时，我们认为自己应该做出一些改变，帮助客户成为更加卓越的公司而不是只做原来的审计……审计师开始更多地了解客户的经营业务。审计在过去只是由几个人在不了解客户任何经营业务的情况下进行的一系列审计程序，而现在已经完全不同了。现在，在不了解客户经营业务的情况下，审计程序是不会启动的……审计师会为客户提供完整、详细的管理建议书，并指出被审计客户的漏洞以及他们可以改进的地方……管理建议书和客户的经营业务密切相关。我们也明白了合伙人与客户沟通的目的。现在，即使不在审计时期，合伙人也会和客户保持密切的联系，以便了解他们在做什么或为他们提供建议。
>
> （对Grenside的访谈）

1965年，一篇公开发表的文章甚至建议，向客户提供财务相关建议应当成为审计师的法定义务，然而此项建议从未被立法机构采纳（*Accountant* 6 March 1965：309）。1969年，普华事务所的首席合伙人Harris在一篇题为“现代审计的业务方法”的文章中也提到：“审计师通过内部控制报告改进了客户的内部控制系统，提高了客户的经营管理能力”（*Accountant* 19 June 1969：42，74）。Lee在1972年出版的审计著作中全面分析了管理建议书，他认为审计师在管理建议书中不仅要对公司会计和财务方面的活动进行评价，还应该对“公司管理活动和运营活动等非会计方面的活动”进行评价，以进一步提高公司经营效率和盈利能力，比如提高公司的存货管理能力、最小化材料损耗等。①

① Lee，T. A.（1972）*Company Auditing：Concepts and Practices*，London：ICAS and Gee & Co：40-41.

虽然库珀事务所1969年出版的《审计手册》仍然将管理建议书称为“缺陷建议书”，但该手册已经明确将编制管理建议书视为审计的关键程序之一。[①] 1981年版的《审计手册》则直接使用“管理建议书”这一术语，该手册对这一转变的解释是建议书“不应该只局限于控制漏洞，也不能只关注与审计相关的内容，而应该关注与客户财务管理和经营管理相关的多方面内容，比如盈利趋势、税务管理等”。[②]

传统审计教材对管理建议书的接受过程进展比较缓慢。de Paula的1968年版的《会计原则：学生和实习生的业务手册》[③] 和Dicksee的1969年版的审计教材[④]都没有提到实务中存在的管理建议书。直到20世纪70年代版本的教材中才开始提到管理建议书，但并不认为管理建议书能提高客户的盈利能力。de Paula的第15版审计教材（1976年版）提到：“现在实务界普遍赞同审计师在审计的同时向管理层报告公司状况和发现的问题，但是报告内容仅限于财务和会计方面。”[⑤] Spicer与Pegler的审计教材（1978年版）仍然只是简单提到：审计师如果在内部控制测试中发现了客户的内控漏洞，一定要在“管理建议书或者漏洞建议书”中提醒客户。[⑥] Woolf在1978年出版的第1版教材《审计发展现状》中提到，“审计师向客户提交关于客户存在的漏洞的建议书（亦被称为内部控制建议书或管理建议书）是很常见的”。[⑦] 但是和其他教材一样，Woolf没有提到管理建议书除了向客户提供有关内部控制的建议以外还有什么其他的内容。Woolf 1997年出版的《当代审

---

① Cooper, V. R. V. (1966) *Manual of Auditing*, London: Gee & Co: 16-19; Thornton Baker Associates (1981) *Audit Manual*, London: Oyez Longman: 16-19.

② Coopers & Lybrand (1981) *Manual of Auditing*, 3rd edn, London: Gee & Co: 116.

③ de Paula, F. R. M. (revised by de Paula, F. C.) (1968) *The Principles of Auditing: A Practical Manual for Students and Practitioners*, 14th edn, London: Pitman.

④ Waldron, R. S. (1969) *Auditing: A Practical Manual for Auditors by the Late Lawrence R. Dicksee*, 18th edn, London: Gee & Co.

⑤ de Paula, F. C. and Attwood, F. A. (1976) *Auditing: Principles and Practice*, 15th edn, London: Pitman: 25.

⑥ Waldron, R. S. (1978) *Spicer and Pegler's Practical Auditing*, 16th edn, London: H. F. L.: 120.

⑦ Woolf, E. (1978) *Current Auditing Developments*, 1st edn, London: Gee: 145.

计》也没有对此进行扩充说明，并且该书仍然沿用“漏洞建议书”一词。[1] 此外，像 Gray 和 Manson 等学者的审计教材也都没有提到管理建议书。[2]

向客户提供管理建议书不是审计师的法定义务，而教材对其进行介绍和讨论可能会造成误解，让审计师误以为执行该程序是审计师的法定义务。正因如此，直到 1989 年 ICAEW 才在其审计考试中第一次明确提到“管理建议书”一词（12 月，第 6 题）。

表 5-2 的调查结果则显示，20 世纪 70 年代管理建议书才真正被普遍接受。回答在审计时“经常”或者“每次”都会提供管理建议书的被访者从 60 年代的不到 1/4 增长至 70 年代的 55%，到 80 年代该比例已经增长至 80%，而此时只有 2.5%的被访者从未提供过管理建议书。提供管理建议书的被访者在 90 年代仍然保持增长，审计时“经常”或者“每次”都会提供管理建议书的事务所比例已经增长至 82%。90 年代增长最明显的类别是“经常”提供管理建议书的事务所。分析表 5-2 可以再次发现，相比事务所的规模，客户规模的扩大对管理建议书数量的增加影响更加明显。

管理建议书在这个时期得到发展的背后原因并不明确。一位来自一家小型事务所的审计师认为：“直到 20 世纪 70 年代末期，它（管理建议书）才变成审计程序的一部分，但当时它并不叫作管理建议书。这个术语来自 ICAEW 后来制定的准则”（对 Wilde 的访谈）。Wilde 实际上指的是审计实务协会（Auditing Practices Committee）在 1986 年发布的一个指导意见草案《向管理层报告》。这是规则制定机构发布的首个与管理建议书相关的规范文件。[3] 另一个可能的解释是，管理建议书之所以逐渐变成审计的一部分，是因为客户和审计师的经济关系发生了转

---

① Woolf，E.（1997）*Auditing Today*，6th edn，London：Prentice-Hall International：135.

② Gray，I. and Manson，S.（1989）*The Audit Process*：*Principles*，*Practice and Cases*，London：Van Nostrand Reinhold (International).

③ Woolf，E.（1986）*Auditing Today*，4th edn，London：Prentice-Hall International：149-153.

变。德勤的一位审计师在被访时提到：

> 直到20世纪70年代，管理建议书才变得比较流行。审计师意识到传统审计对客户的意义并不是很大。审计师只有努力提高自己的业务能力，并为客户提供提高经营能力和经营业绩的建议才能使自己变得有意义。
>
> （对Colvin的访谈）

Woolf在1997年版的审计教材中提到："虽然向管理层提供建议书是审计服务的副产品，但这种做法是有意义的，因为这能够让客户觉得他们花的钱可以带来价值。"① 一些审计经理告诉Humphrey和Moizer："传统审计产品对客户来说没有任何价值。现在的审计不再只是提供鉴证服务，还要更多发挥咨询的作用。财务经理不再只需要审计报告，希望了解公司经营状况的人也不再满足于只知道公司的'内控漏洞'在哪里，他们还想要得到一些有助于改善公司经营的建议。"②

小　结

在职业审计产生之初，审计师就会借助客户用于防止员工造假的内部检查系统来寻找审计证据。之后，内部检查系统逐渐发展成由内部审计员工自己主导的内部审计。在英国，最开始只有规模较大或者运营水平较高的公司（比如铁路公司、其他公用事业公司等）拥有内部审计系统。而美国公司在这方面比较超前，早在20世纪40年代，审计师就开始利用内部控制的测试结果进行审计，审计手段包括利用内部控制调查问卷、流程图以及深度测试等，而客户的内部控制也几乎覆盖了公司运

① Woolf, E. (1997) *Auditing Today*, 6th edn, London: Prentice-Hall International: 144.

② Humphrey, C. and Moizer P. (1990) 'From Techniques to Ideologies: An Alternative Perspective On the Audit Function', *Critical Perspectives on Accounting*, 1: 231-232.

营的各个方面。由于英国公司在内部控制系统方面的落后，制度基础审计直到 20 世纪 70 年代才成为主要的审计方法，甚至有人认为直到 90 年代制度基础审计才成为英国的主流审计方法。随着制度基础审计的发展，用于指出公司内部控制系统漏洞的管理建议书也逐渐发展起来。虽然审计师向客户提供书面建议书这一现象很早以前就存在，但是该程序在 20 世纪 70 年代才正式被写入准则，并在后来逐渐扩展至向客户提供如何提高经营能力和盈利能力的建议。

第六章　资产负债表审计

关于定义的争论

正如 Woolf 在他的教材中提出的，“每个学科在发展过程中形成自己学科的术语是非常正常的，审计也不例外。但我们在使用（审计术语）的过程中经常会产生不同程度的疑惑。”[①] 例如本书在前面提到的制度基础审计，很多实务界的人士和一些教材的作者也搞不懂：美国人发明的技术是如何被照搬到英国的账项基础审计中，并且逐渐取代英国的账项基础审计的。此外，我们最大的困惑在于如何理解资产负债表审计这个概念。这个概念虽然在英国被频繁使用，但却没有一个清晰的定义。这种模糊不清的定义和其他模棱两可的东西一样，不利于提高审计程序的可靠性。

如前所述，美国审计师比英国审计师更早开始对资产负债表进行审计。Montgomery 在 1912 年编写的第 1 版《审计学》中就清楚地区分

---

① Woolf, E.（1997）*Auditing Today*, 6th edn, London: Prentice-Hall International: 129.

了两类审计，第一类为“详细审计”，即对基本的账簿进行检查，这等同于传统审计或者英国账项基础审计；第二类则是“资产负债表审计”，人们认为这种审计更加先进、更加美国化。如前所述，Montgomery 曾解释说这类审计包含检查客户内部控制等程序，并要求审计师“验证资产和负债，同时分析利润和损失等信息，以确保数据的合理性”。① 但事实上，详细审计和资产负债表审计都包含对内部控制的检查，并且都要求对资产负债表进行审计，所以两者真正的区别只是审计的侧重点不一样。Montgomery 也承认在第一次世界大战之前，即便是美国公司的内部控制系统也很差，因此在大多数情况下审计师不可避免地要执行详细审计。②

但是到了 1934 年，Montgomery 的第 5 版《审计学》将详细审计的内容基本全部删去。Montgomery 提到：“虽然现代审计仍然包含检查具体交易的程序，但现代审计的主要目的是验证资产负债表和与其相关的收入账户是否真实。”③ 此外在全书 32 个章节中，只有两章提到了与检查收入账户相关的内容。Montgomery 解释说：“若审计师认为资产负债表是可靠的，那就说明内部控制系统是有效的。”④ 他还认为，“检查收入账户很容易陷入详细审计的模式中”。⑤ 此外，“近几年实务界不再专注于找出账户的差错，而是重视发现会计造假和验证资产负债表”。⑥

对美国人来说，资产负债表审计只是一种和详细审计不一样的审计形式，而英国人赋予了资产负债表审计更多的内涵。在美国，“资产负债表审计”一词指代的是一种审计形式，它涵盖整个审计过程，包括内部控制测试和资产负债项目验证。在 20 世纪 40 年代早期，《会计师》杂志首次将该概念引入英国时也沿用了上述解释，它提到资产负债表审

---

① Montgomery, R. H. (1912) *Auditing*, 1st edn, New York: Ronald Press: 82.

② Ibid.: 277.

③ Montgomery, R. H. (1934) *Auditing*, 5th edn, New York: Ronald Press: 18.

④ Ibid.: 41-42.

⑤ Ibid.: 447-448.

⑥ Ibid.: 27.

计是一种审计形式，具体来说，“在审计大型公司的时候，如果该公司内部控制有效，审计师可以在很大程度上借助被审计单位内部审计部门已经做过的工作进行审计”（*Accountant* 12 April 1941：279）。1951年，Lawson 在他的文章里也给出了类似的定义：

> 最近几年越来越频繁地听到“资产负债表审计”一词，它的意思当然不是仅对资产和负债进行验证，因为对资产和负债进行验证只是一般审计的一部分。详细审计和资产负债表审计的最主要区别就是审计方法，前者从原始记录出发，最后到资产负债表；后者则是从验证资产负债表的资产和负债项目出发，然后回到审计师认为必要的原始记录和票据。
>
> （*Accountant* 6 *October* 1951：307）

库珀的《审计手册》也经常提到资产负债表审计，但它认为资产负债表审计仅指整个审计过程中审计资产负债表的部分。① Sherwood 在其 1972 年的一篇文章里给出了一个略微不同的定义，也使这一概念的定义问题越发扑朔迷离：

> 长期以来大家都认为审计被分成互补的两大部分，即（1）期末审计，就是所谓的资产负债表审计；（2）中期审计，即检查在本期和上期两个会计期间所发生的交易。
>
> （*Accountancy* April 1972：18）

20 世纪 80 年代，Innes 等在描述典型审计时也沿用了这一说法。②他们认为典型审计包括三个环节：第一个环节是利用符合性测试对内部系统进行审计；第二个环节是利用各类票据检查本期发生的交易；第三

① Cooper，V. R. V.（1966）*Manual of Auditing*，London：Gee & Co：489-490.

② Innes，J.，Lee，T. A. and Mitchell，F.（eds）（1981）*Cases in Auditing Practice*，3rd edn，London：ICAEW：9-11.

个环节是在年末进行年末审计或者叫资产负债表审计。

Woolf在1978年出版的教材中综合了这些概念差异。他认为资产负债表审计适用于那些拥有较好内部控制系统的大型组织或者已经进行过中期审计的客户，它是一种从检查资产负债表开始，然后再检查重要的交易记录的审计方法。这个定义包含前面提到的有关资产负债表审计的各种定义，也基本符合20世纪70年代资产负债表审计在英国的状况。Woolf后面还提到，英国审计比较传统，因此这种审计在英国尚未流行。他还提到，“该审计形式在美国非常流行”，他们在审计时聚焦于资产负债表而不是收入或损失的账户。[①] Woolf在1997年出版的《当代审计》（第6版）一书中对资产负债表审计的定义也与此类似，并在原本已经很复杂的定义上又另加了一段：

> “资产负债表审计”也会被用于审计一些处于“特殊情况下”的公司，这类公司的内部控制并不可靠，会计记录也很少。因此审计师不得不去依赖管理层声明……而最终的检查重点也只局限于期末资产负债表……但“这样的审计方式有意义吗？”[②]

资产负债表审计的兴起

我们先不考虑定义的问题。如前所述，资产负债表审计和详细审计的不同之处在于侧重点的差异，但不管是资产负债表项目还是客户的具体交易和内部控制，审计师都会不同程度地加以关注，即传统审计和现代审计都会在不同程度上关注客户的内部控制和资产负债表。早期的英国审计师不得不关注具体交易的收入或者损失账户，这是因为如果客户自己不编制账户，审计师很可能需要亲自编制这些账户。有趣的是，这

① Woolf, E. (1978) *Auditing Today*, 1st edn, London: Prentice-Hall International: 142.

② Woolf, E. (1997) *Auditing Today*, 6th edn, London: Prentice-Hall International: 132.

在法律上还存在一些矛盾，因为在1929年《公司法》出台之前，公司需要公布资产负债表而不需要对外公布有关收入和损失的报表，并且在1948年《公司法》出台之前，公司的收入和损失账户也不用接受审计师的审计。[①]

和现在很多审计程序一样，聚焦于资产负债表的审计在职业审计出现之初就存在。早期的英国审计师对那些经营良好的大客户进行“单纯审计”时，他们和美国同行一样意识到验证资产负债表项目比验证具体交易更加重要。1888年，审计界人士在ICAEW举行的会议上就讨论过这个问题。Murray表示，审计师在审计大公司的时候很难去检查所有内容，因此审计师将关注点聚焦在资产负债表上比较可行，他还提到：“以对银行的审计为例，审计师如何能检查所有的项目？审计师只能将有限的时间和精力集中在资产负债表上。”[②] 普华事务所的一位合伙人在接受我们访谈的时候，向我们回忆了他在20世纪50年代进行审计工作时的经历，那时的审计“可能已经非常重视资产负债表了。一个广泛认同的观点是如果审计师得到两张正确的资产负债表，那么两张表的差异就是正确的收入和损失账户。所以我们不用特别专注于审计收入和损失账户，而只需要确定资产负债表是正确的”（对Stacy的访谈）。

然而我们获得的证据显示，审计师从20世纪六七十年代才开始主要关注资产负债表。与上面有关资产负债表审计定义的讨论一样，审计教材以及实务界对这一方面的观点也比较混乱。有人认为，随着制度基础审计的兴起，审计资产负债表变得不那么重要了。例如前面提到过的，Harris在其1969年发表的文章里持有这个观点，他提到，具体到制度基础审计，“审计的定义发生了改变。现在的审计测试和内部控制检查至少与资产负债表检查一样重要”（*Accountant* 12 July 1969：42）。de Paula也同意这个观点，其1966年版的教材曾顺带提起

① Freear, J. (1977) ‘Historical Background to Accounting’, in Carsberg, B. and Hope, T. (eds), *Current Issues in Accounting*, London: Philip Allan: 18-19.

② Chandler, R. and Edwards, J. R. (eds) (1994) *Recurring Issues in Auditing: Professional Debate 1875-1900*, New York: Garland Publishing: 87.

过资产负债表审计[①]，但其1976年版的教材又删除了资产负债表审计的相关全部内容。我们认为，de Paula在书中强调审计师不关注资产负债表的观点一定会误导20世纪70年代的学生，至少会让他们感到非常困惑。因为他在书中还提到：

> 审计实务现在逐渐向程序化审计发展，也就是说审计师倾向于检查两张连续的资产负债表之间的交易而不是资产负债表本身。在制度基础审计中，审计师主要通过验证客户财务系统产生的财务数据的有效性来寻求保证。[②]

Spicer和Pegler在他们1978年版的审计教材中直接了当地反驳了de Paula的说法。他们强调了资产负债表审计的重要性，并用了一章的篇幅说明这个问题。但是那时他们的教材仍然最重视账项基础审计。很明显，Spicer和Pegler支持Lawson关于资产负债表审计的观点：资产负债表审计从验证资产负债表的资产和负债出发，然后回到检验审计师认为必要的原始分录和票据。在完成整个过程的同时，审计师需要深度检测客户的内部控制系统。[③]

证据显示，从20世纪50年代开始，典型的英国审计才将审计重点从收入和费用账户转向资产负债表，并随着制度基础审计的发展不断转移，我们的被访者给了我们很多这方面的证据。一位会计师在20世纪60年代参加了库珀事务所对轮胎制造商GKN的审计，他告诉我们："最大的变化是他们的审计重点变成了资产负债表……他们特别关注存货"（对Davies的访谈）。在一定程度上，我们可以通过了解审计师审计资产负债表项目——存货和负债的变化来深入感知这一

① de Paula，F. R. M. (revised by de Paula，F. C.)(1966) *The Principles of Auditing：A Practical Manual for Students and Practitioners*，13th edn，London：Pitman：7.

② de Paula，F. C. and Attwood，F. A. (1976) *Auditing：Principles and Practice*，15th edn，London：Pitman：9.

③ Waldron，R. S. (1978) *Spicer and Pegler's Practical Auditing*，16th edn，London：H. F. L.：432，441.

变化。

存　货

正如第一章所提到的，早期的英国审计师在审计时基本不会脱离客户的账簿以及其他一些账簿记录，他们在检查和评估存货这样的资产负债表项目的时候也沿用了这种方法。我们可以参考 Spicer 和 Pegler 的教材中提到的 Kingston Cotton Mill 公司的案例，来了解 1896 年以后审计师对存货的审计情况：

> 法院认为审计师不是资产评估师，清查存货状况不是审计师的责任。在没有可疑状况时，审计师直接接受负责人的解释是合理的。在那时，审计师接受负责人关于存货及其交易的认定也不算犯错。①

Spicer 和 Pegler 认为 Kingston Cotton Mill 公司的判决并不意味着审计师不用审计存货。该案判决说明审计师应该首先确定客户的存货盘存是充分的、没有疑点的，并且应该在加总存货盘存表的同时评估存货价值。但是对于如何评估存货价值的问题，书中并没有明确说明。在存货审计方面，Dicksee 认为对存货进行“额外检测是必要的……并且……检测时还应该基于稳健性原则对其价值进行评估”。②

但是，当时审计界普遍认为审计师有权从客户的管理层那里获得有关存货的保证。比如 de Paula 编著的早期版本的教材指出：“审计师没有什么特定的方法去验证这种资产的存在……审计师在很大程度上不得

① Spicer, E. E. and Pegler, E. C. (1914) *Practical Auditing*, 2nd edn, London: H. F. L. (Publishers) Ltd: 174.

② Dicksee, L. R. (1904) *Auditing: A Practical Manual for Auditors*, 6th edn, London: Gee: 215.

不依赖于客户在这方面的内部审计结果以及管理层提供的保证”。[①] 19世纪末20世纪初，审计师在审计报告中一般都会报告存货已经被管理层确认并得到保证。在我们收集的232份1900年的审计报告中，提到存货的报告占17%，这些报告一般表述如下：“我们的审计师已经按照常规方式检查了存货，并且董事会已经确认存货处于低估状态。”或者也可能表述成：“董事长和总经理已经对该公司的存货状况进行了确认和保证。”到1920年，提到存货已被公司保证过的审计报告的比例增加到了21%。但是在此之后由于一些潜在的原因，这类报告有所减少。到1935年，只有7%的审计报告按照这种方式披露对存货的审计意见。

但也有很多审计师不只是听取管理层的意见。有很多证据显示，审计师偶尔也会亲自参与存货盘存，并且和其他项目一样会向客户收取一定的费用。比如在1900年，审计利物浦谷物仓储与运输公司的T. W. Read & Co会计师事务所在其审计报告中提到：“我们每半年对存货进行一次盘存。”还有一位审计师表示，他在20世纪20年代审计一家医院时有过存货盘存的经历（对Sanders的访谈）。有些审计师只会在抽样基础上对存货进行实地盘存，比如Peats审计事务所对贝尔兄弟钢铁公司的存货审计。这家事务所1901年的审计报告提到：“存货已经被公司的管理层确认无误。仓库中的存货已经全部按照账面价值记录在资产负债表中，并且在本年度中事务所已经多次通过调查取样的方法验证了存货的状况”（摘自Bell Brothers Ltd，Auditors Report，14 March 1901，该档案现收藏于英国钢铁档案馆，在此感谢Trevor Boyns教授向原作者提供的信息）。

我们在深入调查以后发现，审计存货的方法非常多，同一家会计师事务所也会同时使用多种方法。一位在20世纪40年代做实习生的审计师回忆说：

---

① de Paula，F. R. M.（1917）*The Principles of Auditing：A Practical Manual for Students and Practitioners*，2nd edn，London：Pitman：85.

不同存货的审计方法差别非常大。有时可能只是随便对存货看一眼，然后找到客户的存货账簿检查一下它们的计算和价格是否正确，但是有时也可能非常细致，我们可能会将存货审计作为一个单独的项目来执行。我们可能会深入检查存货的定价方法，也可能会进行实物盘存，我们还可能会检查被审计客户的存货记录系统，而这一方法每个公司都会不一样（所以检查起来非常复杂）。但这并不是审计工作强制要求我们这么做，而是被审计客户希望我们这么做。

（对 Kenwright 的访谈）

在早期审计中，审计师也会偶尔参与客户的存货盘存。如表 6－1 所示，即便是在 20 世纪二三十年代，只有 43％的审计师表示从未参与

表 6－1　我们事务所在审计的时候……会对存货进行盘存

	每次	经常	有时	从不	总计	
	（％）	（％）	（％）	（％）	（％）	N
根据时间分组（20 世纪）						
20—30 年代	3.6	9.5	44.0	42.9	100	84
40 年代	3.8	13.0	47.3	35.9	100	131
50 年代	3.1	21.3	42.5	33.1	100	160
60 年代	19.2	23.3	38.4	19.2	100	146
70 年代	35.4	27.7	29.2	7.7	100	130
80 年代	48.3	39.2	12.5	0.0	100	120
90 年代	60.1	31.9	5.8	2.2	100	138
根据公司规模分组						
上市公司	46.4	30.7	16.4	6.6	100	167
中小型公司	25.5	27.3	30.3	17.1	100	503
个人或合伙企业	5.3	8.5	44.7	41.5	100	93
根据被调查者所在事务所规模分组						
前 20 大型	36.0	26.4	24.7	13.0	100	303
中型	19.8	23.4	34.5	22.3	100	287
小型	18.9	23.4	34.5	23.4	100	306

资料来源：问卷调查结果详见附录。

过存货盘存，大部分人都表示曾经参与过这一审计程序。但是当时准则并不强制要求实施该程序，所以只有13%的被访者在两次世界大战之间“经常”或“每次”都会在审计时执行存货盘存。1936年《会计师》上发表的一篇文章（1936-04-11：576）认为，由于审计师无法完全胜任评估存货的工作，因此他们要么聘请相关专家参与到存货盘点中以提高审计报告质量（此法通常因为经济原因而无法实施），要么“接受管理层口头或者书面的保证”。审计师缺乏评估存货的专业资格和能力的说法为一位会计师所证实，该会计师从业于20世纪30年代：

> 我依然记得审计一家皮革制造商的经历。他们把皮革原料储存在地下，那里的味道特别刺鼻。虽然他们愿意告诉我有关存货的数据，但我必须硬着头皮去弄清楚他们公司到底有多少皮革储存在那里，然而到了那里我才发现根本没办法数清楚……所以我不得不通过咨询管理层来确认存货的数量。所以，虽然我们会参与到存货盘点中，但是意义并不是很大。
>
> （对 Palmer 的访谈）

此外，1938年发表的一篇文章认为：

> 检查存货的审计程序没有审计其他资产负债表项目那么严格。一方面是因为验证这类项目确实比较困难；另一方面也是因为Kingston Cotton Mills 案的判决给审计人员留下了一定的余地。
>
> （*Accountant* 2 April 1938：44）

但是，该文作者认为应该采取一种折中的方法，提倡“对部分存货项目进行彻底的检查”的同时获得管理层对存货的保证。

20世纪50年代，审计师参与存货盘存的情况开始增多。因为从这个时期开始出现了一个新的影响因素，即1939年在美国发生的麦克森·罗宾斯公司（McKesson and Robbins）管理层重大欺诈案例。该公司的一项欺诈行为就是虚构存货，而其审计师普华事务所没有对存货进行实地盘存。[①] 正如 Lee 所说的：

> 在 20 世纪之前，审计几乎不会脱离会计记录……审计师也几乎不会尝试去实地盘点资产和负债……1939 年在美国发生的麦克森·罗宾斯公司的案例完全改变了这一现象。[②]

该案例发生以后，美国会计师协会（American Institute of Accountants）立即通知其成员，"实地检查存货数量是一项常规审计程序"，并且在条件允许的情况下，审计师参与存货盘存应该是一项"公认的审计程序"（*Accountant* 24 June 1939：851）。在普华事务所对麦克森·罗宾斯公司的审计失败案发生后，美国证券交易委员会（1934 年成立的美国资本市场监管机构）也将审计师参与存货盘存和向债权人函证作为美国审计师执行审计的法定义务（*Accountant* 16 August 1941：85-86）。有趣的是，Montgomery 等认为在麦克森·罗宾斯公司案例发生很多年前审计师就已经参与到存货的盘存当中了。[③]

到 20 世纪 50 年代，审计师参与存货盘存在美国已经很常见，但在英国并非如此（*Accountant* 12 January 1952：53）。安达信事务所的一位战略合伙人回忆说，在英国的美国会计师事务所自 20 世纪 60 年代就开始参与客户的存货盘点。仅就这点而言，美国比英国的同行更为先进（对 Plaistowe 的访谈）。另一位退休的会计师也证实了美国在这方面的领先状况：

---

① Chatfield, M. (1977) *A History of Accounting Thought*, New York: Robert E. Krieger Publishing: 135-137; Cochrane, G. (1979) 'The Auditors Report: Its Evolution in the U. S. A', in Lee, T. A. and Parker, R. H. (eds), *The Evolution of Corporate Financial Reporting*, Sudbury-on-Thames: Nelson: 178; Baxter, W. T. (1999) 'McKesson & Robbins: a Milestone in Auditing', *Accounting, Business & Financial History*, 9 (2): 157-174.

② Lee, T. A. (ed.)(1988) *The Evolution of Audit Thought and Practice*, New York: Garland: 18.

③ Montgomery, R. H., Lenhart, N. J. and Jennings, A. R. (1949) *Montgomery's Auditing*, 7th edn, New York: Ronald Press: 207-208.

> 美国的审计要比我们的审计发展得更为成熟，到现在我认为还是这样。在1959—1960年间，我参与了客户在美国的兼并收购项目……收购之后我会见了新公司的审计师，他们对我没有怎么参与过存货盘存感到非常震惊……然后我才知道美国审计师会对存货进行仔细检查。从那以后，我们开始比过去做更多的存货检查工作。
>
> （对Jones的访谈）

实际上，麦克森·罗宾斯公司的案例曾在英国引起了一场关于英国审计师是否应该效仿美国审计师进行存货盘存的激烈争论。一些人认为审计师应该参与存货盘存，其中一个理由是审计师需要检查企业所有的资产，审计师"没有理由把检查存货排除在正常审计程序之外"（*Accountant* 5 July 1941：5）。而针对审计师无法胜任评估工作的问题，支持存货盘存的人认为那些反对者完全能够"数桌子、汽车以及一袋袋的化学材料"。（*Accountant* 12 July 1941：18）。1949年，有人在ICAEW夏令营的一个讲座上提到：

> 实务中，很多审计师已经开始对存货进行盘存了。我们不应该阻止他们，因为检查存货确实在实践中发挥了作用……通过这种方式可以进一步验证审计师对被审计公司会计程序和内部控制系统的怀疑。
>
> （*Accountant* 20 August 1949：198）

大多数英国人反对审计师参与存货盘存。特许会计师斯坦利·狄克逊（Stanley Dixon，第一位来自实务界的ICAEW主席（1968—1969年））在1950年发表的一篇文章中提到："到目前为止，没有一位审计师有能力去实地检查一家在各大城市拥有上百家分支机构的企业所拥有的全部存货。"他在另一篇1951年发表的文章中也提到类似的观点，认为"如果把美国的这一审计程序引入英国，将变得非常恐怖，因为审计师不得不为盘点存货去学习新的专业技能”（*Accountant* 6 October 1951：311）。

当时的教材也有观点不一致的地方。Dicksee 1951 年版的审计教材中讨论了麦克森·罗宾斯公司的案例，也提到了美国存货盘存的审计实务，但并没有评论英国审计是否应该效仿美国引入存货盘存程序。① Spicer 与 Pegler 的 1951 年版的审计教材则坚决反对审计师亲自参与存货盘存，该书强调“我们不能要求审计师调查验证每项存货来确认存货的存在及其详细情况”。② 该书还探讨了美国对存货的实地盘存：

> 这一做法在英国得到了很多人的支持，很多审计师也确实希望采取一些措施来检查存货的真实状况。但在实务中一个很客观的问题是：审计师如何去检查种类繁多而且不熟悉的存货？③

正如表 6－1 所示，从 20 世纪 50 年代开始，英国审计师参与存货盘存的比例从 1/3 左右逐渐增多。但在不同会计师事务所之间，该数据的差别仍然很大。很多审计师强调在他们的职业生涯中经常参与存货实地盘存（对 Davies 的访谈）。此外，我们采访了 20 世纪 40 年代在 Mellors，Basden & Mellors 会计师事务所执业的会计师，得到了很多关于这方面的有趣信息：

> 我们事务所审计过 Pimms 公司（主营皮姆酒酿造），这家公司的员工只允许高级合伙人进去检查他们的存货，目的是防止他们的配方泄露，他们不允许低级别的审计员工去检查这些项目。我还记得我在检查一家鞋子批发商的童鞋时犯的一次错误，我不小心把架子上的童鞋碰到了地上，最后不得不一只只捡起来并一双双

① Magee，B.（1951）*Dicksee's Auditing*，17th edn，London：Gee & Co：166.

② Bigg，W. W.（1951）*Spicer and Pegler's Practical Auditing*，10th edn，London：H. F. L.：176.

③ Ibid.：178.

配对。

（对 Hewitt 的访谈）

还有一个人说：

50 年代，我的负责人提醒我在盘存存货的时候不要忘了拿一个梯子。我就问他为什么我需要一个梯子，他告诉我因为“你需要爬到梯子上看看那些从上到下堆叠的盒子里面有没有空盒子”。

（对 Haddleton 的访谈）

另一位从 20 世纪 50 年代末期开始从业的会计师向我们回忆道：

我依然清晰地记得自己在 12 月 31 日或者 1 月 1 日放弃假期去参与存货盘存的经历，这在当时很常见，并且我不得不在同一天参加好几家企业的存货盘存工作。我们当时有一个团队，不同人去不同地方盘点，而我需要时不时去抽查工作进展是否顺利。

（对 Patient 的访谈）

但是一位拥有丰富会计实务经历的被访者告诉我们，20 世纪五六十年代，存货盘存在会计师事务所中还不普遍。Cork Gully 事务所的一位合伙人回忆道：“直到 20 世纪 60 年代，我们才开始参与存货盘存”（对 Fabes 的访谈）。还有一位合伙人说：“我们从 60 年代中期才开始参与存货盘存”（对 Mordy 的访谈）。还有一位在中等规模的事务所工作过的受访者回忆说：“会计师亲自参与存货盘存这一现象并不是很晚才出现。在 20 世纪 70 年代《审计手册》出版后，存货盘存变得很常见”（对 Boothman 的访谈）。库珀兄弟事务所的 Henry Benson 在 1958 年的一个讲话中提到：“审计师监督管理层盘存存货在未来可能会成为一项基本审计惯例”（*Accountant* 4 October 1958：418）。但是 Benson 自己的事务所并没有严格遵从该实务惯例。库珀的《审计手册》规定，只有在审计全美资公司的时候才需要每年参与存货盘存，在其他情况下一般只需要每三年进行一次存货盘存，但如果被审计客户的状况较差或者规模较大，则需要每年进行一次存货盘存。① 即便是1969年版本的《审计手册》，也依然没有明确规定参与存货盘存的频率，也没有将该项程序作为强制性程序。手册只是简单提到："审计师检查被审计客户存货情况的最有效方式是监督其进行存货盘存。"②

在整个20世纪50年代，无论是在夏令营、校园讲座上的演讲，还是各类期刊上的文章和各类审计教材，抑或是ICAEW的相关文件，都在审计师是否需要参与存货盘存这个问题上摇摆不定。1957年发表的一篇文章提到：

> 虽然大家都认为审计师不是工程师、化学家、其他某一领域的专业技术人才或者负责评估的资产评估师，但审计师参与存货盘存越来越普遍。不管怎样，审计师在存货盘存中可以了解存货的真实状况以及存货管理状况，进而帮助他们了解被审计客户存货记录的可靠性……此外，我们偶尔也会抽取一些样本请相关专家进行分析。
>
> (*Accountant* 2 November 1959：509)

de Paula的第12版《会计原则：学生和实习生的业务手册》提到："接受美国这一审计程序的英国审计师人数在不断增加……包括笔者在内，很多人都建议审计师应该参与存货盘存。"③ Dicksee的1969年版的审计教材认为，来自美国的存货盘存"已经在英国流行开来"④。

事实上，ICAEW的意见书走在了实务界的前面，意见书推动了该

---

① Cooper, V. R. V. (1966) *Manual of Auditing*, London: Gee & Co: 134.

② Cooper, V. R. V. (1969) *Manual of Auditing*, 2nd edn, London: Gee & Co: 145.

③ de Paula, F. R. M. (1957) *The Principles of Auditing: A Practical Manual for Students and Practitioners*, 12th edn, London: Pitman: 126.

④ Waldron, R. S. (1969) *Auditing: A Practical Manual for Auditors by the Late Lawrence R. Dicksee*, 18th edn, London: Gee & Co: 175.

程序在实务界的推广，审计教材则是根据 ICAEW 的意见书编写的。1957 年，时任会计师和审计师联合会（Society of Incorporated Accountants and Auditors）主席在第七届国际会计师大会上的发言中提到："尽管在专业技术上可能存在一些障碍，但是审计师确实需要想一些办法来实地检验存货，以验证存货表上的存货数据"（*Accountant* 21 September 1957：346）。ICAEW 在 1962 年发布的《审计说明》（即 U2 文件）中的"存货和在产品"部分提到："在条件允许的情况下，审计师应该参与被审计单位的存货盘存工作，以确保其存货盘存充分适当，并且相关内部控制运行有效"（*Accountant* 18 May 1963：645）。此外，国际研究小组（该机构是 1966 年组建的国际研究机构，由来自 ICAEW、苏格兰和爱尔兰会计师协会以及美国和加拿大会计师协会的代表构成，旨在协调国际会计实务问题）在其第一篇公告中提到："美国已经将审计师参与存货盘存作为一项强制规定……虽然英国还没有这么做，但是实务界已经在这方面达成了高度共识"（*Accountant* 27 January 1968：98-100）。到了 1968 年，ICAEW 总部对审计师参与存货盘存的态度更为明确，并且修订了 U2 文件：

> 不管是否存在技术障碍，存货和在产品是企业确实拥有的，审计师应该实施一些测试来监督存货盘存，以了解被审计客户存货盘存的有效性。
>
> （*Accountant* 19 April 1969：550）

一年之后，ICAEW 的理事会发布了新的《审计说明》，即第 11 号文件。该文件提到，"在大部分情况下"，参与存货盘存是审计师审计存货的最好方式（*Accountant* 19 April 1969：550）。

有趣的是，ICAEW 在 1969 年审计考试的一个问题中（11 月，第 7 题）提到，虽然参与存货盘存是协会强烈建议的审计程序，但审计师在实务中仍有选择是否实施的权利。1972 年试卷里的一个问题（11 月，第 7 题）则反映出审计师每三年参与一次存货盘存已经变得非常普遍。

可以想象，20 世纪 70 年代，审计教材书对该项程序的态度也自然更为明确。de Paula 在 1976 年版的《会计原则：学生和实习生的业务手册》（第 15 版）中建议，审计师参与存货盘存“应该成为审计的一个基本程序”。① Spicer 与 Pegler 的 1978 年版的审计教材中也提到，“仅凭存货在资产负债表中占有巨大比重这一个理由，审计师就应该参与存货盘存”。②

表 6－1 的结果也可以证明从 20 世纪六七十年代开始，审计师参与存货盘存在实务界越来越常见。调查结果表明，50 年代只有 1/4 的审计师在审计时“经常”或者“每次”都会参与存货盘存，到 60 年代这一比例略微升高至 40%，而到了 70 年代，该数据几乎达到 2/3。同时，该比例的提升主要是由回答“每次”都会参与存货盘存的被访者造成的，这也在一定程度上反映出，对较大规模客户进行审计时，该项程序已经成为基本审计程序。从另一个角度看，1/3 的审计师在 50 年代还“从不”参与存货盘存，到了 70 年代该比例只剩 8%。到了 80 年代，参与存货盘存已经完全普及开来，88%的审计师在审计时“经常”或者“每次”都会参与存货盘存，没有一个受访者“从不”参与存货盘存。与此同时，该程序仍在以缓慢的速度继续普及，到了 90 年代，92%的审计师在审计时“经常”或者“每次”都会参与客户的存货盘存。

最后，随着花在存货盘存上的时间增加，验证或评估存货的时间占整个审计项目时间的比重也有所增长。但需要说明的是，该比重的增长并不能简单归结于存货盘存时间的增加。Chan 等人在 20 世纪 90 年代早期对来自六大会计师事务所的合伙人采访后发现，审计师在审计一些客户的时候，尤其是在审计高科技行业的客户的时候，验证存货的时间占到整个审计期间的 25%。③ 虽然这个数据可能是统计的极大值，但是

---

① de Paula，F. C. and Attwood，F. A.（1976）*Auditing：Principles and Practice*，15th edn，London：Pitman：200.

② Waldron，R. S.（1978）*Spicer and Pegler's Practical Auditing*，16th edn，London：H. F. L.：186.

③ Chan，P.，Ezzamel，M. and Gwilliam，D.（1993）‘Determinants of Audit Fees for Quoted UK Companies’，*Journal of Business Finance & Accounting*，20（6）：768.

在一定程度上可以反映出可能还有其他因素在推动该比重的增长。

那么，是什么引起了验证存货的时间比重的提高呢？我们会在最后的章节具体讨论推动审计程序结构性调整的主要原因，这里只讨论存货审计程序的变化原因。美国人当时在审计方面显然占据了领先地位，并引领了审计程序的变化。比如在英国的美国会计师事务所分部一直坚持参与存货盘存。但在英国的美国会计师事务所没有那么多，以至于不足以对英国审计实务产生关键影响。另外，美国人也不可能是影响英国审计实务的决定性因素，因为美国在 1950 年就强制规定审计师必须参与存货盘存，而英国直到二三十年以后都还没有这样的强制性规定。这或许可以再次表明英国人是根据本国的实际情况采用与本国国情相适应的审计程序的。

一个可能的原因是确定企业的利润数据对税务部门越来越重要。具体来说，确定存货价值对企业计算成本非常关键，进而也会对利润的计算产生非常大的影响。所以税务部门在 20 世纪 60 年代越来越关心存货的价值，而审计师在一定程度上不得不跟着做好相关工作（*Accountant* 27 January 1962：90）。[①] 另一个原因可能是 1967 年发生的 Thomas Gerrard & Son 公司法律诉讼案件。在该案件中，审计师由于疏忽大意没有发现被审计公司存货成本虚高的问题。法院对该案件的判决与对 Kingston Cotton Mill 公司案件（*Accountant* 24 June 1967：834−835）的判决不一致[②]，法院认为审计师对存货的审计程序不够严格。Gerrard 公司的案件自然使审计师提高了对存货的重视程度。从时间上看，该案件发生在 20 世纪 60 年代，因此存货盘存的产生受其影响并不大。最后，从表 6－1 中还可以分析出存货盘存越来越重要的其他原因。通过分析数据我们发现，相对于会计师事务所的规模对存货盘存的影响，被审计客户的规模对存货盘存的影响更大。也就是说，随着客户规模的扩大，盘存存货越来越重要。但是为什么参与存货盘存在审计大客户时比

① Wilson, J. F.（1995）*British Business History*, Manchester: Manchester University Press: 202−203.

② Waldron, R. S.（1969）*Auditing: A Practical Manual for Auditors by the Late Lawrence R. Dicksee*, 18th edn, London: Gee & Co: 315.

审计小客户时更为重要，这还需要在以后的章节进行讨论。

向债务人函证

向债务人函证指让债务人将被审计客户的债务情况以书面方式告知审计师，与参与存货盘存一样，函证也不是最近的发明。早在 19 世纪 90 年代，《会计师》期刊上发表的各类文献都呼吁审计师应当向债务人函证，但是这类建议在当时没有被普遍接受。① 虽然 Spicer 和 Pegler 在 1925 年版的审计教材中没有将该程序视为常规审计程序，但是确实提到在某些情况下，该方法可以用于发现财务造假。② 很多在专业期刊上发表的文章也对是否需要采取函证程序展开了激烈的讨论。20 世纪 20 年代发表的一篇文章认为：

> 审计师通过向债务人函证来验证被审计客户的账户信息已经成为公认的审计程序。虽然实务中债务人可能会忽略审计师的这类请求或是不愿意提供此类信息，但是该项程序确实能为审计提供帮助，所以审计师不会因此轻易放弃使用该程序。
>
> （*Accountant* 27 November 1962：738-739）

这一观点发表以后引起了强烈反响，比如有人反驳道："假设客户拥有上千家债务人，如果每个都函证，那么这些成本由谁来承担"（*Accountant* 2 December 1926：806）？

《会计师》也对该问题做出了评论，承认：

> 当发现被审计客户的员工存在不诚实行为时，审计师与债务人

① Chandler，R. and Edwards，J. R.（eds）（1994）*Recurring Issues in Auditing：Professional Debate 1875-1900*，New York：Garland Publishing：111，144，154.

② Spicer，E. E. and Pegler，E. C.（1925）*Practical Auditing*，4th edn，London：H. F. L.（Publishers）Ltd：569.

的沟通可能是有意义的……（但是）与债务人沟通一般被审计师视为一种额外的审计测试方法。

（*Accountant* 18 December 1926：853–855）

1939年，一篇文章提出了在实践中如何具体实施函证的问题（*Accountant* 8 July 1939：51）。自此以后，大量文章对该问题做出了回应，提出了诸多建议。比如给债务人的信件的标准格式等。也有人提醒说该类信件可能被债务人误解成“被审计客户财务困境的标志或者对被审计客户的破产调查”（*Accountant* 15 July 1939：81–82）。此外，还有一些人反对强加给审计师额外的责任。一位作者在《会计师》发文说：“我们不希望与被审计客户的债务人主动沟通成为英国审计师的另一项责任”（*Accountant* 14 June 1941：438–439）。还有人讽刺说：“想象一下，一位审计师向米特兰银行或者帝国化学公司（Imperial Chemical Industries）的债务人函证是多么可笑”（*Accountant* 9 August 1941：77）。

我们用问卷的形式调查了实务界采用函证程序的情况，表6-2的调查结果与表6-1相似。其结果显示，在两次世界大战期间大约有一半的人在审计时“有时”会向债务人函证。

表6-2 我们事务所在审计的时候……会向债务人函证

	每次（%）	经常（%）	有时（%）	从不（%）	总计（%）	总计 N
根据时间分组（20世纪）						
20—30年代	2.4	3.7	43.9	50.0	100	82
40年代	9.2	10.8	37.7	42.3	100	130
50年代	4.5	15.3	47.1	33.1	100	157
60年代	16.3	17.7	42.2	23.8	100	147
70年代	33.3	22.5	35.7	8.5	100	129
80年代	47.5	30.8	19.2	2.5	100	120
90年代	29.0	42.0	23.9	5.1	100	138
根据公司规模分组						
上市公司	40.9	27.9	17.7	13.5	100	167

续表

	每次 (%)	经常 (%)	有时 (%)	从不 (%)	总计 (%)	 N
中小型公司	18.0	23.9	38.3	19.7	100	411
个人或合伙企业	4.2	4.2	45.8	45.8	100	93
根据被调查者所在事务所规模分组						
前 20 大型	24.3	30.2	30.2	15.3	100	303
中型	20.0	17.2	37.2	25.6	100	287
小型	19.6	18.6	35.9	25.8	100	306

资料来源：问卷调查结果详见附录。

我们的访谈结果则显示了不同审计师不同的从业经历。一些受访者描述了他们在 20 世纪 30 年代向债务人函证的经历（对 Chapman 和 Keel 的访谈），还有人描述了他在第二次世界大战初期借助函证程序发现被审计客户造假的经历（对 Burgess 的访谈），还有人则表示在 20 世纪三四十年代从未向债务人函证过（对 Edey，Passmore，Ainger 以及 Carter 的访谈）。此外，一位曾经在一家小型会计师事务所从业的审计师回忆称，20 世纪 40 年代末 50 年代初，"我记得我们偶尔会进行函证，或者向部分债务人函证，但我记得债务人的回函情况不太好"（对 Muir 的访谈）。

实务界从一开始就清楚向债务人进行函证的优缺点，只是在最初的时候他们认为没有必要采用该程序。1951 年在 ICAEW 组织的夏令营的一场讲座中，Lawson 区分了"积极式函证"和"消极式函证"，前者是指不论所函证的事项与被审计客户是否相符，都要求债务人回函；后者则只要求对方在与被审计客户数据不相符或者否认某项债务的存在时才回函（另外，根据库珀的《审计手册》，消极式函证在美国应用较为广泛[①]）。Lawson 还提到：

> 一般来说，积极式函证更为可靠，但一般很难实施，比如在审计零售企业时，该类客户会有很多债权账户，自然也有很多债务人，

① Cooper，V. R. V. (1966) *Manual of Auditing*，London：Gee & Co：268.

> 向每个债务人进行这样的积极式函证是很不现实的。在英国，虽然审计师有时会向债务人函证，但该方法并不常见……除非回函率能够提高，否则积极式函证无法起到应有的作用。因此，在审计一些债权账户少、账户金额大的客户时，即类似股票经纪人或商业银行这种债权集中于几个少数债务人的客户时，函证更容易发挥作用。
>
> 此外，在审计一般工业企业时，收到一些主要债务人的回函也可能对审计产生很明显的作用。
>
> （*Accountant* 6 October 1951：308－309）

与监督存货盘存在英国的发展类似，在美国发生的一些事件也影响了函证在英国的发展。在 1939 年麦克森·罗宾斯案件以后，美国会计师协会发布公告表示函证程序应该成为“公认审计程序”（*Accountant* 16 August 1941：85－86）。然而 1934 年 Montgomery 的书中还认为函证只是一种惯例而不是一项规则。[①] 到了 1949 年，该书则认为“借助向债务人函证对应收款项进行确认在前几年就成了公认的审计程序”。[②] 正如普华事务所过去的一位合伙人所说的，虽然 30 年代的英国人还没有开始向债务人函证，但是他们最终不可避免地会实施函证程序，因为“他们有很多客户是美国公司在英国的分支机构”（对 Duncan 的访谈）。

与美国不同，麦克森·罗宾斯案件在英国并没有那么大的影响（*Accountant* 20 May 1967：658－662）。1958 年发表的一篇文章提到：“在英国，虽然审计师遇到一些大额债权时也会偶尔采用函证，但向债务人函证还不是很普遍。由于麦克森·罗宾斯案件的发生，审计师在审计美国公司时会经常实施函证程序”（*Accountant* 2 August 1958：132）。该文作者还提到，在他审计时函证程序还有一些技术上的困难，

① Montgomery，R. H. (1934) *Auditing*，5th edn，New York：Ronald Press：152.

② Montgomery，R. H.，Lenhart，N. J. and Jennings，A. R. (1949) *Montgomery's Auditing*，7th edn，New York：Ronald Press：152.

比如由于债务人误解了函证的目的和意义，会出现以下情况：

> 比如有人会如此回函："下次贵公司再找本公司帮助检查贵公司账户的时候，请贵公司付费。"更加无奈的是，一位老太太误认为函证是律师发给她的确认信。此外，还有一个不识字的债务人直接请客户在当地的销售员帮他在回函上签字……还有一些人在收到函证以后完全忽略了回函表格。令人惊奇的是，这些人在一个月或者一年以后因为其他事项而需要联系我们的客户时还会问回函邮费由谁负担的问题，而这些问题在向一些农民函证时尤其严重。

如表 6－2 所示，尽管存在这些问题，有一半的受访者回答说在两次世界大战之间"从不"向债务人函证，但到了 20 世纪 50 年代则只有 1/3 的受访者这么回答，到了 60 年代回答"从不"向债务人函证的受访者比例则不到 1/4，回答"经常"或者"每次"都会向债务人函证的比例超过了 1/3。函证程序 60 年代在实务界得到了很大的发展。与此同时，ICAEW 在 1965 年的审计试卷中第一次明确提到了函证（11 月，第 5 题）。此外，我们对审计师的访谈结果也证实了这一情况。一位受访者回答说："在刚成为注册会计师的时候，我从来没有实施过函证。但是，50 年代早期我开始在 Cork Gully 事务所上班，这时我们每次都要执行函证程序。但该项程序直到 20 世纪 60 年代才成为标准审计程序"（对 Fabes 的访谈）。还有一位受访者也说，函证"在 60 年代前都没有被当作一个正式的审计程序"（对 Wilde 的访谈）。也有人回答说这一程序在 60 年代早期的中等规模的会计师事务所中已经比较常见（对 Patient 的访谈）。Whinney，Smith & Whinney 事务所的一位合伙人回忆说："我们可能是从 60 年代中期开始实施函证程序的"（对 Whinney 的访谈）。一位来自普华事务所的受访者则说："到 60 年代，事务所已经把函证作为一项标准的审计程序了。在那个时候的每项业务中，我们都会向 100 个左右的债务人函证"（对 Carty 的访谈）。从《会计师》上发表的一篇文章来看，该项程序被当时的审计师视为“检验内部控制系统有效性的程序”（*Accountant* 20 May 1967：658－662）。ICAEW 在 1967 年发布了关于通过函证检查债权的 U7 公告，该公告也持有上述观点。但该公告认为函证程序“虽然已经成为一些国家的审计惯例，但在英国还处于起步阶段”（*Accountant* 17 June 1967：802）。

和别的审计技术不同，库珀兄弟事务所在函证程序上没有走在前列。该事务所的一位高级合伙人在回忆 20 世纪四五十年代的函证程序时说：“我认为该程序在当时并不常见。它不是库珀事务所发明的，我认为它实际上是美国审计的要求。记得在 50 年代审计的时候我实施过该项程序，当时只有一两个人回复了我”（对 Hobson 的访谈）。库珀事务所 1966 年的《审计手册》只是简单提到，“在英国，直接向债务人函证来确认应收款项还不是非常流行。该项程序很可能发源于美国的审计实践”。① 该手册第 2 版的相关内容也没有什么改变。②

教材接受函证的进程也比较缓慢。比如 de Paula 在 1957 年版的教材中将该程序称为“美式审计程序”，还表示：

> 除非遇到客户可能存在严重造假的情况，否则这项检查在英国还不常见。笔者认为实务界应该认真考虑采用标准的审计程序，直接检查客户的债权账户。毫无疑问，直接检查是检查资产负债表项目唯一有效的方式。③

de Paula 1966 年版的教材仍然认为此项程序“在英国还不普遍”。④ 该教材 1976 年版还是认为，“除了面临一些严重的造假情况，审计师一般不会实施这一程序”。但这一版本强调，英国审计不采用该程序，不

① Cooper，V. R. V.（1966）*Manual of Auditing*，London：Gee & Co：267－268.

② Cooper，V. R. V.（1969）*Manual of Auditing*，2nd edn，London：Gee & Co：307.

③ de Paula，F. R. M.（1957）*The Principles of Auditing：A Practical Manual for Students and Practitioners*，12th edn，London：Pitman：60.

④ de Paula，F. R. M.（revised by de Paula，F. C.）(1966) *The Principles of Auditing：A Practical Manual for Students and Practitioners*，13th edn，London：Pitman：58.

把它作为标准审计程序是"不明智的"，并详细介绍了一些具体函证细节。[①] 该书在1982年的第16版中对函证程序的介绍则更为详细，作者还提供了积极式函证和消极式函证的信件模板。[②] 该项程序彼时也被库珀的《审计手册》完全接纳，手册提到："目前有选择性地对一些债务人进行函证来验证客户的债权账户是很普遍的。"[③]

表6-2证实了实务界接受函证的发展过程。只有1/3的受访者表示在20世纪60年代执行审计的时候"经常"或者"每次"都会进行函证，但这一数据在70年代上升至56%，到80年代则达到78%。自两次世界大战期间至20世纪80年代，回答审计时"从不"实施函证的受访者从将近半数降至几乎为零。而且，该项程序的发展与客户规模的关系比与会计师事务所规模的关系更为紧密。需要注意的是，与其他审计程序的调查结果不同，我们的调查结果显示90年代使用函证程序的比例显著下降。到90年代只有71%的受访者表示他们"经常"或者"每次"都会进行函证。这主要是由于回答"每次"都会进行函证的比例从47%降至29%。当时的事务所貌似降低了使用函证的频率，并在使用时更加具有选择性。

前面提到的一些缺陷导致函证程序在该时期的使用频率有所下降，其中一个主要原因是回函率太低。一位20世纪60年代从业于伦敦一家中等规模事务所的受访者告诉我们："频繁向那些债务人进行函证根本就是浪费时间，因为债务人从来不回复"（对Spens的访谈）。Woolf的第1版《当代审计》也证实了这一缺陷，该书提到："很多审计事务所广泛地使用函证程序，还为此编制了标准的格式……除了低回函率以外（主要是因为计算机记录），这一程序还是比较受欢迎的。"[④] Woolf的

---

① de Paula, F. C. and Attwood, F. A. (1976) *Auditing: Principles and Practice*, 15th edn, London: Pitman: 207.

② de Paula, F. C. and Attwood, F. A. (1982) *Auditing: Principles and Practice*, 16th edn, London: Pitman: 288-292.

③ Coopers & Lybrand (1981) *Manual of Auditing*, 3rd edn, London: Gee & Co: 289-293.

④ Woolf, E. (1978) *Auditing Today*, 1st edn, London: Prentice-Hall International: 177.

1997年版的《当代审计》还用一页半的篇幅详细地介绍了这一程序。[①] de Paula的1986年版的审计教材（第17版）也提到："这是一个有潜力的审计程序，但它的主要缺点是越来越多的客户不愿意配合回函。"[②]另一个问题就是回函信息的准确性。Hatherly报告了一个美国的实验，实验方故意用错误的数据向实验对象函证，只有46%的人纠正了数据，而消极式函证的纠正率只有18%。[③]

综上，可能是由于90年代回函率、回函准确性的降低以及电算化的流行，审计事务所对函证的依赖有所降低。尽管如此，正如表6-2所示，仍然有3/4的审计师在审计的时候"经常"或者"每次"都会使用该项程序。

小　结

虽然19世纪有越来越多的审计师关注资产负债表项目，但此时的账项基础审计仍然聚焦于具体交易。两次世界大战期间，美国的审计主要聚焦于资产负债表，并借助客户的内部控制系统执行审计。虽然英国审计一开始在"资产负债表审计"的定义和重要性问题上产生了争议，但是这种美国式的资产负债表审计第二次世界大战以后在英国普及开来。审计师意识到验证资产和负债的重要性是在20世纪60年代，主要体现在审计师参与客户存货盘存以及通过函证验证应收款项。这两项程序在80年代正式成为审计规则的一部分。但是由于回函率、回函准确性的降低以及电算化的普及，审计师对函证的依赖从90年代开始降低。

---

① Woolf, E. (1997) *Auditing Today*, 6th edn, London: Prentice-Hall International: 200—201.

② Attwood, F. A. and Stein, N. D. (1986) *De Paula's Auditing*, 17th edn, London: Pitman: 217.

③ Hatherly, D. J. (1980) *The Audit Evidence Process*, London: Anderson Keenan Publishing: 126-127.

第七章　计算机和审计

早期会计工具

自外部审计产生以来，其最大的变化源于科技革命尤其是电子计算机的诞生。研究发现，这种转变不是在一夜之间突然发生的，而是被审计客户在几十年间慢慢将计算机用于公司运营和管理当中。不过在计算机出现之前，审计师用的是一些简单的数据处理工具。我们访谈的一位审计师认为，审计在计算机出现以后发生的改变没有想象的那么大，他提到："所有人认为计算机来得太突然，而且使很多东西发生了革命性变化。但事实上在第二次世界大战以前，我们就在用 Hollerith 和 Powers-Samas 这些品牌的穿孔打卡机（punched card machines）。我们可以用它完成和现在的计算机相同的任务，区别只在于用计算机操作更快"（对 Goodwin 的访谈）。

早期最基础的办公机器是一种计算工具，它是一种手动计算工具，唯一的功能是进行加总计算。当然，也有一些机器可以进行减法、乘法和除法的运算（*Accountant* 2 February 1924：177）。[1] 另外，美国人的伯勒斯加法器（Burroughs machine）相对比较先进。20 世纪 20 年代在审计费用允许的情况下，并且有合格的操作员（一般是女性）的时候，很多英国审计项目会使用这种机器。

更为先进的数据处理器可以存储和修改数据，还装有打孔的纸片，每一张卡片代表一笔单独的业务。审计师可以根据卡片上孔的位置对卡片进行分类，并将卡片上的数据分类加总制成表格或者资产负债表。第一台这样的机器是赫尔曼·霍利里思（Herman Hollerith）于 19 世纪 90 年代在美国发明的，该机器在英国的主要制造商有两家，其中一家是英国制表机器公司（British Tabulating Machine Company）。它们所生产的机器被贴上 Hollerith 和 Powers-Samas 的商标（*Accountant* 12 September 1925：403）。这种机器可以处理较为复杂的数据，还可以智能加工发票、报表、工资表或者存货记录表中的信息，并因其主要功能而被称为分类账机器。早在 1925 年，审计师就可以利用该机器快速完成试算平衡表（trial balance）（*Accountant* 12 September 1925：405-406）。[2] 整体来看，穿孔打卡机在 20 世纪 20 年代的英国还是比较新奇的事物，并在之后逐渐流行开来（1929 年米兰银行成为第一家实现会计账户“机械化操作”的银行；*Accountant* 2 February 1929：133；7 August 1937：198）。Dicksee 的 1928 年版的审计教材也介绍了 Hollerith 和 Powers-Samas 的机器。此外，1937 年机械化给审计带来哪些困难等题目也首次出现在 ICAEW 的审计试卷中（5 月，第 3 题）。20 世纪 30 年代末发表的一篇论文写道：“现在机械化发展如此之迅速，导致机械化记账的普及速度超出想象。”（*Accountant* 20 March 1937：416）。1951 年出版的 Spicer 与 Pegler 的审计教材（第 10 版）也解释说：“除了一些规模较小的公司，越来越多的公司开始利用

---

① Campbell-Kelly, M. (1989) *ICL: A Business and Technical History*, Oxford: Clarendon: 7-8; Jones, E. (1995) *True and Fair: A History of Price Waterhouse*, London: Hamish Hamilton: 166.

② Bigg, W. W. and Perrins, R. E. G. (1971) *Spicer and Pegler's Book-keeping and Accounts*, 17th edn, London: H. F. L.: chap. 11.

机器来进行会计处理。”[①] 与此同时，这些机器的功能也在不断扩展。到 20 世纪 70 年代，这类机器被最通用的数据处理工具——电子计算机取代。[②]

早期，审计行业很多人发现这种计算机器的出现对审计师来说是一件好事。20 世纪 30 年代晚期发表的一篇文章列举了一些具体的好处，该文章认为，会计记录的机械化意味着“审计师可以有更多的时间去分析客户最终的会计账簿，还意味着审计师不用在验算等初步审计程序上花很多时间”。该文章还认为，“一个个地手动检查所有账户是可笑的、浪费时间的，也是对审计师创造力的侮辱”（*Accountant* 20 March 1937：418-419）。Dicksee 的 1951 年版的审计教材指出：“一旦一项原始业务被正确地打在卡片上，机器就能自动生成准确的分类账账户。”[③] 1951 年出版的 Spicer 与 Pegler 的审计教材（第 10 版）也同样说道，虽然还是需要一定量的具体测试（test-checking），但是会计的机械化趋势使审计师检查过账的程序变得没有意义。[④] 另外，1952 年发表的一篇文章提到：“审计师或许可以适当减少对过账的检查，同时增加或者至少不减少对原始文件、数据和分类账的检查”（*Accountant* 22 November 1952：613）。

但是，Dicksee 在 1945 年出版的第 16 版审计教材中也提到，审计师在尝试使用机械化会计工具时也遇到了一些困难，他只用了两段对机械化会计工具进行评价，认为：

> 当发现大量的记录是由打字机或者穿孔打卡机完成的时候，审计师发现自己也面临着一些困难：他们需要做出一些改变来应对这

① Bigg，W. W.（1951）*Spicer and Pegler's Practical Auditing*，10th edn，London：H. F. L.：112.

② Campbell-Kelly，M.（1989）*ICL：A Business and Technical History*，Oxford：Clarendon：chaps 1-9.

③ Magee，B.（1951）*Dicksee's Auditing*，17th edn，London：Gee & Co：65-66.

④ Bigg，W. W.（1951）*Spicer and Pegler's Practical Auditing*，10th edn，London：H. F. L.：114.

种情况；审计界对审计师在这样的情况下应当承担的责任也缺乏足够了解。因此需要对该问题展开讨论和评判。

(*Accountant* 8 November 1945：286)

随着二三十年后计算机的普及，这种机械化或电子化会计的主要问题逐渐凸显出来，即后来所说的审计路径（audit trail）的问题（审计师要追踪每个会计账簿的每一笔业务和相关文件）。Barton Mayhew & Co 事务所的一位合伙人 Coulson 发表的一篇文章认为：

用机器录入信息、总结信息、分析信息以及输出信息是非常方便的。但随之而来的问题是，这将导致文件之间的联系可能不像手工记录的信息那么清晰。

(*Accountant* 22 November 1952：611)

de Paula 的教材指出，用机器完成会计记录意味着“大量账簿操作被省略掉，比如填写销售单、进货单以及应付账款分类账等”。[①] Dicksee 的 1951 年版的审计教材认为：“利用会计机器记录信息虽然不会改变审计的根本原则，但是在某些方面给审计带来了一些困难。”比如，发票上的数据是怎么被记录到分类账上的？如果不填写日记账，审计师通过原始凭证追踪分类账中的会计分录，或者依据分类账中的会计分录追踪原始凭证会变得更加困难。虽然“很多机器对过账程序有一些自动防错措施”，但该书还是建议审计师对这些过程进行适当的抽样检查。[②]

实际上，20 世纪 30 年代晚期在《会计师》(1937－03－20：418－419) 上刊登的一篇文章很早就讨论过如何应对会计机械化所带来的困难。该文章建议审计师去检验公司的内部控制系统，比如审计师可以先去查看不同记账员对各类业务的手工记账情况，然后再检验机器如何处

---

① de Paula，F. R. M.（1957）*The Principles of Auditing：A Practical Manual for Students and Practitioners*，12th edn，London：Pitman：24.

② Magee，B.（1951）*Dicksee's Auditing*，17th edn，London：Gee & Co：65－66.

理无意的计算差错和有意的人为差错，进而确定机器运行的有效性和可靠性。这种方法类似于 30 年后应对电子计算机带来的困难的方法。

计算机的到来

早期的初级电子计算机也被称为电子数据处理系统（electronic data processing system，EDPs）。20 世纪 50 年代中期开始，初级电子计算机正式在市场上出售。Stoneman 认为，1954 年英国拥有 12 台计算机，到 1960 年增长至 306 台。[①] 然而，不同人对这一数字的估计有很大的差异。有一种说法是，英国到 1962 年拥有 389 台计算机，数量排在美国的 9 337 台和德国的 472 台之后。[②] 但是，Stoneman 认为英国在 1962 年拥有的计算机数量是 620 台。[③] 不管数字是多少，对审计实务工作者来说，一个肯定的结论是在 1962 年，“原本很多用于审计大中型公司的经验可以说基本没有用了”（*Accountant* 14 January 1961：321）。而且，普华事务所的一位战略合伙人回忆道，20 世纪 60 年代中期“我刚开始从事审计职业的时候，信息技术系统还不是很多”（对 Brindle 的访谈）。然而 60 年代，计算机的普及率得到了很大的提升。[④] 比如，普华事务所将不同客户拥有的计算机数量加起来发现，在 1963 年其客户总共拥有 60 台计算机，该数据在 4 年以后迅速增长至 275 台。[⑤] Stoneman 估计，到 1965 年，整个英国拥有的计算机数量为 1 424 台，到

---

① Stoneman，P.（1976）*Technological Diffusion and the Computer Revolution*：*The UK Experience*，Cambridge：Cambridge University Press：20.

② McRae，T. W.（1964）*The Impact of Computers on Accounting*，London：John Wiley & Sons：42.

③ Stoneman，P.（1976）*Technological Diffusion and the Computer Revolution*：*The UK Experience*，Cambridge：Cambridge University Press：20.

④ Kelly，T.（1987）*The British Computer Industry*：*Crisis and Development*，London：Croom Helm：9.

⑤ Jones，E.（1995）*True and Fair*：*A History of Price Waterhouse*，London：Hamish Hamilton：294.

1970 年则有 5 470 台，到 1975 年该数据飙升至 10 983 台。[①]

上面提到的情况还只是在 20 世纪 60 年代晚期。在这之后，计算机逐渐变成一个非常重要的审计因素，这也反映在一些协会举办的活动中。普华事务所的一位合伙人描述了他在 1963 年第一次参加 ICAEW 举办的计算机培训课程的经历："这有点像一场军事训练，我们去了布莱顿的一个非常偏远的地方。在计算机课程中，我们只是口头上讨论着计算机，却从未看到过一台计算机"（对 Hewitt 的访谈）。到 20 世纪 60 年代末，ICAEW 对活动进行了改进。1969 年，协会组织了第一次寄宿课程，专门讲解有关审计计算机账务系统的问题，并发布了 U14（计算机财务系统的内部控制）和 U15（对计算机财务系统的审计）两项审计公告（*Accountant* 25 January 1969；11 Decmber 1969：806－812；18 December 1969：855－864）。第二项公告在 1970 年被印成小册子，建议审计师应该了解清楚被审计客户的内部控制组成部分，还提供了一张评估客户计算机内部控制程序的检查清单（*Accountant* 26 March 1970：471）。与计算机和电算化系统相关的题目也在 1967 年第一次出现在协会的审计试卷中（11 月，第 3 题）。

我们所采访的人都一致认为，在 20 世纪 60 年代计算机变成了审计的重要因素。正如一位审计师回忆道：

> 从 1968 年或者 1970 年开始，审计开始发生变化。普华事务所从这一时期开始在计算机上记录它自己的账务。我记得在 20 世纪 60 年代后期，Courtauld 公司的一些子公司也开始用计算机记录和处理它们的存货和负债数据，到了 70 年代中期，很多非上市企业也开始步入计算机化的轨道。
>
> （对 Hewitt 的访谈）

毕马威事务所的一位高级战略合伙人也说道："我第一次遇到计算

① Stoneman, P. (1976) *Technological Diffusion and the Computer Revolution: The UK Experience*, Cambridge: Cambridge University Press: 183.

机是在 Peats 事务所于 1968—1969 年组织的关于审计电算化系统的课程中。现在看来，那时候计算机的随机卡片存储器系统（CRAM）并不是那么可靠”（对 Sharman 的访谈）。

20 世纪六七十年代，计算机是非常昂贵的大型机器，只有那些大型组织才能承受高昂的价格。当时计算机也非常笨重，甚至不能被移动。而且，输入数据还需要通过穿孔打卡机进行。按照现在的标准，它们是相当不稳定的，也相当落后。例如在 20 世纪 70 年代，审计用的计算机的内存只有 14KB，是现在的台式计算机的几百万分之一。计算机技术领域的里程碑事件是 20 世纪 80 年代个人计算机的发明，相比大型计算机，个人计算机对会计和审计的影响要大很多。美国苹果公司和 IBM 公司这两家计算机公司分别在 1979 年和 1980 年成功研发出小到可以放在书桌上的个人计算机。这种计算机比过去那些大型计算机具有更为强大的计算和存储功能。到 2000 年，全世界总计出售 50 亿台个人计算机（*Observer* 12 August 2001）。[1] 从审计的角度看，个人计算机使最小规模的客户都实现了会计系统的电算化。

那么，大型计算机和个人计算机的到来到底对审计产生了什么影响？一些会计专家其实很早就对计算机可能给审计带来的益处和问题进行了分析，并将它们与过去的机械化会计工具进行了对比。一位学者在 1952 年提到："我认为没有人可以预测以后的程序可以变得有多快，更不要说预测这些工具会给人类带来什么样的变化。"（*Accountant* 23 Febreaury 1952：191）。他甚至认为会计应该在吸收和应用高新科技的过程中起到带头作用。他还提到，"最为重要的是，在吸收新技术的过程中，审计行业成员应该知道和理解电子科技会给会计带来什么，并且如何将它付诸实践。" 1956 年《会计师》上的一篇评论也预测，"自 15 世纪借贷记账法发明以来，电子计算机是影响会计的最重要的因素"（*Accountant* 3 November 1956：449）。de Paula 也提到：

① Carr, J. G. (1985) *Information Technology and the Accountant: Summary and Conclusions*, Aldershot: Gower: 36.

> 电算化会计和以往的机械化会计很不一样，主要体现在计算机的功能和运行速度上。它们可以完成从最开始的记录原始交易到编制最终账户的整个会计程序，而不是像传统会计那样需要借助各种中间记录、计算和分录。这必然给审计师带来诸多前所未有的问题，比如审计师的很多验算工作就变得非常多余。另一方面，审计师检查会计程序中的原始凭证及凭证录入工作就更为重要了。①

但是 de Paula 在 1957 年版的教材中谈到审计未来发展时，也只是对计算机进行了非常简单的论述。

我们的很多被访者对计算机的到来都非常乐观，因为这意味着他们之后不用担心计算的准确性了。一位会计师解释说，有了计算机，"审计师可以直接默认账簿已经平衡，并且科目已经加总完毕"（对 Shaw 的访谈）。另一位被采访者也认为，"灵活运用计算机可以免去审计师那些冗长乏味的工作"（对 Kemp 的访谈）。另外还有人表示，"计算机建立起了会计系统并使其长期一贯地应用于实际工作"（对 Hardcastle 的访谈）。

然而，有人担心计算机会带来很多问题。1962 年，《会计师》上发表的一篇文章说道："大部分审计师对计算机的到来感到恐惧"（*Accountant* 14 January 1961：40）。McRae 在 1964 年发现："现在对计算机比较普遍的想法是，计算机是在一个已经负担过重的行业中出现的一个意料之外的事物。"而且他发现，客户安装计算机这件事，"会引起审计师的担心，某些程度上甚至是惊慌"。② 还有一位被访者同意上述观点，他认为"人们之所以担心是因为：第一，审计师对计算机还不了解；第二，貌似没人知道怎么审计计算机"（对 Middleton 的访谈）。第一次在审计的时候遇到计算机可以说是相当痛苦的：

---

① de Paula，F. R. M.（1957）*The Principles of Auditing：A Practical Manual for Students and Practitioners*，12th edn，London：Pitman：25.

② McRae，T. W.（1964）*The Impact of Computers on Accounting*，London：John Wiley & Sons：159.

我还记得我们审计伦敦东部一家药品零售商的经历。它有大量的存货，种类还分得非常细。它把这些数据存储在计算机中，而我们需要试着检查和审计这些存货。

（对 Sharman 的访谈）

另一位 20 世纪 70 年代在 Sheffield 事务所工作的会计师回忆说：

我一开始并没有学过计算机，但通过审计工作清楚地了解了计算机的优势和劣势。我们需要帮助有些公司编制会计账簿，但给那些已经利用计算机记账的公司做账尤其困难，我首先需要为它们设计一套手工备份系统，以改变账簿混乱的局面并恢复应有的秩序。

（对 Burdett 的访谈）

绕过计算机的审计

学者关于计算机的争论主要在于审计应该绕过计算机（auditing around the computer）还是应该利用计算机（auditing through the computer）。利用计算机进行审计需要审计师拥有足够的计算机处理知识，这样他们可以对计算机执行的会计处理和步骤进行评价。“绕过计算机进行审计的方法称为‘黑盒子（black box）法’，实际上就是通过对比计算机输入和输出信息的一致性和关联性来进行审计，而不用探究计算机处理账务的具体过程或模式。”①

刚开始，可能由于审计师本来对计算机就不是很懂，绕过计算机的审计模式经常被他们采用。一位 Whinney，Smith &Whinney 的合伙人谈到 20 世纪 60 年代的审计时表示：

① Gwilliam，D. R.（1987）*A Survey of Auditing Research*，London：Prentice Hall/ICAEW：308.

> 我认为我们确实是绕过计算机进行审计，而不是利用计算机进行审计。我不认为我当时曾经利用计算机进行审计来深入探究计算机处理账务的具体过程。如果你只是查看计算机的输入信息，然后再查看另一头的输出信息，那你只是绕过计算机进行审计而不是利用它。当然，在我审计生涯的后期（1987 年），我们开始检验客户的计算机程序。
>
> （对 Whinney 的访谈）

普华事务所的一位在 20 世纪六七十年代执业的合伙人也提到："在很长一段时间内，审计师都是绕过计算机进行审计的。审计师先是输入数据，然后查看输出数据，最后进行对比"（对 Carter 的访谈）。

从审计师的角度来看，与过去的会计工具所带来的问题不同，会计账户的计算机化带来的主要问题是审计师失去了审计所依赖的路径。在早期绕过计算机进行审计的情况下，审计师在很大程度上依赖会计程序中各类输出的凭证或者资料，以此作为可追踪的审计路径。通过这种方式，计算机只是被看作一个处理数据的工具。[①] 另一位被采访者也透露了这种情况的存在，他回忆了 1960 年前后对一家食品杂货公司的审计经历：

> 我们走进一个有空调的房间，里面都是机器和存储着该公司销售信息及账目的磁盘。我记得我当时有点惊讶，但我提醒自己，那些其实和普通账本没什么区别，只是量大一些而已，我可以一页页浏览这些账簿并进行审计。尤其当我发现这些信息可以先打印出来，然后再和过去一样执行审计的时候，我开始意识到这些计算机只是工具而已。
>
> （对 Chapman 的访谈）

---

① Woolf, E.（1978）*Auditing Today*, 1st edn, London: Prentice-Hall International: 334.

因此，在早期为了应对计算机带来的问题，审计师较为明智的做法是绕过计算机进行审计。1958 年发表的一篇文章列出了相应的步骤，并表示：

> 审计师可以对计算机账务处理程序进行适当的检查，但审计师不需要成为专业的程序员。让审计师专注于这些计算机程序是很不明智的，因为他们借助别的审计程序同样可以获得所需要的信息。
>
> (*The Accountant* 6 September 1958：281)

A. W. Howitt 在 1960 年对注册会计师和英国电脑协会（British Computer Society）的成员进行授课时，也表达了相同的观点，“让审计师学会编程和操控计算机是没有必要的”：

> 审计师的主要职责是对已有的可审计的财务信息进行审计，与此同时审计师可以参考机器提供的信息，在这个过程中审计师有必要严格控制数据的输入过程。此时，审计的主要问题在于确定其执行的审计工作的边界在哪里，必须判断信任哪些信息，不信任哪些信息。正是这些决策锻炼了审计师的职业技能。
>
> (*Accountant* 16 July 1960：92；14 January 1961：40)

Howitt 提到，一家很有名的事务所为了应对其首个审计电算化系统任务，将员工送去上计算机程序课程。他认为这是没有必要的，审计师没有必要成为程序员，因为会计师事务所只需要专注于自己领域的专业知识和技能。审计师所需要的计算机知识也仅限于与他们自己领域相关的计算机知识。

一些教材也支持绕过计算机进行审计。Dicksee 的 1969 年版的审计教材基本忽略了计算机，并且整本书都还在“假设所有的会计记录还是在复式记账法下，依照传统的路径，通过手工记账或者记账机器完成的”。[①] 该书只用了两页半的篇幅介绍计算机并直接了当地提出审计师可以绕过机器进行审计。该书还建议用内部控制调查问卷来应对电子数据处理系统，他提到：

> 审计电子数据处理系统的时候，审计师还是需要沿着传统的审计路径进行，即沿着特定的路径检查分录以确定这一系统是否正确……除了检查机器输出文件和观察输出结果以外，对一个缺乏计算机知识的审计师来说，检查机器运行程序本身是否准确是不太可能的……因此，如果审计师有任何疑问……可以去请教这方面的专家。[②]

这也导致绕过计算机进行审计越来越依赖于客户自身的内部控制系统。正如一位审计师提到的，“在检查一个已经计算机化的财务系统的有效性时，将会在很大程度上依赖客户的内部控制系统”（对 Niddrie 的访谈）。早在 1957 年就有一篇文章提到，计算机的普及逐渐催生了制度基础审计方法：

> 很明显，传统审计技术已经成为过去，这些技术很难在审计电子账簿信息系统时发挥作用……外部审计师在很大程度上会根据他对内部控制的判断和对内部审计师工作的评价形成审计意见。
>
> （*Accountant* 13 July 1957：34）

另一篇 1958 年发表的文章也提到：

> 一般情况下，一个已经利用电子数据处理系统的企业有足够能力对内部系统进行检查……电子数据处理系统的设计需要有非常严

① Waldron, R. S. (1969) *Auditing: A Practical Manual for Auditors by the Late Lawrence R. Dicksee*, 18th edn, London: Gee & Co: 370.

② Ibid.: 372.

谨的会计体系，并且需要配有充分有效的内部检查系统，否则审计师的审计工作将会变得非常困难。

（*Accountant* 12 July 1958：47）

普华事务所的一位合伙人认为：

会计系统的电算化意味着审计师必须花费更多精力了解客户的控制系统状况，因为直接衡量和检查计算机操作过程是不太容易的。所以客户会计系统的电算化迫使我们更多地了解客户是如何管理和运营的，另外还需要考虑客户能否把握这个系统的运行。

（对 Stacy 的访谈）

另一位被采访者总结了这一系列的变化：

这意味着你从关注具体交易转向关注控制系统。越多的信息进入“黑盒子”，系统就变得越神秘，就越需要审计师运用专业技能来确定内部控制系统的有效性……在审计的最后阶段进行数字加总并检查账簿时，我不认为计算机会改变会计记录的基础以及会计判断的基础。

（对 Patient 的访谈）

当然，在利用计算机进行审计时，检查内部控制系统也很重要。

利用计算机的审计

随着计算机的普及和发展，绕过计算机进行审计受到利用计算机进行审计越来越多的挑战，在 20 世纪 60 年代晚期，后者似乎占据了上风。McRae 是利用计算机进行审计的极力支持者，他非常不赞成“黑盒子”方法。他指出：“过去，一些审计师很少尝试探究穿孔打卡机的运行过程，也正是这些人支持绕过计算机来审计电子数据处理系统。”McRae的观点是，审计师应当探究穿孔打卡机的运作流程，并且不管怎样，电子计算机也只是“一种不同的机器罢了”。[①] 他认为，让审计师去检查计算机的编程确实不可能，但是审计师可以采取统计抽样的手段来检查客户的系统并进行深度审计，比如随机抽取1/100的样本进行检查，并将打印输出的凭证资料作为审计路径对客户的业务进行追踪。另外，审计师还可以利用计算机程序找到一些异常的项目。[②] 在1966年的一篇文章中，MaRae还提到：

> 与其他系统化的审计程序一样，审计师也要让审计电算化系统的程序系统化。计算机程序也是构成整个会计系统的不可或缺的部分。正如很多专家所说的，在审计高度自动化的步骤时，审计师非常有必要仔细检查系统中的计算机程序。但是，这并不意味着他们可以完全忽略数据的输入和输出。
>
> （*Accountant* 25 June 1966：807）

库珀兄弟事务所的合伙人Anthony Pinkney在1966年发表了《计算机审计方法》一文。该文支持利用计算机进行审计的方法（*Accountant* 7 May 1966：561）。Pinkney反对审计师不需要计算机知识的主流观点：

> 我不认为审计师可以对电算化的财务系统做出客观准确的评价，除非他们做到以下几点：第一，审计师非常熟悉传统的财务内部控制系统，即他原本就是一个合格的审计师；第二，审计师必须

---

① McRae，T. W.（1964）*The Impact of Computers on Accounting*，London：John Wiley & Sons：160.

② McRae，T. W.（1964）*The Impact of Computers on Accounting*，London：John Wiley & Sons：175-181；McRae，T. W.（1977）*Computers and Accounting*，London：John Wiley & Sons：107.

> 有能力掌握一定的计算机技能和知识。为了获得这方面的能力，我认为他必须有编写计算机程序的经历，这样才可以充分了解计算机的优势和劣势。
>
> （*Accountant* 14 May 1966：600）

Pinkney 认为有三种针对计算机的审计方法。[①] 第一种方法是依旧使用传统审计技术进行审计，不用检查计算机处理的部分；第二种方法是借助计算机输出的文件对审计路径进行追踪，与此同时检查电算化和非电算化两部分的内部控制；第三种方法则完全抛弃以往的审计路径。第三种方法的理念是由于追踪审计路径越来越不切实际，审计师只需要聚焦于对内部控制的检查，并利用特殊审计技术深入计算机内部进行审计。Pinkney 支持第三种方法，并设计了具体步骤，这些步骤后来成了审计电算化系统的通用方法。它们包括：第一，利用内部控制调查问卷评估内部控制；第二，对内部控制系统进行程序性测试，比如，追踪一项业务，检查从输入到输出的完整记录，他还准确地预测了将来的发展趋势，即利用计算机系统对虚拟交易进行处理以验证系统处理业务的准确性；最后，审计师利用一些程序对资产负债表进行验证。

库珀的第 1 版《审计手册》和 Pinkney 的书在同一年出版。由于 Pinkney 是库珀兄弟事务所的成员，所以事实上他也参与了《审计手册》的编写。《审计手册》对如何应用计算机进行审计的内容介绍得相当详细，在不同章节介绍了审计电算化会计系统的实际应用。虽然该手册的某些地方还提到“审计师可以忽略计算机存在”，但又很快将这种观点删除，取而代之的是采用内部控制调查问卷来直面计算机的存在，包括对计算机程序进行全面的评估以确定程序本身的正确性，然后再利用计算机程序模拟虚拟交易以验证其有效性和合理性。[②] 该手册在 1969 年的第 2 版中基本删除了忽略计算机的观点，甚至

---

① Pinkney, A (1966) *The Audit Approach to Computers*, London: ICAEW: 14.

② Cooper, V. R. V. (1966) *Manual of Auditing*, London: Gee & Co: 220–239.

提到：

> 现在的审计师被要求必须利用客户的电算化会计系统进行审计。他们可以自己写程序或者是找别人写程序，以实现文件的快速读取和测试。这使他们不仅能以更快的速度获得更多信息……还能检查那些过去传统审计来不及或者没法检查的内容。[1]

利用计算机进行审计有两种主要方法，包括直接利用现成的测试程序软件进行审计和根据客户情况有针对性地设计程序包进行审计，这两种方法可能都是美国人发明的。1963 年美国会计师协会下属的计算机会计委员会（Committee on Electronic Accounting）主席 Boni 在美国《会计学杂志》上发表的一篇文章首次提出了"审计师根据客户情况有针对性地设计程序包进行审计"这个说法。他建议审计师在计算机上用他所说的测试平台进行审计，在这个平台上：

> 会计师应该研发一种计算机可读取的语言，比如用计算机可读取和处理的二进制语言来描述交易记录。这种语言的交易记录应当充分考虑计算机程序的每个细节，进而保证可以用计算机直接进行测试和检验，并且自动输出检验结果。为了解程序的内部运行情况，审计师应该在系统设计的最初阶段就参与其中，并且必须对系统进行深入的调查。
>
> （*Accountant* 19 October：1963：491－492）

到了 20 世纪 60 年代中期，美国的计算机程序基本可以满足审计师利用计算机进行审计的要求了：

> 当审计师需要进行一些测试时，审计师既可以利用计算机程序进行随机抽样，也可以选取一些需要特别注意的项目，还可以选取

① Cooper，V. R. V.（1969）*Manual of Auditing*，2nd edn，London：Gee & Co：270.

一些具有高度代表性的交易记录，同时审计师还可以根据自己的需求将这些项目打印出来。

(*Accountant* 3 september 1966：288)

美国的这些计算机审计软件从20世纪60年代末开始传入英国，在ICAEW 1969年举办的一次寄宿课程上，德勤的J. B. Faris表示，他们根据内部控制调查问卷的结果，设计了一套进行程序性测试的计算机程序（*Accountant* 25 January 1969）。我们的一位被采访者（Peats事务所的合伙人）向我们回忆了计算机审计程序兴起的过程："从70年代早期开始，我们开始使用K970系统，这是第一款计算机审计程序软件"（对Sharman的访谈）。McRae列举了五款程序软件，其中两款是英国的，三款是美国的。这五款程序软件中包括Thomson McLintock和Whinney Murray设计的ASK 360。[①] 很显然，这是第一款英国自行研发的专门为审计师设计的软件。它被设计用来检测存储在IBM的360-370机型中的文件。为了进行细节审计，审计师还必须从文件中提取精确的信息。

另外还有美国Haskins & Sells事务所设计的AUDITAPE软件。该软件有一个与众不同的特点：它的程序中包含统计抽样技术，即根据货币单位进行抽样，从而可以根据样本项目价值的比例进行抽样。[②] 但这些程序共有的缺陷是它们只能与相应型号的计算机进行匹配，不同的计算机程序之间也都不兼容。比如，Marwick Mitchell、Thomson McLintock、普华事务所以及ICL公司设计了AUDITFIND程序软件，但该软件只能用ICL的机器进行读取和使用。[③]

另外，利用计算机进行审计的兴起也对审计事务所的人员组织产生了影响。一篇1969年发表的文章认为：

① McRae，T. W. (1977) *Computers and Accounting*，London：John Wiley & Sons：119.

② Ibid.：124.

③ Ibid.：120.

> （计算机）使职业教育和培训在审计行业中变得非常重要。审计师比过去需要更多的机器和计算机技术知识。英国的审计人员逐渐开始认同这种需求，尽管一些专业考试只涉及初级层面的知识。
>
> （*Accountant* 8 November 1969：619）

正如普华事务所的一位在20世纪七八十年代执业的合伙人提到的：

> 所有的事务所都曾争论过是否需要成立单独的计算机审计部门并将这些团队送出去培训等问题。有时，它们认为审计人员对计算机的了解并不多，所以即便不要求这些员工成为计算机专家，为了业务发展也得要求每个人都能够使用计算机，但有时，它们又不这么认为。它们就这样犹豫不决。随着计算机的不断普及，每个人都已经了解了计算机，并且计算机也成了培训的一部分。如果现在有人说需要一个计算机专家来帮助进行审计，就会显得非常奇怪。
>
> （对Stacy的访谈）

与Dicksee的1969年版的审计教材不同，其他英国审计教材一直随着计算机的发展在不断修订相应的内容，并且基本都建议利用计算机进行审计。1966年，de Paula编写的《会计原则：学生和实习生的业务手册》（第13版）出版，该书甚至用了一章的篇幅介绍计算机审计。该书还提到，由于审计师在早期缺乏计算机的相关知识和操作经验，当时绕过计算机进行审计是比较正常和可接受的。① 但是，审计师必须面对计算机，并且要学习计算机知识，学会操作计算机的方法。审计师必须获得充足的计算机知识和经验，才能看懂电算化会计系统，并判断系统的无效和低效之处。

de Paula还提到，“这并不是建议他（审计师）变成计算机专家，

① de Paula, F. R. M. (revised by de Paula, F. C.)(1966) *The Principles of Auditing*: *A Practical Manual for Students and Practitioners*, 13th edn, London: Pitman: 67-68.

或者计算机程序员，但他必须学会计算机学科的基本原理”。de Paula 还专门设计了一个内部控制调查问卷模型，用于对计算机系统进行内部控制测试，比如对错误输出的审核、使用测试程序软件、利用虚拟交易来测验一个程序的准确性等。然而，测试程序软件的使用频率“并没有想象的那么高”，因为它们可能会更改客户自己的数据。[①] 1976 年版的《会计原则：学生和实习生的业务手册》以及 Spicer 与 Pegler 的 1978 年版的审计教材都介绍了利用计算机进行审计的详细方法，最终这些方法都获得了成功（至少在理论研究上）。[②] 同样在实务中，Crump 在 1981 年发现，在他调查的 64 家会计师事务所中，22 家表示它们在审计过程中几乎没有使用过计算机，而剩下的事务所中（其中包括前十五大事务所中的 12 家），有 85%的事务所表示它们检查了客户使用的计算机系统的完整性及其与客户原始凭证的一致性；61%的事务所表示它们使用了测试软件；56%的事务所表示它们使用自己设计的审计程序软件，其中 72%的事务所每次审计都使用现成的软件。（*Accountant* October 1981：68）。

根据 Gwilliam 的研究，由于使用计算机所带来的优势以及利用计算机造假现象的产生，利用计算机进行审计变得更受欢迎。[③] 此外，在美国 1973 年爆发诸多投资基金欺诈事件以后，审计师在发现内部控制漏洞和会计造假等方面的责任日益增加。这同时也使得通过计算机进行审计更加受欢迎。[④] Woolf 与 Gwilliam 的观点一样，他认为随着计算机技术的发展，绕过计算机进行审计变得不那么受欢迎，并且在 20 世纪 70 年代计算机处理业务的速度非常快，而复杂的输出过程拖慢了审计

---

① de Paula, F. R. M. (revised by de Paula, F. C.)(1966) *The Principles of Auditing: A Practical Manual for Students and Practitioners*, 13th edn, London: Pitman: 80-81.

② de Paula, F. C. and Attwood, F. A. (1976) *Auditing: Principles and Practice*, 15th edn, London: Pitman: chap. 6; Waldron, R. S. (1978) *Spicer and Pegler's Practical Auditing*, 16th edn, London: H. F. L. : 420-421.

③ Gwilliam, D. R. (1987) *A Survey of Auditing Research*, London: Prentice Hall/ICAEW: 308-309.

④ Woolf, E. (1978) *Auditing Today*, 1st edn, London: Prentice-Hall International: 353-365.

的进程，也使审计变得不够经济。[①] 他认为审计师当时更依赖“异常报告”原则来判断一个科目是否需要检查。比如，当发现一个债务人的债务已经超过正常信用额度时，审计师需要去检查这种异常项目。在这种情况下，由于没有审计路径，利用计算机进行审计变得非常必要。根据Woolf的说法，这种情况应该使用内部控制调查问卷对系统、程序包以及计算机审计软件（计算机辅助审计技术（CAAT））进行测试，比如用德勤的AUDITAPE来检查客户的计算机系统等。有趣的是，Woolf的1997年版的教材中有关计算机的观点和1978年出版的第1版教材中的观点有些不同。[②]

然而，有明显的证据表明利用计算机进行审计在实务界没有完全获得成功。比如Pound发现，虽然在1978年人们对绕过计算机进行审计的评价不高，但这并不意味着实务界就不使用这一方法。[③] 此外，Woolf在1978年出版的第1版教材中对实务界的这一行为进行了猛烈的抨击：

> 电子计算机的出现已经使数据处理方式发生了极大的改变……但很多会计师不愿承认计算机的存在确实彻底改变了：(a) 会计记录信息的方法；(b) 确保和验证信息记录真实可靠的方法；(c) 管理层和技术层的培训需求和员工责任；(d) 审计会计程序和会计记录的方法等。审计师“将头埋在沙子里”（装作对计算机视而不见），希望继续忽略计算机的态度依然存在，这是很可悲的，因为事实上我们面临的审计环境已经彻底改变了。[④]

另外，即便是在1980年，Hatherly出版的一本关于审计程序的书

---

① Woolf, E.(1978) *Auditing Today*, 1st edn, London: Prentice-Hall International: 341.

② Woolf, E.(1997) *Auditing Today*, 6th edn, London: Prentice-Hall International: chap. 11.

③ Gwilliam, D. R.(1987) *A Survey of Auditing Research*, London: Prentice Hall/ICAEW: 308.

④ Woolf, E.(1978) *Auditing Today*, 1st edn, London: Prentice-Hall International: 296-297.

一次也没有提及计算机。[①] 而在1982年，Gwilliam和Macve在调研了8家跨国会计师事务所成员的基础上写了一篇文章，重复了Woolf对当时实务界计算机审计的质疑，并总结道："一些事务所仍然认为绕过计算机审计还是一种令人满意的好方法"（*Accountant* November 1982：121）。

其实利用计算机进行审计没有大范围流行还有一些客观的原因。Turley和Cooper发现，那些没有利用计算机进行审计的事务所大多是因为事务所确实没有真正懂计算机的合伙人和员工，以应对环境变化带来的问题。[②] 在1987年，Gwilliam报告说：

> 使用计算机辅助审计技术受到从客户的文件中摘取数据的审计成本的约束，比如要摘取数据进行审计抽样或者检验计算正确性等……另外，外勤审计师一般无法完全掌握计算机程序，如果全面推广可能造成他们过度依赖于客户的员工或者自己事务所内部的计算机审计专家。[③]

同样，Gwilliam也报告说，虚拟交易数据的"使用和普及也有很多限制因素"，比如这么做会耗费较多时间，或者需要一定的专业技能，或者可能会干扰客户自己的真实数据，或者容易被客户员工破坏等。[④] 另外，Barras和Swann[⑤] 以及Turley和Cooper[⑥] 都发现了审计客户和

---

① Hatherly, D. J. (1980) *The Audit Evidence Process*, London: Anderson Keenan Publishing.

② Turley, S. and Cooper, M. (1991) *Auditing in the United Kingdom: A Study of Development in the Audit Methodologies of Large Accounting Firms*, London: Prentice Hall/ICAEW: 37.

③ Gwilliam, D. R. (1987) *A Survey of Auditing Research*, London: Prentice Hall/ICAEW: 311.

④ Ibid.: 313.

⑤ Barras, R. and Swann, J. (1984) *The Adoption and Impact of Information Technology in the UK Accountancy Profession*, London: The Technical Change Centre: 24.

⑥ Turley, S. and Cooper, M. (1991) *Auditing in the United Kingdom: A Study of Development in the Audit Methodologies of Large Accounting Firms*, London: Prentice Hall/ICAEW: 37.

事务所之间系统不兼容所带来的巨大问题。

Turley 和 Cooper 报告说，尽管会计师事务所 20 世纪 80 年代在计算机方面投入了很多，但“真正有效的进展却非常缓慢”，因为事务所有“很多假想和不切实际的假设”。[1] 计算机只是将一些已存在的任务进行电算化处理，而不是发明一项新的技术，比如自动完成整个会计处理过程等。审计过程中借助计算机进行审查的情况就更少了，比如查询员工对特殊项目的认定就无法用计算机完成。但另一方面，计算机可以用来计算随机抽样的规模，或者对样本进行分析。此外，它更多被用于公司的管理，比如文档处理或者会计记录，编制平衡试算表等。[2] Higson 也认为即使在 20 世纪 90 年代，绕过计算机进行审计也比较流行：

> 很少有事务所会紧跟技术的进步对审计进行改进。只有在审计那些规模非常大的客户并且没有其他更好的审计方法的时候，事务所才会使用计算机辅助审计技术。不过熟练使用计算机辅助审计技术似乎仍然较为困难……审计师普遍的偏好是绕过计算机进行审计并分析计算机的输出文件，而不是利用计算机进行审计。[3]

Manson 等也发现，在 20 世纪 90 年代之前，事务所对自动化审计（比如用计算机做审计计划、计算抽样规模、记录审计执行时间以及起草管理层报告书等）的兴趣并不大。[4] 当时，信息技术更多的是用于对审计项目进行管理，在具体审计程序中运用较少。

但是，不管审计师是绕过还是利用计算机进行审计，都是审计自出

① Turley, S. and Cooper, M. (1991) *Auditing in the United Kingdom: A Study of Development in the Audit Methodologies of Large Accounting Firms*, London: Prentice Hall/ICAEW: 37.

② Ibid.: 38.

③ Higson, A. W. (1997) ‘Developments in Audit Approaches: From Audit Efficiency to Audit Effectiveness?’, in Sherer, M. and Turley, S. (eds)(1997), *Current Issues in Auditing*, 3rd edn, London: PCP: 205.

④ Manson, S. (1997) ‘Audit Risk and Sampling’, in Sherer, M. and Turley, S. (eds), *Current Issues in Auditing*, 3rd edn, London: PCP: 255.

现以来发生的最大变化，是审计发展过程中最为深远的变化，也给在审计工作第一线做着最基础工作的实习生的工作带来了巨大的变化。他们的工作从原先一点一点地记录分类账变成点击电脑鼠标来完成工作。另外，我们采访了那些 20 世纪 90 年代在大型事务所从业的会计师，可能因为所在事务所规模较大，他们对计算机技术审计持乐观态度。此时，精确的计算已经完全不是问题，并且审计所花费的时间也自然发生了变化。正如现在还在执业的一位负责人总结道：

> 现在的会计数字都很准确是因为信息系统的准确性。信息系统的优越性不仅仅体现在数字对错上，更体现在它的可靠性、连贯性以及及时性方面。以前，审计师无法肯定会计报告什么时候可以报出；而现在如果一笔业务在 7 月 14 日星期四的早上 8：45 完成，交易完成以后这一信息马上会出现在电脑屏幕上，而且计算机会自动加总并且结果准确可靠。
>
> （对 Brindle 的访谈）

另一位被访者提到了审计师所用的计算机和客户系统的密切关系：

> 从技术上说，在 20 世纪 80 年代早期，我们就完全可以直接进入客户的电脑系统。而现在我们直接“住在”客户的系统里进行审计。也就是说，我们在世界各地的审计师都可以登录客户的系统对信息进行验证，还可以通过网络传输信息。我们现在可以从客户的系统里下载信息，然后存储到审计师自己的系统里并对这些信息进行各类检测，这种方式是非常经济有效的。
>
> （对 Sharman 的访谈）

所以在这样的环境下，“工作底稿”（working paper）这个词在很多情况下变得不是非常准确。另一位同时代的事务所负责人也提到：“计算机不仅取代了工作底稿，还改变了我们的审计程序。我们现在设计审计程序的时候就考虑到计算机的使用，所以审计师会针对不同的客户调整审计程序”（对 Scicluna 的访谈）。

计算机和审计的未来

有意思的是，很多在 20 世纪 90 年代末期接受采访的事务所负责人就已经预测到未来将由计算机领导审计变革。他们认为计算机将会持续更新会计数据，因此年末的审计报告将会毫无用武之地。正如普华事务所的一位负责人解释称，公司的账簿“都将会实时呈现在电脑上，同时通过网络被审计。这种情况很快就会实现”（对 Brindle 的访谈）。而毕马威会计师事务所的人认为：“在未来 15 年内，传统审计将会被同步审计取代……我们会在财务报告编写的时候就完成审计。我们已经投入了大量资金研究这一项目，今年就已经投入了 5 000 万～6 000 万美元”（对 Sharman 的访谈）。而库珀兄弟事务所的观点是：

> 信息技术的信息传送和共享两个功能已经彻底改变了审计。过去一些机构和证券交易所每年都会奖励那些年报数据最好的企业，但是我不确定在未来 5 年这种对历史数据的庆祝还会不会存在……现在技术已经有了，而信息使用者当然希望更快地获得这些数据……现在我的同行都在研究甚至投资于下一阶段的实时审计系统。
>
> （对 Lainé 的访谈）

安达信会计师事务所甚至描绘了未来的审计工作景象：

> 我们即将进入一个全新的时代，信息技术将会使投资者需要的被投资公司的大部分财务信息及其数据库公之于众，而投资者可能会疑惑：“如何保证这些数据库是可靠的？谁来负责保证这些数据

库的质量？谁来对数据库进行检测和抽样？”

（对 Currie 的访谈）

但是，这个大胆的预设在本书编写的时候还没有到来。

小　结

20 世纪 20 年代已经出现了计算机的雏形，即数据处理工具。随后出现于 60 年代的电子计算机为专业审计带来了最为重大的变化。60 年代，审计工作以检查手工分录、分类账和过账为主，到 90 年代则逐渐变成在个人电脑上点击鼠标为主。最初，由于并不了解计算机，审计师尝试着绕过计算机进行审计，这种方法只关注计算机的输入和输出以追踪审计路径。从 70 年代开始，由于计算机处理信息的速度变快，功能更强，绕过计算机进行审计变得不合适，审计界转而利用计算机进行审计，或者用客户系统模拟一些虚拟的数据并使用审计师自己的软件来检验计算机程序的可靠性，即所谓的“计算机辅助审计技术”。但那时依然还有很多问题需要解决，包括缺乏熟练掌握计算机技术的审计人员，审计师的计算机系统和客户的计算机系统不兼容等。此外，虽然很多事务所的负责人都描绘了未来持续审计和同步审计的美好场景，但是绕过计算机的审计至今依然存在。

第八章　风险、重要性水平和分析性复核

我们在第五章讨论过制度基础审计方法使用频率下降的问题。Turley and Cooper[①] 以及 Higson[②] 认为，之所以会产生这种现象，是因为一些类似风险评估、重要性以及分析性复核等新兴审计技术或概念在20世纪八九十年代的兴起。但是，在分析这些概念或技术时，历史研究者必须非常谨慎，因为与检查发票、参与存货盘存等程序不同，执行这些程序不是去检查具体的标的。它们是一种审计方法，也有人认为是一种审计理念，甚至有人认为它们只是一个减少具体检查程序的借口。最后一种说法是一位审计负责人的观点，接受 Higson 调查的一位被访者说，“所有的这些不过是减少实质性测试的理由”。[③]

风险、重要性和分析性复核这些概念联系非常紧密，但为了清晰起见，这里将对它们分别进行分析。

---

① Turley, S. and Cooper, M. (1991) *Auditing in the United Kingdom: A Study of Development in the Audit Methodologies of Large Accounting Firms*, London: Prentice Hall/ICAEW.

② Higson, A. W. (1997) 'Developments in Audit Approaches: From Audit Efficiency to Audit Effectiveness?', in Sherer, M. and Turley, S. (eds)(1997), *Current Issues in Auditing*, 3rd edn, London: PCP: 198-215.

③ Ibid.: 210.

风险评估

在美国，1934 年版的《Montgomery 审计学》没有明确提及风险和重要性的概念。直到 1949 年出版的该书第 7 版才正式提到这些概念。该书提到："审计师在审计现场的时候，必须理解重要性和风险的概念。审计时需要更加关注报表中那些重要的项目。""从发生重大错报风险的角度看，那些包含很多小项目的账户的风险比那些包含几个大项目的账户的风险要小。"① 1957 年版的《Montgomery 审计学》认为：

> 审计师在评估审计风险的时候，公司财务制度的健全程度会对其判断产生重大影响。例如，一家刚成立的正在努力站稳脚跟的公司或者一家陷入危机的公司都可能会采取较为激进的会计政策，比如倾向于推迟确认资产减值，甚至隐瞒资产的抵押状况和负债的存在。②

在英国审计产生之初，审计师就有一些风险的理念，比如会重点关注那些高风险客户和一些更容易出现错误的高风险业务等。虽然早期的审计师没有明确提出过风险等概念，但可以肯定的是，他们已经根据项目的固有风险（inherent risk）来制定审计计划。这从 Pixley 在 20 世纪 80 年代经常提到的审计原则中就可以看出，他强调"审计师必须根据自己的经验来判断客户的哪些账户一定没问题。事实上，不管他判断的结果怎样，最后都必须他自己承担风险"。③ 接受我们访谈的人和参与问卷调查的被调查者也都谈到过风险因素。比如一位被访者写下了他们事务

① Montgomery, R. H., Lenhart, N. J. and Jennings, A. R. (1949) *Montgomery's Auditing*, 7th edn, New York: Ronald Press: 13, 45.

② Lenhart, N. J. and Defliese, P. L. (1957) *Montgomery's Auditing*, New York: Ronald Press: 50.

③ Chandler, R. and Edwards, J. R. (eds) (1994) *Recurring Issues in Auditing: Professional Debate 1875–1900*, New York: Garland Publishing: 155.

所在 20 世纪 50 年代初期的抽样方法，他提到他们的抽样过程“没有统计技术，就是基于对风险、价值和规模的评估，同时再考虑客户的内部控制”。

但是，早期的风险意识和后来成熟的风险概念并不一样。风险正式成为英国审计的焦点是在 20 世纪 70 年代。Sherwood 在 1972 年的文章中提到利用员工访谈来确定被审计客户的风险和内部控制的薄弱之处，并且建议根据重要性来设计测试程序（*Accountant* April 1972：18—20；October 1973：17—22）。Lee 也提到：“审计师对客户的内部控制系统越没有信心，他就越会提高风险程度，并执行更多的细节测试。”[①] 但是，这些文章还没有像日后那样对风险进行分类。Spicer 与 Pegler 的 1976 年版的审计教材[②]、1976 年版的《审计：原理和实践》[③] 以及 1978 年版的《当代审计》[④] 等所有审计教材，都没有将风险作为审计的一个影响因素。Innes 等提到，审计师应当对“高风险”的项目执行更为详细的审计，但他们并没有将风险作为审计的核心概念。[⑤] Hatherly 在提及与审计证据相关的内容时，简单讨论了审计风险与重要性水平、审计抽样的关系，但是他仍然没有分析风险的不同类型，也没有提出风险是审计程序的核心问题。[⑥]

风险评估成为完全成熟的审计概念是在 20 世纪 80 年代。即使是在美国，1975 年版的《Montgomery 审计学》和过去的版本相比，也没有对风险进行更多的分析。[⑦] 但该书 1985 年的版本在谈到整体审计策略

---

① Lee，T. A.（1972）*Company Auditing：Concepts and Practices*，London：ICAS and Gee & Co：168.

② Waldron，R. S.（1978）*Spicer and Pegler's Practical Auditing*，16th edn，London：H. F. L.

③ de Paula，F. C. and Attwood，F. A.（1976）*Auditing：Principles and Practice*，15th edn，London：Pitman.

④ Woolf，E.（1978）*Auditing Today*，1st edn，London：Prentice-Hall International.

⑤ Innes，J.，Lee，T. A. and Mitchell，F.（eds）（1981）*Cases in Auditing Practice*，3rd edn，London：ICAEW：12.

⑥ Hatherly，D. J.（1980）*The Audit Evidence Process*，London：Anderson Keenan Publishing：30—31.

⑦ Defliese，P. L.，Johnson，K. P. and Macleod，R. K.（1975）*Montgomery's Auditing*，9th edn，New York：Ronald Press.

时提到："审计师对整个审计风险的评估是极其重要的。"[①] 该书还分析了不同类型的风险（将在本章"分析性复核"一节中讨论），并且提供了计算整体风险的公式。

英国人在这方面并不落后。Higson 认为："在 20 世纪 80 年代晚期，大部分会计师事务所更倾向于实施风险导向审计。"[②] 不过，风险导向审计真正开始流行的时间可能要更早。早在 1981 年，ICAEW 会计师考试的试题就第一次直接考到与处理审计风险相关的问题（12 月，第 1 题）。另外，Woolf 的《现代审计发展》是帮助学生应试的审计教材。通过分析该书在不同时期的版本，我们或许可以获知风险正式成为审计概念的明确日期。[③] 该书在 1978 年出版的第 1 版中没有提到审计风险这一概念，但在 1982 年的第 3 版则用了一整章对这个概念进行了解释：

> 风险导向审计是最近新出现的一种审计方法。从审计师的角度来看，他们一方面希望通过审计程序将风险降至最低，另一方面希望减少审计程序将成本降至最低。这种方法正是被用来调和这对矛盾的。因此，风险导向审计被用于避免出现过度审计以及处理高度复杂的审计业务。[④]

Woolf 提出了一个广泛流行但未经科学证明的"80/20 原则"，即审计师 80％的工作只能发现有风险的项目的 20％。据此理论，事务所让初级审计师去做基础性的工作，让合伙人及其他高级审计师专注于需要使用职业判断、可能包含审计风险的重点区域，并以此为基础形成对争

---

① Sullivan, J. D., Gnospelius, R. A., Defliese, P. L. and Jaenicke, H. R. (1985) *Montgomery's Auditing*, 10th edn, New York: John Wiley and Sons: 203.

② Higson, A. W. (1997) 'Developments in Audit Approaches: From Audit Efficiency to Audit Effectiveness?', in Sherer, M. and Turley, S. (eds) (1997), *Current Issues in Auditing*, 3rd edn, London: PCP: 206.

③ Woolf, E. (1978) *Current Auditing Developments*, 1st edn, London: Gee.

④ Woolf, E. (1982) *Current Auditing Developments*, 3rd edn, London: Gee: 93.

议性项目的审计意见。根据Woolf的观点，审计从此集中于那些容易出错以及根据重要性水平确定的具有较高价值的项目。重要性水平的确定则基于审计师对财务体系合理性（基于对客户账户的分析性复核）和被审计客户内部控制系统的整体评价。①

风险这个概念在20世纪80年代的英国审计界迅速流行起来，并成为审计的重要组成部分。我们采访一些在90年代晚期就职于大型事务所的负责人时，他们强调了风险这个概念的重要性和它在审计方法中的重要地位。安达信事务所的一位负责人告诉我们，“现在所有的业务都与风险评估有关”（对Currie的访谈）。

风险导向审计的成熟理念强调审计工作应重视那些最可能犯错的三类审计风险：第一，客户自身的固有风险；第二，客户内部控制不能发现的控制风险；第三，审计师通过大量实质性测试、细节测试和分析性复核仍未发现错误的检查风险。② Manson认为，风险导向审计正是因为考虑了第一类风险，即固有风险或者说是客户和市场的经营风险，才使它和已有审计程序不同。他认为：“风险导向审计可以被看作制度基础审计的延伸，它们之间的差异就是风险导向审计特别关注并要求审计师评估固有风险。”③

审计师对风险的重视自然也使其开始重视审计计划。审计计划先于具体的审计程序，并且主要是以高级审计师起草的“审计计划备忘录”的形式出现在审计项目中。备忘录包含执行审计战略规划的主要内容，包括如何使用风险和重要性概念、如何安排审计时间和人事等。④ 正如一位管理人员所说：“好的审计计划可以帮助审计师提前避免很多潜在

---

① Woolf, E. (1982) *Current Auditing Developments*, 3rd edn, London: Gee: 93.

② Turley, S. and Cooper, M. (1991) *Auditing in the United Kingdom: A Study of Development in the Audit Methodologies of Large Accounting Firms*, London: Prentice Hall/ICAEW: 16; Manson, S. (1997) 'Audit Risk and Sampling', in Sherer, M. and Turley, S. (eds), *Current Issues in Auditing*, 3rd edn, London: PCP: 235.

③ Manson, S. (1997) 'Audit Risk and Sampling', in Sherer, M. and Turley, S. (eds), *Current Issues in Auditing*, 3rd edn, London: PCP: 237.

④ Humphrey, C. and Moizer P. (1990) 'From Techniques to Ideologies: An Alternative Perspective On the Audit Function', *Critical Perspectives on Accounting*, 1: 225.

的错误。”普华事务所的一位合伙人表示，他们“在审计计划上花了很多心思，审计师在真正开始工作之前，必须决定哪块是风险区域，哪块可能出错，然后再决定怎样处理以及需要进一步检查什么内容。此外，审计师同样还需要知道哪些地方出错的可能性比较小，可以相应地减少对那些地方的检查”（对 Carty 的访谈）。

统计方法也同样被运用于风险评估中。自 1982 年起，德勤、Haskins & Sells 等很多事务所都使用了一种基于数理统计方法的风险模型。① 这是因为一些大型事务所的负责人主张为风险评估设计一套科学的运行基础。Peats 事务所的一位合伙人认为，现在的审计技术“实在是太复杂了”（对 Sharman 的访谈）。而且，Gwilliam 并不赞同以数理统计方法为基础的风险导向审计，他强调：

> 除了一些例外情况，用数理统计方法计算出的精确结果不见得都可信。现实情况是，外勤审计师似乎不太理解一些统计模型的原理和意义。②

Manson 提到：“学术期刊上讨论的与风险评估相关的数理统计模型的复杂程度越高，它在审计实务中未必就越受欢迎。”③

风险评估程序在很大程度上依赖审计师的职业判断，而不是一些客观数据。1990 年版的《Montgomery 审计学》说道：

> 计算出风险的具体数值貌似是不现实的，因为有很多变量影响风险，并且主观因素非常多变。因此，很多审计师不会将具体的数值分配到各个风险因子中。④

---

① Gwilliam, D. R. (1987) *A Survey of Auditing Research*, London: Prentice Hall/ICAEW: 190.

② Ibid.: 10.

③ Manson, S. (1997) 'Audit Risk and Sampling', in Sherer, M. and Turley, S. (eds), *Current Issues in Auditing*, 3rd edn, London: PCP: 251.

④ Defliese, P. L., Jaenicke, H. R., O'Relly, V. M. and Hirsch, M. B. (1990) *Montgomery's Auditing*, 11th edn, New York: Wiley: 189.

但是，我们发现该书在1985年的版本中曾说过要计算风险。

在英国，Turley和Cooper对21家事务所调查后发现，有15家事务所在审计时使用了风险导向审计，但是只有4家用数学公式评估风险，剩下的事务所则采用了定性模型或者审计师的职业判断对风险进行评估。[①] 他们甚至发现，省去程式化的内容反倒成了风险评估的优点。Humphrey和Moizer对审计经理进行调查后发现：

> 在讨论在审计程序中使用主观判断时，大家的态度越来越随意。这貌似是因为引进了风险导向审计方法。一些事务所甚至开始减少标准流程和访谈，一些经理人也承认和上一年相比，审计重点每年都有减少的趋势。[②]

当然，即使不进行风险评估，在任何一种不确定的情况下，审计师也都经常需要用到职业判断。所以正如我们前面说过的，风险评估的流行是否就代表着审计技术发生了改变仍然值得怀疑。

究竟是什么将风险这个概念引入现代审计的？Manson认为，“不断增加的成本”和“对高质量审计的需求”是风险导向审计产生的首要因素。[③] 这一说法与Humphrey和Moizer的观点一致，他们认为审计经理引入风险分析是考虑到以下两个层面的问题[④]：第一，审计师希望寻找一种方法“提高查出重大错报的概率”，使其可以摒弃原来那些繁杂的程序，同时也让自己能够“更加理解客户的业务”；第二，成本压力迫使事务所提高审计效率。Humphrey和Moizer采访的一些被调查

---

① Turley, S. and Cooper, M. (1991) *Auditing in the United Kingdom: A Study of Development in the Audit Methodologies of Large Accounting Firms*, London: Prentice Hall/ICAEW: 61.

② Humphrey, C. and Moizer P. (1990) ‘From Techniques to Ideologies: An Alternative Perspective On the Audit Function’, *Critical Perspectives on Accounting*, 1: 225.

③ Manson, S. (1997) ‘Audit Risk and Sampling’, in Sherer, M. and Turley, S. (eds), *Current Issues in Auditing*, 3rd edn, London: PCP: 234-235.

④ Humphrey, C. and Moizer P. (1990) ‘From Techniques to Ideologies: An Alternative Perspective On the Audit Function’, *Critical Perspectives on Accounting*, 1: 229.

者认为，“由于审计市场竞争日益激烈，我们必须使审计变得更为便宜和高效”。[①] 还有人认为，“有限的审计费用带来了时间压力，这导致人们开始坐下来思考一个问题，即还有哪些无关的程序可以省略同时又不会影响审计质量”。接受我们访谈的人也提到了一些商业原因。普华事务所的一位合伙人认为，审计师关注重大风险的主要目的是“让客户最终可以接受审计师提出的审计费用”（对 Carty 的访谈）。另一位被访者对此持有略微不同的观点：

> 风险导向审计逐渐流行，是因为审计师希望审计更有意义，不那么枯燥，并且对客户更有价值。客观地说，当时大部分客户的管理层认为审计是法律强加给他们的，他们并不希望被审计，而是把它视作额外的财务压力。
>
> （对 Kemp 的访谈）

重要性

和风险的概念一样，审计师在很早以前就开始非正式地使用重要性的基本概念。Montgomery 在 20 世纪 30 年代提到：“审计师不应该把时间浪费在寻找对资产负债表或者利润表影响较小的错报上。”[②] 到 40 年代，美国审计界就开始正式使用“重要性”这一概念。1949 年版的《Montgomery 审计学》提到：“审计报告没有必要提起对财务报表项目影响不重大的内容。”[③]

当然正如我们在第四章中所提到的，英国审计师在很早以前就有分层审计的习惯，或者更关注规模较大的科目。这说明他们也很早开始间

① Humphrey, C. and Moizer P. (1990) ‘From Techniques to Ideologies: An Alternative Perspective On the Audit Function’, *Critical Perspectives on Accounting*, 1: 230.

② Montgomery, R. H. (1934) *Auditing*, 5th edn, New York: Ronald Press: 28.

③ Montgomery, R. H., Lenhart, N. J. and Jennings, A. R. (1949) *Montgomery's Auditing*, 7th edn, New York: Ronald Press: 68.

接使用重要性（和风险）这个概念。另外，Taylor 和 Perry 的教材也提到，在审计大型客户的时候，审计师“可以只关注那些更为重要的项目”。[①] 英国最早的关于“重要性”的文献出自 ICAEW 在 20 世纪 40 年代的建议书。该建议书建议审计师每年使用一致的会计原则，并且提到：“任何重要的变化，比如存货计量基础的变化、折旧方法或税率的变化，如果影响了报表使用者对报表的理解都必须披露。”同时，1948 年《公司法》就科目的分级做出规定：“如果有些科目并不是很重要，那么可以将这些科目统一合并起来放在‘其他项目’下。”[②] 一些 50 年代从业的审计师在被采访时表示，重要性这个概念在他们那个时代已经被正式使用了。一位被访者描述了他从 Spicer and Pegler 事务所加入库珀兄弟事务所后对联合利华第一次审计的经历：

> 我的上司是一位高级审计经理。我曾一发现错误就说：“快看，我发现了一个原则性的错误。”他就会问：“多少金额?”我回答说：“七八千英镑。”他说：“不重要!”
>
> （对 Denza 的访谈）

由此可见，重要性被明确作为审计概念的时间要早于风险，并且从 20 世纪 60 年代开始，它的使用频率不断增加。1966 年库珀兄弟事务所的《审计手册》将“重大变化”（material variations）一词作为会计概念，并且要求事务所的审计师“不要在不重要的项目上花太多的时间”。[③] 1968 年 ICAEW 委员会发布了《账户重要性概念解释》（*Accountant* 27 July 1968：116－117）。与此同时，很多话题相关的文章也在《会计师》上发表。一项受到美国注册会计师协会赞助的研究提到，美国计划制定并将发布衡量重要性水平的标准（*Accountant* 12 October

① Taylor，E. M. and Perry，C. E.（1931）*Principles of Auditing*，London：Textbooks：9.

② Bigg，W. W.（1951）*Spicer and Pegler's Practical Auditing*，10th edn，London：H. F. L.：285－286.

③ Cooper，V. R. V.（1966）*Manual of Auditing*，London：Gee & Co：32.

1968：477-478)。

虽然重要性这个概念已经广为人知，但是它在教材中的普及程度并没有那么高。Dicksee 的 1969 年版的审计教材并未介绍重要性这一概念。[①] 而且，1976 年出版的第 15 版《会计原则：学生和实习生的业务手册》中虽然提到了内部控制缺陷的重要性，但仍然没有明确定义重要性这个概念。[②] 直到 1978 年，第 16 版《Spicer 与 Pegler 审计实务》才正式解释说："如果因为某项业务或数据没有披露或者错误编报而影响了报表使用者对报表账户的理解，那么这项业务就是重要的。"[③] 所以以下观点可能比较准确：虽然重要性这一概念很早就开始被审计师间接使用，并在 20 世纪六七十年代逐渐盛行，但是与风险与分析性复核一样，它也是直到 80 年代才正式成为审计学中的概念。

与重要性有关的主要问题是，在面对不同客户、不同规模和不同性质的业务的时候，审计师如何确定重要性，以及在一系列账户中多少金额和错报算是重要的。第 16 版《Spicer 与 Pegler 审计实务》中并未提及此内容，但是 Woolf 随后编写的教材则建议事务所选择一个基数，一般是营业额（或者总资产，一些事务所还可以用利润总额），然后用基数乘以一个百分比得到一个参考值，最后将每个项目和参考值对比，比参考值大的项目即为重要的项目，据此再制成表格。而且该书认为，营业额越大，百分比则越小。比如，一家拥有 50 000 英镑营业额的客户的重要性水平可能是 4%，即 2 000 英镑；而一家拥有 5 000 000 英镑营业额的客户的重要性水平可能就是 1%，即 50 000 英镑。[④]

在实务中，事务所使用这一公式的方式是千变万化的。Lee 发现，1984 年，英国 21 家事务所中有 7 家没有预设具体的重要性数值，而剩

---

① Waldron, R. S. (1969) *Auditing: A Practical Manual for Auditors by the Late Lawrence R. Dicksee*, 18th edn, London: Gee & Co.

② de Paula, F. C. and Attwood, F. A. (1976) *Auditing: Principles and Practice*, 15th edn, London: Pitman: 59.

③ Waldron, R. S. (1978) *Spicer and Pegler's Practical Auditing*, 16th edn, London: H. F. L.: 233.

④ Woolf, E. (1997) *Auditing Today*, 6th edn, London: Prentice-Hall International: 169.

下的只有 10 家设定了具体的定量标准。[①] 同时，当审计师发现客户内部控制系统较差时，那些使用了公式的事务所会对公式进行调整。[②] 根据 Woolf 的调查，初始百分比的确定“不可避免地依赖于审计合伙人的职业判断”。正如英国审计实务委员会（Audit Practices Board）在 1995 年发布的《审计标准公告》对重要性的解释那样，“重要性是一个主观概念”。[③] 对于基层审计人员来说，重要性水平如何确定是一个谜。在 Humphrey 和 Moizer 进行采访时，一位审计人员回答：“不要问我为什么我们的整体重要性水平是 3%。”[④] Lee 也发现，在实务工作者那里得到的一致答案是：重要性水平是“专业人员对审计环境认知后的职业判断”。[⑤] 和风险一样，Turley 和 Cooper 也认为：“几乎所有情况下，对重要性水平的判断基本都依赖于审计师的职业判断。”[⑥]

分析性复核

随着风险以及重要性概念的发展，美国人还引领了“分析性复核”这一概念的发展。《Montgomery 审计学》在 20 世纪 30 年代建议，“审核利润表账户的方法主要包括详细测试和与过去数据进行对比分析”。[⑦] 到 1949 年，《Montgomery 审计学》认为：“对可比数据进行复核对比，

① Gwilliam, D. R. (1987) *A Survey of Auditing Research*, London: Prentice Hall/ICAEW: 224.

② Woolf, E. (1997) *Auditing Today*, 6th edn, London: Prentice-Hall International: 171.

③ Ibid.: 168.

④ Humphrey, C. and Moizer P. (1990) 'From Techniques to Ideologies: An Alternative Perspective On the Audit Function', *Critical Perspectives on Accounting*, 1: 227.

⑤ Higson, A. W. (1987) 'An Empirical Investigation of the External Audit Process. A Study of the Reaction of Professional Auditors to Recent Changes in the Audit Environment', unpublished thesis, University of Bradford: 116.

⑥ Turley, S. and Cooper, M. (1991) *Auditing in the United Kingdom: A Study of Development in the Audit Methodologies of Large Accounting Firms*, London: Prentice Hall/ICAEW: 71.

⑦ Montgomery, R. H. (1934) *Auditing*, 5th edn, New York: Ronald Press: 477-478.

例如对比预测数据和实际数据、比率变动分析和趋势变动分析都能够帮助审计师执行审计。”① 另外，美国会计师协会在 1950 年起草的一系列审计方法中就包含了“分析性复核”程序。② 1957 年出版的第 8 版《Montgomery 审计学》对此概念没做什么修改③，但从 1975 年出版的第 9 版中可以看出，分析性复核当时已经成为美国审计的重要部分，并且教材对复核程序进行了非常广泛的讨论。④ 通过对比可以发现，在美国，分析性复核这个概念要比风险更加重要。

英国正式使用分析程序的时间要晚一些。但是，与前面两个概念一样，早在英国审计产生之初，审计师就会使用分析性复核“评价账户是否有异常变化”。⑤ 一位优秀的审计师可以在看到某项数据的第一眼就判断出它总体上是否合理。Kingston Cotton Mill 的案例反映出，从 19 世纪 90 年代开始，审计师就将销售利润率（利润/营业收入）的变动作为判断账户变化是否异常的标识。⑥ 一位苏格兰审计师（Patrick）在 19 世纪末 20 世纪初表示：“审计师应该将精力用在报表结果的审查上，并检查其是否符合一般规律。”⑦ 那时的审计师也会将当期数据和往期数据进行对比。铁路公司的报表基本都会同时提供当期数据和往期数据，审计师会对前后期进行对比。中部铁路公司的审计师早在 1860 年就开始这样做了（Midland Railway，half-yearly account，30 June 1860）。到 1935 年，我们调查的公司中有 62%接受这一程序。1948 年《公司

① Montgomery，R. H.，Lenhart，N. J. and Jennings，A. R.（1949）*Montgomery's Auditing*，7th edn，New York：Ronald Press：34.

② Myers，J. H.（1985）'Spiralling Upward：Auditing Methods As Described By Montgomery and His Successors'，*The Accounting Historians Journal*，12（1）：53.

③ Lenhart，N. J. and Defliese，P. L.（1957）*Montgomery's Auditing*，New York：Ronald Press.

④ Defliese，P. L.，Johnson，K. P. and Macleod，R. K.（1975）*Montgomery's Auditing*，9th edn，New York：Ronald Press.

⑤ Gwilliam，D. R.（1987）*A Survey of Auditing Research*，London：Prentice Hall/ICAEW：419.

⑥ Chandler，R.（1996）'Lessons of Auditors Responsibility'，*The Accounting Historians Notebook*，19（2）：22.

⑦ Brown，R.（ed.）（1968）*A History of Accounting and Accountants*，originally published in 1905，London：Cass：321.

法》则直接强制规定，企业必须提供以前年度的财务数据。①

普华事务所的一位在 20 世纪 50 年代执业的合伙人表示，他的事务所在那时会利用工作底稿来进行分析性复核，并且补充说：

> 现在的审计包含很多分析性复核，在复核中审计师需要了解资产负债表以及业务流程。审计师利用职业判断复核这些数据并努力找到漏洞。现在的这些程序和我当年执行的审计程序非常类似，只不过今天的风险评估变得更为复杂了。
>
> （对 Stacy 的访谈）

库珀兄弟事务所在 20 世纪 60 年代就已经形成了系统的分析性方法，因为一位被访者表示：

> （在这一时期，事务所）开始关注某项数据发生了什么变化以及变化的原因。它发明了“绩效指标”，这个词现在经常被用于审计以及商业领域。我们决定以绩效指标为导向来追踪审计，并且我们非常擅长围绕公司发布的各类技术指标进行审计。我们逐渐更倾向于理解这些指标的真正含义。
>
> （对 Livesey 的访谈）

从《审计手册》中可以看出，库珀兄弟事务所当时已经开始计算一些数据了，比如销售利润率、负债周转率、资产周转率等，并且还会寻找“这些指标发生重大变化的原因”。②

在某种程度上，英国审计师（或者他们之中最优秀的一部分）经常分析客户的期末账簿。但是直至 20 世纪 70 年代，教材对这一方面的变

① Arnold, A. J. and Matthews, D. (2002) 'Corporate Financial Disclosure in the UK 1920–50: The Effects of Legislative Change and Managerial Discretion', *Accounting and Business Research*, 32 (1): 8.

② Cooper, V. R. V. (1966) *Manual of Auditing*, London: Gee & Co: 19.

化始终保持沉默。即使在那时，它们也没有和大西洋彼岸的美国一样使用“分析性复核”这一概念，而只是稍微描述了审计师的分析角色。1971年，ICAEW出版的关于审计程序的专题汇编提出，审计师在检查客户内部控制系统时，如果发现其系统是有效的，可以显著地减少具体测试。此外，它建议，即便内部控制有效，审计师也应该在最后“对终期账簿进行分析性复核”，具体内容如下：

> 根据企业的整体情况，以适当的会计原则为基础，通过审计师的职业判断对账户进行一次复核。最有效的方法是对比今年和上一年的数据，以及检查一些重要的数据。在复核利润数据时审计师也应该考虑到国家整体经济状况，比如在经济非常景气时利润发生大幅下降很可能说明企业进行了利润操纵。①

de Paula和Attwood编写的《审计：原理和实务》(第15版）讨论了复核收入和费用账户的问题，该书认为英国的复核程序“不够规范也达不到北美适用的标准”。② de Paula力劝审计师：

> 减少那些基本的审计程序并对真正客观的数据进行评价……审计师可以将本年数据与以前年度数据进行对比，并参考下期数据的预测值来检验管理层的解释和非正常数据。

Spicer与Pegler的1987年版审计教材提出，审计程序还包括对比以前年度和本期的毛收益率并分析其重要变化。③ 但是Woolf在编写的教材的第1版中只是提到：

---

① Bird, P. (ed.)(1971) *A Casebook on Auditing Procedures*, London: ICAEW: 15.

② de Paula, F. C. and Attwood, F. A. (1976) *Auditing: Principles and Practice*, 15th edn, London: Pitman: 211.

③ Waldron, R. S. (1978) *Spicer and Pegler's Practical Auditing*, 16th edn, London: H. F. L.: 444.

> 虽然审计师通过一些中间程序、清单或者其他文件可以发现一些异常数据，但是没有一种体系化的程序可以取代一位优秀审计师通过多年对各类账户的分析等审计工作形成的职业判断。除了直接或者间接检查一些特殊资产和负债以外，审计师在审计时还需要确定对这些账户进行审计是有意义的。①

Woolf 在 1997 年出版的教材中才使用了“分析性复核”这一概念。②

分析性复核作为一项正式的审计技术几年之内就在英国流传开来，具体时间大概是 20 世纪 70 年代末 80 年代初。在此之后，该概念基本统一。英国第一次明确使用“分析性复核”这一概念是在 1979 年的一篇研究审计证据的文章中。作者使用这个词汇来概括“审计师对比本年数据和以前年度数据的程序以及分析趋势、比例变化和外部因素的程序”（*Accountant* September 1979：120）。1980 年，Hatherly 在他关于审计证据的书中对该技术进行了更为详细的阐述，建议审计师收集经济大环境的数据，如客户所在行业和竞争对手状况，还建议审计师运用统计回归分析以及通过分析性程序“确定细节测试的范围”。③ Gwilliam 报告说，到 1982 年“大多数事务所都坚持将分析性复核作为审计的主要程序，并且贯穿于制定审计计划到审计结束的整个过程”。④ 计算机的广泛使用也促进了分析性复核的使用。⑤ McRae 研究了该时期 5 家大型事务所的审计手册，发现它们有基本相似的审计程序：第一，分析性

---

① Woolf，E.（1978）*Auditing Today*，1st edn，London：Prentice-Hall International：173，212.

② Woolf，E.（1997）*Auditing Today*，6th edn，London：Prentice-Hall International：215.

③ Hatherly，D. J.（1980）*The Audit Evidence Process*，London：Anderson Keenan Publishing：35－39.

④ Gwilliam，D. R.（1987）*A Survey of Auditing Research*，London：Prentice Hall/ICAEW：13.

⑤ Higson，A. W.（1987）‘An Empirical Investigation of the External Audit Process. A Study of the Reaction of Professional Auditors to Recent Changes in the Audit Environment’，unpublished thesis，University of Bradford：269.

复核；第二，深度抽样和程序性分析；第三，实质性测试；第四，得出审计结果。[①]

20世纪80年代中期，Higson访谈了一些大型事务所的合伙人，同样发现该方法的使用频率在不断增加，并且分析性复核被大量用于审计计划阶段以及审计结束阶段。[②] 英国审计实务委员会在1995年发布了关于分析性复核的审计标准公告（Statement on Auditing Standards，SAS），该文件强调了在审计计划阶段和整体复核阶段使用分析性复核的重要性，并建议在整个过程中都使用该程序。分析性复核的具体方法包括：将本年结果与预测值进行对比，并将本年结果和预测值与往年的相应数据进行对比；与竞争对手进行对比；对不同比率进行比较，比如坏账准备周转率；了解管理层声明等。该公告建议审计师追踪任何明显的变动。[③] 而且，分析性复核应该与实质性测试相结合，而不是替代实质性测试。

和我们之前讨论过的很多审计概念一样，分析性复核这一概念在某种程度上使用得有些不准确，并且事实上其中包含很多不一样的程序。正如Gwilliam所解释说：

> 分析性复核从性质上看是一个宽泛的概念，它包含很多审计程序，既包含在审计结束阶段对财务报表合理性的估计和再确认，又包括审计初期那些大量复杂审计技术的使用，比如总结分析并以此为基础计划实质性程序等……这些相对非正式的程序在整个审计中是很普遍的，并且不是所有程序都使用定量的方法。[④]

---

① McRae，T. W. (1982) *A Study of the Application of Statistical Sampling to External Auditing*，London：ICAEW：36－41.

② Higson，A. W. (1987) ‘An Empirical Investigation of the External Audit Process. A Study of the Reaction of Professional Auditors to Recent Changes in the Audit Environment’，unpublished thesis，University of Bradford：307.

③ Woolf，E. (1997) *Auditing Today*，6th edn，London：Prentice-Hall International：219－221.

④ Gwilliam，D. R. (1987) *A Survey of Auditing Research*，London：Prentice Hall/ICAEW：272.

这些定量方法大多是用数理统计的方法回归预测模型，即利用以往数据来预测本年应该产生的结果，再与本年实际情况进行对比并找出一些异常的变化，然后分析可能出现的错误。例如20世纪70年代晚期，德勤事务所就使用了STAR内部模型，这是该事务所1971年引进的由美国Haskins & Sells事务所发明的分步回归分析模型。STAR模型同样与统计抽样相联系，并且已经在全世界范围内使用过30 000次之多。[①]

然而，回归分析的适用范围可能没那么广泛。Gwilliam发现，事务所对使用回归分析（尤其是多元回归分析模型）没有很大的兴趣。到20世纪80年代中期，这一现象有了一些“细微的改变”。

> 通常比较简单且合理的测试是基于以前年度的数据做出的，或者偶尔与其他类似公司对比做出的。更为复杂的模型并没有在审计实务中广泛使用。这背后的原因有很多，但大体可以归结为：单个事务所很难构建出满意的预测模型；该模型很难识别出所有需要调查的异常项目；审计师很难获取模型需要的数据；审计师对这类复杂模型不够熟悉，也没有信心去使用这些模型。[②]

事务所一般只能开发出一些比较简单的模型，“大部分分析还是需要审计师（在大量证据基础之上）进行主观判断”。[③] 另外，Gray和Manson在1989年出版的教材中在比率分析方法上花了很多笔墨，却只用了三行文字来解释回归分析。[④] 此外，与1995年的SAS文件一样，

---

① McRae, T. W. (1982) *A Study of the Application of Statistical Sampling to External Auditing*, London: ICAEW: 160; Gwilliam, D. R. (1987) *A Survey of Auditing Research*, London: Prentice Hall/ICAEW: 273; Higson, A. W. (1987) ‘An Empirical Investigation of the External Audit Process. A Study of the Reaction of Professional Auditors to Recent Changes in the Audit Environment’, unpublished thesis, University of Bradford: 105.

② Gwilliam, D. R. (1987) *A Survey of Auditing Research*, London: Prentice Hall/ICAEW: 13, 419-420.

③ Ibid.: 193.

④ Gray, I. and Manson, S. (1989) *The Audit Process: Principles, Practice and Cases*, London: Van Nostrand Reinhold (International): 256.

Woolf 1997 年出版的教材完全忽略了回归分析。[①] Gwilliam 认为回归分析在美国使用范围更广[②]，但 1990 年出版的第 11 版《Montgomery 审计学》对此也是只字未提。[③]

实际上，分析性复核在实务中经常是高度主观的。[④] 永道会计师事务所的一位合伙人 Davis 在 20 世纪 90 年代中期认为，分析性复核处于其审计模型的第三个阶段（在交易事项的确认和系统性分析之后），并且为第四阶段的调查审计（investigatory audit）服务。Davis 认为，"审计实际上是对人的行为做出判断"，所以"判断是非常关键的"。[⑤] Higson 也认为从 20 世纪 90 年代开始，审计师变得更加关注对控制环境的分析，也更加倾向于用一种"自上而下的方法来确定经理人如何对业务进行管理"，或者"对管理层动机进行审计"。[⑥] 另一方面，Mason 总结了这种情况：

> 虽然分析性复核被认为是成本最低的检查方式，但是有证据表明审计师并不认可这些复核的有效性。因此，这导致一些审计师不得不更加依赖于细节测试来为其审计质量提供保障。[⑦]

---

① Woolf, E. (1997) *Auditing Today*, 6th edn, London: Prentice-Hall International.

② Gwilliam, D. R. (1987) *A Survey of Auditing Research*, London: Prentice Hall/ICAEW: 13.

③ Defliese, P. L., Jaenicke, H. R., O'Relly, V. M. and Hirsch, M. B. (1990) *Montgomery's Auditing*, 11th edn, New York: Wiley.

④ Higson, A. W. (1987) 'An Empirical Investigation of the External Audit Process. A Study of the Reaction of Professional Auditors to Recent Changes in the Audit Environment', unpublished thesis, University of Bradford: 306.

⑤ Davis, R. (1996) 'Serving the Public Interest', *True and Fair*, December 1995/January 1996: 6.

⑥ Higson, A. W. (1997) 'Developments in Audit Approaches: From Audit Efficiency to Audit Effectiveness?', in Sherer, M. and Turley, S. (eds)(1997), *Current Issues in Auditing*, 3rd edn, London: PCP: 201, 208.

⑦ Manson, S., McCartney, S. and Sherer, M. (1997) 'Audit Automation: Improving Quality or Keeping up Appearances?', in Sherer, M. and Turley, S. (eds), *Current Issues in Auditing*, 3rd edn, London: PCP: 240.

小　结

1980年前后，审计师采用了很多新型审计技术。他们开始通过正式的方法评价审计客户的固有风险、审计客户的内部控制风险以及审计师的审计风险。审计师花更多时间和精力来审计高风险、易出错的薄弱环节。重要性是产生于20世纪80年代的第二个概念，审计师更关注那些具有重大影响的账户。最后，也同样在1980年前后，审计师开始正式使用分析性复核来计划审计工作和复核审计结果。分析性复核包括：与客户以前年度数据对比、与类似企业数据对比以及对比一些重要科目的比率关系，如果发现一些异常变化则需要对此进行深入调查。但需要强调的是，这三种审计技术被审计师正式使用发生在传统审计方法被逐渐淘汰的大环境之下。虽然这些方法都有相应的统计分析技术，但统计分析技术很少被采用。审计师在实务中还是主要依赖古老的审计师工具——主观判断。

第九章　总　结

自维多利亚时代以来审计的演变

在之前的章节中，我们已经详细讨论了英国审计技术在一个多世纪内的发展过程。可以看出，审计技术的主要变化发生在刚刚过去的 40 年间，因为 20 世纪 60 年代之前的审计技术与最初的审计技术相比几乎没有什么变化。最初的账项基础审计有很多特征。比如审计师虽然看似在从事审计工作，但却还要为客户编制会计账簿。在这种情况下，大部分审计客户聘请审计师的主要目的其实是让审计师给他们编制年度账簿和报表，这种所谓的审计工作几乎包括编制账簿的所有工作（审计师大多是在不完整的会计记录基础上为客户编制报表的）。审计师的工作包括对各类账户进行结账，加总各类数字，进行试算平衡，编制利润表以及资产负债表，最后签名表示已经审计完成。审计师可能会在任意会计阶段进行审计工作，至于在哪一阶段接手则取决于被审计客户会计工作人员的会计能力。到 20 世纪 60 年代，几乎没有英国审计师从事的工作能称为“单纯审计”。彼时审计师所执行的并不是真正理论意义和法定意义上的审计，即并不是在获得客户完整账簿资料后对审计客户的准确性进行审计。

当然，尽管审计师在审计项目中需要进行会计工作，他们还是需要执行另外一些审计或稽核工作。典型的账项基础审计需要临时雇用大批实习生对交易进行确认，检查过账过程，以及加总各列数字。对规模较小的客户，审计师通常会检查所有的账簿，这是一项冗长且乏味的工作。虽然很难准确划分每一步工作所花费的时间，但是可以确定，在账项基础审计中大部分人工被用于检查交易以及检查从日记账到分类账的过账过程，真正被用于核实资产负债表中的资产和负债项目的时间和精力非常少。至于资产负债表项目的核实，审计师可能只是对关键的项目进行检查，甚至通常也只是进行存货价值评估。由于缺乏相应的检查能力，审计师经常会将管理层声明当作确定资产负债表项目准确性的证据。此外，由于审计步骤相当机械，当时的审计工作几乎没有任何规划，审计工作通常没有审计计划或者审计工作底稿，也几乎不关注审计客户的业务性质。

从 20 世纪 60 年代开始，账项基础审计发生了改变，表 9－1 清晰地反映了这一变化。我们用问卷调查的方式调查了一些审计师在其职业生涯中使用 6 种审计技术的频率，结果已经分别在表 3－1 至表 6－2 中列示。图 9－1 则用折线粗略地反映了在执行审计时“每次”都会或者“经常”使用这 6 种技术的被调查者占所有被调查者的比例。可以看到，在审计技术的整个发展趋势中有一个明显的拐点。20 世纪 50 年代之前，我们所选择的审计技术的使用比例变化趋势比较缓慢，但自此之后，此比例变化相当迅速并持续至 80 年代。50 年代，不足 15%的事务所在审计时“每次”都会或者“经常”使用我们所选择的 6 种审计技术。但到了 80 年代，这个比例增长到几乎 3/4。而且，该折线呈 S 形。[①] 到 90 年代，使用这 6 种审计技术的被调查者的比例又开始降低。这可能是由于过去可行的技术已经不适用于当时的新情况，抑或是影响审计技术的商业因素或者其他因素发生了改变，从而导致技术创新不断出现，进而使过去的技术不再那么恰当。我们将会在下面对这一问题进

① Griliches, Z. (1957) 'Hybrid Corn: and Exploration in the Economics of Technical Change', *Econometrica*, 25, October: 502.

行探讨。

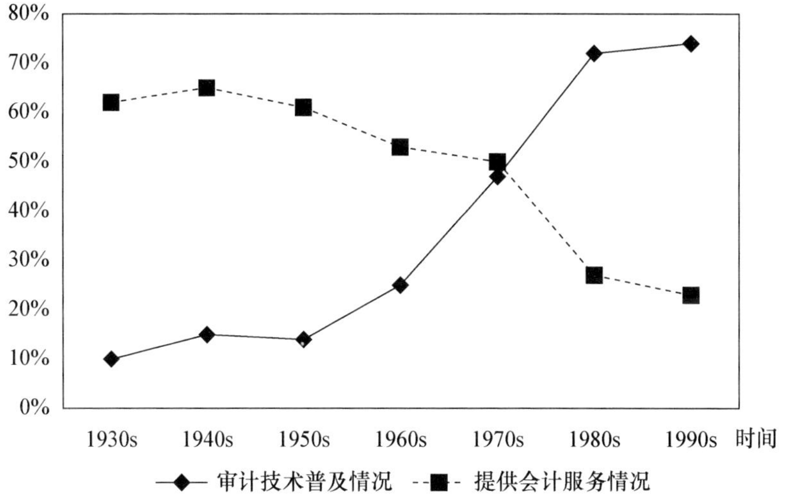

图 9-1 审计技术普及情况和提供会计服务情况统计

注：有关审计技术扩散的数据来源于表 3-1 至表 6-2 中被调查者回答审计时“每次”都会或者“经常”使用某一审计技术的平均值；有关提供会计服务情况的数据来源于表 2-2 中被调查者回答审计时“每次”都会或者“经常”向客户提供会计服务的统计结果。

上述这些变化，有些是因为原先的审计程序自 20 世纪 60 年代产生以来受到了质疑而被动发生的，有些则是随着 80 年代社会经济的发展自然产生的。大概从 1980 年开始，审计师在收集审计证据的时候会花费更多的时间去了解审计客户的业务和他们所处的市场状况，以及他们的业绩变化，这种审计方法即分析性复核。此外，伴随着这些技术创新的产生，审计的工作重点逐渐转变为由风险评估决定，同时受到重要性水平引导，而这两项技术本身也是审计技术创新的一部分。现在大部分审计直接关注那些被认为更容易出错的地方，而这些错误一般都会让报表使用者对账簿的内容产生重大误解。与此同时，80 年代发生的这些变化也导致审计师减少了对实际业务和内部控制系统的检查次数。而这些新产生的审计技术一般都鼓励审计师运用自己的职业判断进行审计，而没有规定严格的步骤或者要求使用类似回归分析等技术进行审计。

我们在调查问卷中要求被访者回答他们所认为的在整个职业生涯中最重要的变化。他们的回答及分析如表 9-1 和表 9-2 所示。如表 9-1

所示，大约有 1/3 的被调查者认为审计程序的变化不是最重要的变化，重要的变化是规则（包括会计规则、审计法规）的变化以及一系列其他事务，比如会计师事务所之间日益激烈的竞争、审计费用压力以及法律诉讼等。

表 9-1　在我职业生涯中变化最大的是……（总分类）

	人数	（%）
审计程序	910	65.5
规则	226	16.2
其他事务	254	18.3
总计	1 390	100

资料来源：问卷调查结果详见附录。

表 9-2　在审计程序中，最大的变化是……

	1960 年之前（%）	1980 年之后（%）	总计（%）
计算机与审计	20.8	19.2	19.4
内部控制和审计	10.7	13.4	11.3
审计文件（审计计划等）	9.6	5.5	9.8
数理统计与审计	7.0	3.1	5.9
资产负债表检验	9.0	2.4	5.7
分析性复核	2.0	10.3	5.2
风险	0.3	11.6	5.0
细节测试（减少）	6.2	2.7	4.8
测试程序（减少）	1.1	9.2	4.6
抽样	5.4	1.7	4.0
标记（减少）	3.1	4.5	3.3
管理建议书	6.8	3.4	2.9
聚焦业务	1.7	1.7	1.8
科学技术（变多）	1.7	0.7	1.7
主观判断	1.4	1.0	1.7
重要性	1.1	1.0	1.7
会计工作（减少）	1.7	0.0	0.9
其他	10.4	8.6	10.5
总计	100	100	100.2
	355	292	901

资料来源：问卷调查结果详见附录。

从表 9-2 中可以看到，约 2/3 的被访者认为变化最大的是审计程序，而审计程序中变化最大的是计算机。选择该选项的被访者几乎是排名第二的选择内部控制的被访者的两倍。除此之外的被提到的项目基本都是预料之中的。我们在调查的时候还让被访者分别回答在 1960 年之前和在 1980 年之后变化最大的审计程序。相比之下，前一组比后一组更强调审计文件、资产负债表和统计技术等变化的重要性；而后一组则更强调风险、分析性程序的增多以及细节测试的减少。另外，不管是分时期的统计数据，还是整体的统计数据，如果将细节测试、测试程序和标记这三项程序的减少归为一类进行统计，它们将是第二大重要的变化。很明显，被访的专家们感觉证据收集这一核心审计程序越来越被忽视。

除上述事项外，还有很多其他观点需要在此说明。如前所述，审计技术的演变过程有一个非常重要的特征：一些看似明显的创新或者巨大的变化实际上从来不是完全首创的。通常来说，那些被认为是最近产生的审计技术一般在审计产生之初就有雏形，都经历了非常漫长的发展历程。虽然不能说是所有的审计技术，但大部分审计技术与之前的技术相比只是强调的重点不同，而非完全否定或打破过去的技术，并且可以确定的是，20 世纪 60 年代实务中产生的新的审计技术在审计产生时就已经以某种形式存在。例如，一些会计师事务所在审计产生的时候就会制定审计计划并且保存各类审计工作底稿；库珀兄弟事务所的《审计手册》中的各项审计技术也不是第一次出现。再比如 19 世纪 80 年代，审计师在审计任何客户的时候都绝对不可能审计所有会计记录，那时的审计师已经开始采用抽样检查方法，尤其在审计铁路公司、大型公用事业公司以及金融机构的时候更是如此。检查客户的内部控制系统在早期同样有雏形，早期它被称为内部检查，审计师从专业审计出现之初便在一定程度上依赖于审计客户的内部控制系统。另外，审计重点转移至资产负债表也同样有其雏形，即早期的一些会计师事务所很早就参与到被审计客户的存货盘点中，有时也会向相关第三方寻求佐证。同样，早期的审计师也会针对他们发现的一些不合理的会计记录或者内部控制系统缺陷向客户提出建议并形成书面材料，这就是管理建议书的雏形。

至于20世纪八九十年代出现的分析性复核和风险评估技术，早期也出现过类似的程序。不管是过去还是现在，在账项基础审计中，审计合伙人或者审计经理在审计大客户时经常会直接将客户内部控制系统中最为薄弱的环节作为审计重点，同时将一些关键比率与以前年度的数据进行对比。此外，虽然现在有很多精妙复杂的统计技术可以用于分析性复核和风险评估，但实务中审计师还是更倾向于运用他们的职业判断，这种职业判断自审计出现之初便存在，审计师还以此为荣。最后，计算机的使用也有其源头，即20世纪30年代审计工具及机器的使用。这些机器在当时给审计师带来的问题和后来的电子计算机所带来的问题类似，只是影响程度较小。

上述审计方法在早期并没有广泛使用，直到后来才被写入审计规则，这反映出了审计发展的一个历史特征——同一时期不同会计师事务所之间存在相当大的实务差异。有些事务所承担其审计客户的会计工作，而有些则不做；有些事务所使用审计计划，而有些则完全不用；有些事务所参与存货盘点，而有些则从来不会；有些事务所使用统计抽样技术，而有些则故意避开；等等。Higson发现，“审计的多样性几乎存在于审计的所有领域”，并且这一现象一直延续至今。① 这些多样性一定程度上取决于会计师事务所合伙人自己的意愿，但最重要的还是因为审计客户存在多样性，尤其是客户规模的差异和管理活动的差别。正因如此，账项基础审计至今在一定程度上仍然存在。正如我们从表2-2中看到的，即便是20世纪90年代，在参加我们的问卷调查的被调查者中也有1/4的人表示他们经常为客户编制会计报表，并且这种现象通常发生在对小型公司的审计业务中。虽然在审计大型客户时，审计师已经基本不再提供会计服务，但直到20世纪90年代还是有许多企业出于某

① Higson, A. W. (1987) ‘An Empirical Investigation of the External Audit Process. A Study of the Reaction of Professional Auditors to Recent Changes in the Audit Environment’, unpublished thesis, University of Bradford: 128.

些原因请审计师为其做账，而这种审计业务的核心仍然是利润表的交易事项。也就是说，原本账项基础审计的一些因素至今仍然存在。

上述分析表明，前面图表所反映的变化并不代表审计质量或者水平的变化。与最近一些审计历史研究学者所持的观点不同（比如 Power① 和 Merino②），我们的研究并不是要证明账项基础审计比现在的审计方法更差或者更好，也不是要证明那些变化就代表着进步。我们想强调的是，沿用至 20 世纪 60 年代的账项基础审计确实与现在的审计规则有很大差异，但是并无水平上的差异。

最后，需要强调的是，本书主要是一本关于审计历史的书籍。虽然对审计做了相当多的调查，但对当今审计具体如何运行的相关解释比较少。例如，Woolf 对 20 世纪 90 年代使用的审计程序的重要性做了如下的对比：

> 如果内部控制有效的话，它有可能为审计师提供 1/3 的审计依据；假定客户向审计师提交的账簿是充分和适当的，可以从分析性复核中再获得 1/3 的审计证据；最后剩下的 1/3 审计证据，则必须由审计师通过对交易和资产负债表的实质性测试获得。③

但是他的分析没有提到风险评估，很明显这一论述需要进一步完善。我们的研究非常特殊的一点在于，我们可以很自信地分析清楚审计师在 100 多年前的工作，却无法清楚地分析审计师当前所做的一些工作，因为 20 世纪 90 年代的一些证据存在很多矛盾和冲突。因此，我们需要进行进一步的调查从而获得更多信息，比如了解实质性程序和符合性测试是如何组合搭配的，统计抽样的适用范围，分析性技术和风险分

---

① Power, M. K. (1992) 'From Common Sense to Expertise: Reflections on the Prehistory of Audit Sampling', *Accounting, Organizations and Society*, 17 (1): 40.

② Merino, B. D. (1998) 'Critical Theory and Accounting History: Challenges and Opportunities', *Critical Perspectives on Accounting*, 9: 606.

③ Woolf, E. (1997) *Auditing Today*, 6th edn, London: Prentice－Hall International: 171.

析具体扮演着怎样的角色，以及它们是怎样和计算机结合的等。我们还需要对当代的审计程序进行调查，但不能只调查会计师事务所的审计手册或者初级审计师或者高级审计师在审计事务中的所言所作（正如我们在本书中对审计历史的调查一样）。另外，最近不断发生的审计失败事件也使我们的研究具有更重要的意义。

下面对图 9－1 中展示的审计变革进行解释。

服务行业的技术变革理论

不同于拥有大量技术变革理论的制造业（比如详见 Mansfield[①]；Salter[②]；Rosenberg[③]；Freeman 和 Soete[④]），会计历史研究者在解释服务行业的技术变革时很难找到相关的理论支撑。这种现象的产生除了因为理论界和实务界一般都更关注传统工业，还有可能是因为服务业本身就和传统工业有很大的不同。我们暂时先不考虑最近 IT 业的发展，服务业与制造业最大的不同在于其变化不需要投入大量的资本，而这也是至关重要的差异，并且服务业一般不会产生废旧的机械设备。因此，经济学家的资本理论虽然可以解释制造业的创新，却无法解释服务业的创新。

事实上确实曾有一些关于服务业技术创新理论的研究。例如，Silber 曾经认为美国金融服务业在 20 世纪七八十年代的创新是因为对公司的金融管制减少，尤其是政府管制的减少。[⑤] 再如，Pearson 分析了英

① Mansfield，E.（1962）*The Economics of Technological Change*，London：Longman.

② Salter，W. E. G.（1969）*Productivity and Technical Change*，Cambridge：Cambridge University Press.

③ Rosenberg，N.（1982）*Inside the Black Box：Technology and Economics*，Cambridge：Cambridge University Press.

④ Freeman，C. and Soete，L.（1997）*The Economics of Industrial Innovation*，London：Pinter.

⑤ Silber，W. L.（1983）'The Process of Financial Innovation'，*American Economic Review*，73，May：89–95.

国保险行业在 1700—1914 年间的变化，总结出了一系列影响保险行业变化的因素：经济社会中的其他技术变革；保险公司的谨慎性传统；业务内在风险及其成本；保险行业的法律体系以及市场结构。[①] 可惜的是，与对制造业创新的深入分析相比，这些分析以及其他人的努力（比如 Podolski[②]）都没有形成一套服务业技术变革的理论。此外，服务业的研究人员一般也都将重点放在产品创新上。但是，本书所呈现的审计技术变化史集中于分析技术本身的变化而不是对审计产品的研究。这是因为审计产品几乎没有发生变化（此处暂不考虑审计是否为防止会计造假提供了保障，也不考虑与审计相关的辅助服务的变化，例如提供会计服务或者为管理层提供咨询等）。审计的产品就是审计师对被审计单位账户的意见，这些意见在审计报告中仅占了几句话的篇幅而已，这在本质上和 100 年前的审计报告是一样的。

因此，在没有相关理论支撑的情况下，我们在此专门探讨了服务业的技术创新。在前面章节的叙述中，我们提出了在这 100 多年间影响英国审计程序变化的主要因素，虽然我们的这些结论可能无法形成关于服务业技术变化的理论，但至少会在一定程度上对服务业技术变化的研究方向做出一定的贡献。

下面我们将首先探讨审计程序变化过程中影响相对较小的两个因素。

监管体系与审计目的

审计程序在一开始由成文法、判例法以及其他法规所规定，后来受到专业机构以及其他组织的影响，所以审计技术变革看似受到了这

---

① Pearson, R. (1997) 'Towards an Historical Model of Services Innovation: The Case of the Insurance Industry', *Economic History Review*, 2nd ser., L (2): 235-256.

② Podolski, T. M. (1986) *Financial Innovation and the Money Supply*, London: Basil Blackwell.

些因素的影响。比如，Silber[①]和 Pearson[②]调查发现，监管和法律因素是影响金融服务业的主要因素。但众所周知，会计监管变得迁就于实务的发展，而不是带领实务发展并把握其发展方向。[③] 所以对于审计实务来说，监管或许只能起到一点边际效应，即鼓励一些会计师事务所的审计技术与主流步调一致，或是在一定程度上推广审计技术。

《公司法》在一定程度上确实规定了审计师的一些职责，但是成文法从不具体规定如何进行审计，法律对审计的规定一般都非常笼统。比如 1990 年的《公司法》只是规定，审计师必须在对资产负债表审计以后才能编制审计报告，以说明报表是否正确反映了真实情况。1948 年的《公司法》还规定了审计师需要报告审计客户是否正确记账，即公司是否遵循了《公司法》的各项规定，比如管理层是否存在向公司借款的情况，如果存在该情况，是否在年报中已经进行了披露，等等。[④] 1967 年的《公司法》比 1948 年的《公司法》更为深入详细，要求审计师必须进行一些调查，以形成他们对被审计单位账簿的适当性和资产负债表及利润表的审计意见。但 de Paula 认为："审计师在每种情境下都应当根据自己的判断来决定审计步骤。"[⑤] 20 世纪 80 年代的一些法律则不再像之前的《公司法》一样专注于对审计师具体工作的规定。[⑥] 欧盟指令（EU Direcitives）以及 1989 年的《公司法》涉及审计师的资格认证、审计师的独立性、审计的质量、审计报告的格式以及审计师的培训等内容，但没有对审计师的具体审计工作

---

① Silber, W. L. (1983) 'The Process of Financial Innovation', *American Economic Review*, 73, May: 89-95.

② Pearson, R. (1997) 'Towards an Historical Model of Services Innovation: The Case of the Insurance Industry', *Economic History Review*, 2nd ser., L (2): 235-256.

③ Edwards, J. R. (1989) *A History of Financial Accounting*, London: Routledge: 212.

④ Bigg, W. W. (1951) *Spicer and Pegler's Practical Auditing*, 10th edn, London: H. F. L.: 213-214, 276, 303.

⑤ de Paula, F. C. and Attwood, F. A. (1976) *Auditing: Principles and Practice*, 15th edn, London: Pitman: 251-252.

⑥ Woolf, E. (1997) *Auditing Today*, 6th edn, London: Prentice-Hall International: 288-289.

做出规定。[①]

虽然法院的很多审判结果在某种程度上对审计师提出了诸多要求，但这些审判结果几乎不会深入到规定审计师完成审计的具体过程。法律审判结果对审计的约束还只是停留在笼统地要求审计师应该查明被审计单位的真实情况这一层面，而不会具体规定审计师应当执行哪些审计程序。比如在 1895 年的伦敦通用银行一案中，法院的判决只是强调审计师应当检查客户的账户，以“确定被审计公司的真实财务状况”。[②] 我们还发现，在 Kingston Cotton Mill 案中，法院似乎只关心审计师在存货盘点和估价时已经做了什么，并没有提出相应的要求。另外，Gerrard 案的判决虽然看似反映出 20 世纪 60 年代法院在存货审计方面对审计师有了更高的要求，但实际上这只是反映了当时整个社会对审计要求的变化。1976 年，de Paula 总结了过去的一些判例后提出如下建议：“(1) 审计师必须仔细检查被审计公司的会计系统、内部控制系统，并进行一些适当的调查；(2) 只要条件允许，审计师必须检查被审计公司资产的真实存在性。”但 de Paula 还说：“不同的判决相互之间也存在一些冲突。”[③] 但整体来讲，判例法和审计技术没什么特别的联系。虽然之后的一些判例法对审计做出了很多规定，比如 1990 年 Caparo 的审判案例规定了审计师对第三方的责任等，但是这仍然和审计技术没什么关系。[④]

行业规范对审计技术的影响可能要比法律大一些。ICAEW 自 1941 年开始发布建议书。这些建议书虽然没有规定审计师应当如何审计，但是会给审计师一些技术上的指导或建议，比如向审计师提供审计报告模板；指导审计师正确看待折旧；告诉审计师控制存货盘点的原则，但不

① Woolf, E. (1997) *Auditing Today*, 6th edn, London: Prentice-Hall International: chap. 9.

② Spicer, E. E. and Pegler, E. C. (1914) *Practical Auditing*, 2nd edn, London, H. F. L. (Publishers) Ltd: 199.

③ de Paula, F. C. and Attwood, F. A. (1976) *Auditing: Principles and Practice*, 15th edn, London: Pitman: 265.

④ Woolf, E. (1997) *Auditing Today*, 6th edn, London: Prentice-Hall International: 377-379.

要求审计师必须参与存货盘点等。[1] 1961年，ICAEW开始发布审计公告，这些公告对大多数审计实务具有指导作用，比如内部控制（1964）、函证（1967）、审计工作底稿（1969）以及关于计算机审计的相关事项（1969）。[2] 所有这些公告一般都不会强制要求其会员必须执行。

1980年，ICAEW的审计公告首次被英国审计实务协会（Auditing Practices Committee，APC）发布的审计公告代替。之后APC的公告又被英国审计实务委员会的公告替代。英国审计实务委员会是1991年根据1989年的《公司法》的规定成立的，其愿景是"推进审计准则的发展及审计水平的提高，为审计师完成其职责提供一套规范的审计制度构架"。[3] 该组织很快制定了很多审计准则，并且规定该组织有权剥夺审计师的执业资格。[4] 另外，还有一些组织负责控制审计质量，例如联合监督机构（Joint Monitoring Unit）。该机构有权进入会计师事务所，对事务所遵循审计准则的情况进行检查。[5] 要精确了解这些监管活动对审计实务的影响是不可能的，而当今很多规范性文件可能和之前的文件一样，对审计也只是产生了一点边际影响。这是因为审计标准公告虽然会被广泛借鉴，但是从来不会创造审计技术。Higson调查的大部分会计师事务所都认为，官方发布的审计准则对统一审计术语有较大影响，对新的审计程序的产生的影响却很小。[6] Woolf也提到，审计标

---

① Bigg, W. W. (1951) *Spicer and Pegler's Practical Auditing*, 10th edn, London: H. F. L.: 142-145, 219.

② de Paula, F. C. and Attwood, F. A. (1976) *Auditing: Principles and Practice*, 15th edn, London: Pitman: 268.

③ ICAEW (2000) *Auditing Standards and Guidance for Members*, London: ICAEW: 5.

④ Woolf, E. (1997) *Auditing Today*, 6th edn, London: Prentice-Hall International: 18-19; ICAEW (2000) *Auditing Standards and Guidance for Members*, London: ICAEW: 5-7.

⑤ Woolf, E. (1997) *Auditing Today*, 6th edn, London: Prentice-Hall International: 358.

⑥ Higson, A. W. (1987) 'An Empirical Investigation of the External Audit Process. A Study of the Reaction of Professional Auditors to Recent Changes in the Audit Environment', unpublished thesis, University of Bradford: 299.

准公告只是官方对当时的审计实务和程序的汇编。① 我们调查的一些事务所的负责人也认为，所有的规定对小型事务所影响比较大，这些规定让小型事务所和大型事务所一样遵从小型事务所认为的高标准审计方法。②

最后，审计目的有可能对审计过程产生影响。虽然历史研究学者不赞同精确划分审计目的的演变时间和背后发生变化的原因，但是舆论普遍认为在 20 世纪的前半段，审计目的从查找会计造假演变到验证会计报表。③ 审计目的的演变确实反映出了一些问题，例如审计重点从具体交易和利润表变成资产负债表等。此外，我们认为审计程序的变化没有推动审计目的从查找会计造假转变为核查会计报表，审计目的的变化是审计自身不断自然发展与演变所带来的。Lee 和 Chandler 等都认为审计目的的变化发生在 20 世纪 30 年代，因为从图 9 - 1 中可以看出，审计程序主要是 20 世纪 60 年代才开始发生变化的。

计算机：外生因素

如前所述，在审计程序中最大的变化就是计算机的引入，包括计算机前身的引入，因为它们的计算能力在质量上和规模上都已经明显超越了穿孔打卡机。但是我们不能只从审计发展历史的角度解释计算机的引入，因为它是一个外生的科技变革。正如我们在第七章中所

① Woolf, E. (1997) *Auditing Today*, 6th edn, London: Prentice-Hall International: 16.

② Matthews, D. and Pirie, J. (2001) *The Auditors Talk: An Oral History of a Profession from the 1920s to the Present Day*, New York: Garland: 435.

③ Lee, T. A. (1972) *Company Auditing: Concepts and Practices*, London: ICAS and Gee & Co: 23–26; Lee, T. A. (1979) 'Company Audits: 1840–1940', in Lee, T. A. and Parker, R. H. (eds), *The Evolution of Corporate Financial Reporting*, Sudbury-on-Thames: Nelson, 161–162; Edwards, J. R. (1989) *A History of Financial Accounting*, London: Routledge: 268–269; Chandler, R. A., Edwards, J. R. and Anderson, M. (1993) 'Changing Perceptions of the Role of the Company Auditor, 1840–1940', *Accounting and Business Research*, 23 (92): 454.

说，不管审计师如何尝试避免计算机的影响，最后只能尽力向它妥协。

IT 革命对审计的一些影响值得再次强调，即制造业科技变革中研究者所说的“副产品效应”。[①] 其中一个影响就是审计客户可以更方便地开展会计工作，到了 20 世纪 90 年代，即使是最小的公司也能通过计算机完成它们的会计工作，这可以说是审计师不再需要为客户做账的主要原因。第二个影响是，与之前的手工记账系统相比，计算机系统更难检查和验证，这促使审计重点转向审计客户自身的内部控制系统。绕过计算机展开审计是应对新科技的第一反应，这促进了制度基础审计方法的普及。当利用计算机审计逐渐普及时，制度基础审计并没有很大的改变。第三个影响是，计算机直接减轻了审计师面临的核算压力，甚至直接帮审计师省去了加总项目等旧式审计程序，并基本代替审计师完成了审计工作中最为枯燥乏味的部分（虽然早先的技术也早已实现了这一功能）。虽然难以对计算机替代了多少工作进行量化，但是计算机必然提高了审计师的工作能力。最后，IT 革命对审计最明显的影响便是引入了抽样方法。我们之前已经讨论过，统计抽样方法的普及归功于自 20 世纪 70 年代以来计算机的使用。分析性复核的使用也至少部分得益于计算机。

但是，计算机不是改变审计的唯一因素。我们从图 9－1 中可以看到，早在 IT 革命之前，审计已经开始迅速变化，我们接下来分析造成审计程序变化的其他因素。

美国审计及其对英国审计的影响

美国审计对英国审计的影响是本书的另一个主题。很明显，在过去的 100 年间，英国审计创新（或者审计术语）无一例外都起源于美国。

---

① Trebilcock, C. (1969), '“Spin-off” in British Economic History: Armaments and Industry 1760–1914', *Economic History Review*, 2nd ser., 22, December 1969.

这些美国创新可以编制成一张巨大的列表：审计工作底稿、审计抽样、统计抽样、实质性程序和符合性测试、资产负债表审计、内部控制、内部控制调查问卷、审计流程图、存货盘存、对债务人的函证、中期和期末审计报告、重要性、风险评估和分析性程序等。但问题也随之而来：这些美国审计的创新是否直接导致了英国审计方法的创新和发展？为了回答这一问题并真正理解英国审计的演变，我们必须首先绕过英国审计，看看美国审计的发展历史，但是我们发现美国的审计史研究比英国的审计史研究更加不足。

一些研究发现，铁路公司的内部审计在美国最早可以追溯到19世纪20年代。这个时间可能早于英国铁路公司内部审计出现的时间。[①] 在英国，这种内部审计主要用于发现公司内部的账务造假，并且一般由专门的会计人员执行，受审计委员会的监督。到40年代，在股东审计委员会的推动下，由专业会计师出具的外部审计报告和铁路公司的财务报告经常一起公布。[②] 不过在美国，独立审计这一概念直到70年代才产生，而英国在此之前就已出现独立审计，美国学习了英国的独立审计模式。[③] Chatfield认为英国人将账项基础审计带到美国但没有考虑美国的具体情况，对于英国人而言，“检查管理层履行职能的情况主要依赖于对账簿的详细检查。即使是在审计大型企业

① Previts, G., Samson, W. D. and Flesher, D. L. (2001) ‘The Audit Committee of the Baltimore and Ohio Railroad: 1827-1830’, paper presented at 13th Annual Conference of the Accounting and Business History Research Unit, Cardiff Business School.

② Boockholdt, J. L. (1988) ‘A Historical Perspective on the Auditor’s Role: The Early Experience of the American Railroads’, in Lee, T. A. (ed.), *The Evolution of Audit Thought and Practice*, New York: Garland: 70, 74.

③ Boockholdt, J. L. (1988) ‘A Historical Perspective on the Auditor’s Role: The Early Experience of the American Railroads’, in Lee, T. A. (ed.), *The Evolution of Audit Thought and Practice*, New York: Garland: 77; Moyer, C. A. (1988) ‘Early Developments in American Auditing’, reprinted in Lee, T. A. (ed.), *The Evolution of Audit Thought and Practice*, New York: Garland: 3; Matthews, D., Anderson, A. and Edwards, J. R. (1998) *The Priesthood of Industry: The Rise of the Professional Accountant in British Management*, Oxford: Oxford University Press: 244.

的时候，审计师也需要检查所有的现金发票、交易存根和调整记录”。[①] Chatfield 还认为，英国审计的目的和美国不一样，英国审计是为了寻找可能导致公司倒闭的会计造假。Chatfield 还提到，“在英国，账项基础审计还是必要的。因为账簿错误很常见，员工挪用公款的情况也很常见，审计师需要进行详细的检查来更正账簿错误并平衡账簿”。我们可以发现，Chatfield 的主要意思是英国审计师需要为其客户记账，虽然美国审计师也经常为其客户编制最后的资产负债表，但在美国审计中会计服务并不重要。

美国审计随后迅速形成了自己的特色。Montgomery 的第 1 版《审计学》充分展现了美国审计与英国审计的差异。[②] 查找公司内部造假和会计错误不是美国审计的主要目的，取而代之的是审核公司财务状况，并保护所有者、管理层、银行家以及投资者的利益。因此，正如我们在第六章所说的，相较于记账式审计，Montgomery 更支持先进的资产负债表审计。在第一次世界大战之前，美国审计还是比较细致的，并且可能还没有与英国审计形成巨大差异。但是在第一次世界大战结束后至第二次世界大战开始之前，美国的审计重点发生了转变，开始聚焦于资产负债表以及审计客户的内部控制，此时美国审计实务已经基本“背离”了英国审计。第一位同时拥有英美两国审计经验的英国会计师 Arthur Lowes Dickinson，在 1932 年以普华事务所合伙人的身份宣布：“美国审计实务从英国学习了审计惯例，并进一步往更高的层次发展。”[③]

以前的学者已经讨论过美国审计发展方向不同于英国审计发展方向的三个原因。首先，Moyer 认为，美国审计师由于处于不同于英国的法律环境中，因此厌恶账项基础审计。具体来说，美国没有类似于英国 1900 年《公司法》的法律，因此美国公司不需要强制接受审计师的审

① Chatfield, M. (1977) *A History of Accounting Thought*, New York: Robert E. Krieger Publishing: 126.

② Montgomery, R. H. (1912) *Auditing*, 1st edn, New York: Ronald Press: 8-10.

③ Edwards, J. R. (1976) 'The Accounting Profession and Disclosure in Published Reports 1925-35', *Accounting and Business Research*, 6, Autumn: 302.

计。Moyer 表示，缺乏法律的强制力产生了两个影响：美国审计师一方面必须使自己变得对其客户有价值，另一方面必须降低服务成本。早期美国审计师可能比英国审计师更需要讨好他们的审计客户，而详细版本的审计报告可能就由此产生。至于降低服务成本，Moyer 认为："从一开始美国审计就需要向审计单位的经营者和董事证明其每笔审计费用是有道理的，是值得的。通过详细账簿审计来检查管理层的受托责任履行情况的成本高于收益，因此需要寻找一种可以代替详细账簿审计的方法。"[①] 正如 Montgomery 所言："让一大批初级审计师投入数周的时间来检查基本的交易，或者通过各种可能的方法检查管理层认为已经无误的交易记录，可能使管理层认为没有必要花钱进行审计。"[②] Moyer 认为，节省费用这一目的就意味着美国审计师很早便开始使用抽样审计并评估审计客户的内部控制系统。[③]

但是，Moyer 认为法律结构的不同是引发美国和英国审计差异的核心原因这一说法还是有一些问题的。英国审计师在审计的时候同样需要向他们的审计客户提出建议，并且解答美国审计师是否真的比英国审计师更需要为其客户节省费用这一问题，还需要对两国的相关审计费用进行深入调查。此外，这种将法律作为首要影响因素的观点还有一个公认的弱点，即英美两国在审计法规上的差异只存在于 20 世纪 30 年代之前。1933 年美国纽约证券交易所（New York Exchange）要求所有拟上市和已经上市的公司都必须接受审计。另外，1934 年美国《证券交易法》要求所有在美国上市的公司有义务接受审计。[④] 但这些规定貌似并没有对美国审计的目的或者方法产生任何影响，这就能反映出

---

① Moyer, C. A. (1988) 'Early Developments in American Auditing', reprinted in Lee, T. A. (ed.), *The Evolution of Audit Thought and Practice*, New York: Garland: 123-128.

② Montgomery, R. H. (1934) *Auditing*, 5th edn, New York: Ronald Press: 64-65.

③ Moyer, C. A. (1988) 'Early Developments in American Auditing', reprinted in Lee, T. A. (ed.), *The Evolution of Audit Thought and Practice*, New York: Garland: 128.

④ Tricker, R. I. (1982) 'Corporate Accountability and the Role of the Audit Function', in Bromwich, M., Hopwood, A. G. and Shaw, J. (eds), *Auditing Research: Issues and Opportunities*, London: Pitman, 53-68; Mitchie, R. C. (1987) *The London and New York Stock Exchanges*, 1850-1914, London: Allen and Unwin: 34, 169, 197, 264, 272.

1933 年前的法律缺失并不是引起美国审计与英国审计产生差异的主要原因。① 虽然在 20 世纪 30 年代之后，英国和美国的上市公司审计拥有了类似的法律基础，但实务中它们还是在朝着不同方向发展，同时逐渐变成由美国审计引领英国审计发展。但在另一种情况下，两国的法律差异十分重要，我们将会在后面进行分析。

对英美两国审计差异的第二种解释是它们在资本市场方面的差异。在英国，即使是相当小的公司也能以直接融资的形式对外融资，在 1900 年就有 13 000 家公司在伦敦证券交易所上市融资。但在美国，向银行融资则是公司的惯例，在第一次世界大战之前，即使是那些最大的制造业公司也很少在华尔街上市融资。② Littleton 调查后认为，美国"激发（外部审计产生）的最大因素可能是债权人的需求，尤其是银行的需求。他们需要得到公司可靠的财务信息作为他们借贷业务的依据"。③ Moyer 同样认为美国审计"建立在银行家对借款申请人可靠财务信息的需求之上"。④ 审计师经常受聘于债权人，而在 1895—1905 年间，这种审计需求由于受到类似摩根大通这样的公司的并购业务的推动而迅

---

① Montgomery, R. H., Lenhart, N. J. and Jennings, A. R. (1949) *Montgomery's Auditing*, 7th edn, New York: Ronald Press: 5; Chatfield, M. (1977) *A History of Accounting Thought*, New York: Robert E. Krieger Publishing: 132-133; Cochrane, G. (1979) 'The Auditors Report: Its Evolution in the U. S. A', in Lee, T. A. and Parker, R. H. (eds), *The Evolution of Corporate Financial Reporting*, Sudbury-on-Thames: Nelson: 178; Zeff, S. A. (1979) 'Chronology of Significant Developments in the Establishment of Accounting Principles in the United States, 1926-1978', in Lee, T. A. and Parker, R. H. (eds), *The Evolution of Corporate Financial Reporting*, Sudbury-on-Thames: Nelson: 209.

② Howitt, Sir H. (1996) *The History of the Institute of Chartered Accountants in England and Wales 1880-1965, and its Founder Accountancy Bodies 1870-1880*, London: Heinemann: 40-42; Cottrell, P. L. (1980) *Industrial Finance*, 1830-1914, London: Methuen: 124; Jones, E. (1981) *Accountancy and the British Economy 1840-1980: The Evolution of Ernst & Whinney*, London: Batsford: 50-52; Kennedy, W. P. (1987) *Industry Structure, Capital Markets and the Origins of British Economic Decline*, Cambridge: Cambridge University Press: 124, 133; Edwards, J. R. (1989) *A History of Financial Accounting*, London: Routledge: 201-202.

③ Littleton, A. C. (1981) *Accounting Evolution to 1900*, Alabama: University of Alabama Press: 24-25.

④ Moyer, C. A. (1988) 'Early Developments in American Auditing', reprinted in Lee, T. A. (ed.), *The Evolution of Audit Thought and Practice*, New York: Garland: 127.

速增长。[①] 因此，为了满足美国银行家的需求，资产负债表审计被推广开来。因为要了解债务人的短期借贷偿还能力，债权人需要对债务人的流动资产和流动负债的关系做出判断。[②] 所以，资本市场方面的差异可能引起了早期英美两国在审计方面的差异。但是问题在于，资本市场的差异最晚持续至 20 世纪 60 年代，因为在此以后英美两国的资本市场和审计需求基本趋同（即这种理论无法解释 20 世纪 60 年代后两国的审计差异）。

造成英美两国审计差异的第三个原因，或者是最重要的原因，可能是各自客户的规模差异。很多学者提到，美国审计的一个特点就是审计客户的规模都很庞大[③]，但是这种规模差异所带来的影响还没有被充分论证。

近几年的审计历史主流研究（例如 Wardley[④] 和 Schmitz[⑤] 的研究）忽略了客户的规模差异。然而，美国公司的平均规模在很早以前已经大于英国公司了。Wardley 和 Schmitz 收集的证据是有缺陷的，比如他们编制的第一次世界大战前美国最大公司的列表就遗漏了一些公司。实际上，我们很简单地就能看出英美两国公司在规模上的差异。在 19 世纪，美国铁路公司拥有的铁路长度是英国铁路公司的 10 倍[⑥]，这一铁路规

---

① Chandler, R. (1997) 'Judicial Views on Auditing from the Nineteenth Century', *Accounting History*, 2 (1): 186; Littleton, A. C. (1981) *Accounting Evolution to* 1900, Alabama: University of Alabama Press: 27; Tricker, R. I. (1982) 'Corporate Accountability and the Role of the Audit Function', in Bromwich, M., Hopwood, A. G. and Shaw, J. (eds), *Auditing Research: Issues and Opportunities*, London: Pitman: 55.

② Littleton, A. C. (1981) *Accounting Evolution to 1900*, Alabama: University of Alabama Press: 31.

③ Lee, T. A. (1972) *Company Auditing: Concepts and Practices*, London: ICAS and Gee & Co: 24; Lee, T. A. (1979) 'Company Audits: 1840-1940', in Lee, T. A. and Parker; R. H. (eds), *The Evolution of Corporate Financial Reporting*, Sudbury-on-Thames: Nelson: 161; Chandler, R. A., Edwards, J. R. and Anderson, M. (1993) 'Changing Perceptions of the Role of the Company Auditor, 1840-1940', *Accounting and Business Research*, 23 (92): 456.

④ Wardley, P. (1999) 'The Emergence of Big Business: The Largest Corporate Employers of Labour in the United Kingdom, Germany and the United States', *Business History*, 41 (4): 88-116.

⑤ Schmitz, C. J. (1993) *The Growth of Big Business in the United States and Western Europe*, 1850-1939, Cambridge: Cambridge University Press.

⑥ Wilson, J. F. (1995) *British Business History*, Manchester: Manchester University Press: 39.

模的差异同样也能反映制造方面的差异。比如在1903年，美国钢铁公司（US Steel）是美国最大的制造商，拥有168 127名员工[①]，而英国同时期的最大制造商优质棉花纺织机联合体（Fine Cotton Spinners and Doublers）大约只有30 000名员工。与美国钢铁公司相比，英国最大的钢铁公司Guest，Keen and Nettlefolds（GKN）也只有21 710名员工（该规模相当于美国第八大公司的规模）。1912年，美国钢铁公司根据市场价值计算，其规模是英国最大公司J & P Coats规模的2.5倍。一一对比两国排名相对靠后的公司，我们发现规模差距不断扩大。[②] 美国规模排第45位的公司American Locomotive的规模是英国同等排名公司惠特布雷德公司（Whitbread）的4.5倍多。进一步研究发现，直至今天，英美两国客户规模的差异仍然存在，并且还在慢慢扩大。2000年，美国最大公司（微软，Microsoft）的市值是英国最大公司（荷兰皇家壳牌集团，Royal Dutch Shell）的3倍（该公司与荷兰合营）；而美国排名第45位的公司（美国富国银行，Wells Fargo）大约是英国同等排名公司（瀚纳仕，Hays）的5倍多（*Financial Times* 2000：7-11）。

此外，在1933年之前，美国只有大公司（前10%的公司）会向专业会计进行咨询或者主动聘请会计师进行审计，在此之后只有上市公司才被强制要求接受审计。[③] 相比之下，英国一些规模较小的公司都要接受审计。如表2-1所示，从数字上看，那些小公司支撑了英国的审计市场，是审计客户的主体。这一现状可能与之前所说的法律结构的差异有关，但更有可能是由于各自资本市场的不同。因为英国的很多小公司（在1908年被定义为私人公司）在被强制要求遵循1900年的《公司法》前已经选择了接受审计师的服务，而在此种审计业务中，审计师的会计

① Wardley, P. (1999) 'The Emergence of Big Business: The Largest Corporate Employers of Labour in the United Kingdom, Germany and the United States', *Business History*, 41 (4): 107.

② Schmitz, C. J. (1993) *The Growth of Big Business in the United States and Western Europe*, 1850-1939, Cambridge: Cambridge University Press: 23.

③ Montgomery, R. H. (1912) *Auditing*, 1st edn, New York: Ronald Press: 195.

角色强于审计角色。[①]

正如 Keeble 和其他学者总结的，美国的审计客户不仅是规模上大于英国，其管理水平和专业化程度也要高于英国。[②] Chandler 也曾提到，20 世纪前半叶大型英国公司依然是以家族企业为主，而美国的那些巨头已经形成了集团公司式的公司架构，管理方式更为专业，管理职责更为明确。例如，美国铁路公司（American Railway）的管理水平基本超过同期所有的英国公司，并且该公司早在 19 世纪 50 年代就开始利用财务信息进行决策。Chandler 认为："到 1860 年，美国铁路公司雇用的会计师和审计师可能比州政府或者联邦政府还要多。"[③] 正如第二章所讨论的，这个时期英国铁路公司的会计账簿还是一片混乱。1899 年，一位到美国考察的英国人被他所看到的情况吓到，他发现（英国铁路公司）不仅在交通设计方面明显落后于美国，而且在组织管理模式和会计系统方面也都大大落后于美国。英国公司过时的管理组织模式以及混乱的会计记录和统计方法都为美国管理者所不齿。[④]

对于工业企业而言，公司的巨大规模就意味着对先进会计系统的需求，只有如此才能帮助其管理业务。Chandler 发现，早在 19 世纪 70 年代，美国人就有了完善的财务部门，并且正如第五章所分析的，美国人对内部控制的利用水平也大大超过了英国人。Chandler 将美国钢铁公司在 1902 年发明的会计模式作为证据，证明同时期英国会计的落后。[⑤] 他对比后发现，直到 20 世纪 30 年代，得益于 de Paula 的创新，同样的会计模式才出现在英国 Dunlop 公司之中（当时该公司规模还只是 30 年前

---

① Matthews, D., Anderson, A. and Edwards, J. R. (1998) *The Priesthood of Industry: The Rise of the Professional Accountant in British Management*, Oxford: Oxford University Press: 245.

② Keeble, S. P. (1992) *The Ability to Manage: A Study of British Management 1890–1990*, Manchester: Manchester University Press.

③ Chandler, A. D. (1977) *The Visible Hand: The Managerial Revolution in American Business*, Cambridge, MA: Belknap: 110.

④ Irving, R. J. (1976) *The North Eastern Railway Company 1870–1914: An Economic History*, Leicester: Leicester University Press: 218.

⑤ Chandler, A. D. (1990) *Scale and Scope: The Dynamics of Industrial Capitalism*, Cambridge, MA: Belknap: 455.

的美国钢铁公司的1/6，并且只拥有28 000名员工)。① Chandler收集并分析了很多美国大型公司20世纪20年代的财务系统，做出了如下总结：

> 美国很多工业企业逐渐开始立足于企业过去和当下的业绩表现，结合对未来市场和经济环境的分析来进行日常运营、对外投资和战略决策。②

美国公司的规模和专业化管理水平（有可能是自然产生的）对外部审计性质的影响主要体现在三方面：第一，美国公司呈现给审计师的账簿体系更为完整，甚至可以把试算平衡表直接提供给审计师，并且“即使试算平衡表有误也不需要审计师花时间去修改”。③ 这不是当时英国审计师能达到的水平。也就是说，美国很早就开始了“单纯审计”。这可能就说明不是法律体制而是公司规模导致美国审计师更需要向客户提供有用的建议，以证明自身存在的意义。这也说明美国审计师不同于英国审计师，他们不需要检查账簿计算的准确性，而只需要检查客户的业务，并将审计重点放在资产负债表上。

第二，在美国，客户规模巨大并且在不断增长，这意味着审计师的审计速度必须比历史上任何时候都要快。或者说，“随着美国公司规模的不断增长，减少对账簿细节的审计时间对审计师来说越来越必要”。④

---

① Johnman, L. (1986) ‘The Largest Manufacturing Companies of 1935’, *Business History*, XXVIII (2).

② Chandler, A. D. (1962) *Strategy and Structure: Chapters in the History of the Industrial Enterprise*, Cambridge, MA: MIT Press: 60-61; Chandler, A. D. (1977) *The Visible Hand: The Managerial Revolution in American Business*, Cambridge, MA: Belknap: 222-223, 268, 386, 404, 408, 431.

③ Montgomery, R. H. (1934) *Auditing*, 5th edn, New York: Ronald Press: 73; Chandler, A. D. (1962) *Strategy and Structure: Chapters in the History of the Industrial Enterprise*, Cambridge, MA: MIT Press: 212, 230; Myers, J. H. (1985) ‘Spiralling Upward: Auditing Methods As Described By Montgomery and His Successors’, *The Accounting Historians Journal*, 12 (1): 63.

④ Chandler, R. A., Edwards, J. R. and Anderson, M. (1993) ‘Changing Perceptions of the Role of the Company Auditor, 1840-1940’, *Accounting and Business Research*, 23 (92): 456.

所以，美国公司巨大的规模也解释了抽样审计更早生根于美国的原因。

第三，美国公司管理专业化的水平意味着美国审计师可以比英国审计师更早提高他们对审计客户内部控制的依赖程度。这同样留给美国审计师更多的时间专注于资产负债表。

综上所述，造成早期美国审计与英国审计产生差异的原因可能是审计客户面对的不同的法律体系及金融体系，但最重要的原因绝对是审计客户的规模差异。自第一次世界大战以来，美国审计师为那些拥有合理财务体系的大型公司提供服务，他们不需要为后者做账，只需要对公司资产负债表的准确性和有序性进行审计，以帮助企业从银行获得融资。美国审计的重点在很早以前就放在资产负债表上了。因此，一方面，公司巨大的规模和有序的管理体系意味着会计师事务所必须很早就开始频繁依赖审计抽样和审计客户的内部控制系统；另一方面，与英国审计相比，美国审计师的超级客户拥有更好的内部控制系统和内部审计部门，使得审计师有条件这么做。基于上述原因，美国审计采用资产负债表审计的时间可能比英国早了 40～50 年。

这些分析也解释了前面提及的为什么英国总是从美国获得审计创新的问题。但随之而来的问题就是美国审计对英国审计的创新和发展的影响程度究竟有多大。换句话说，英国审计的创新和发展是照搬了美国审计还是仅仅参考了美国审计？

美国审计理念在英国的传播途径有很多。首先是通过美国会计师事务所，安达信事务所 1957 年在英国设立了分所，带来了它的审计理念。① 一位来自安达信会计师事务所的人回忆道：

> 20 世纪 60 年代，安达信和别的事务所很不一样，因为它拥有从美国引进的所有的审计技术。安达信事务所的审计过程及其框架与英国的老牌事务所非常不同。到了 60 年代后期，这些老牌的英

① Matthews, D., Anderson, A. and Edwards, J. R. (1998) *The Priesthood of Industry: The Rise of the Professional Accountant in British Management*, Oxford: Oxford University Press: 44.

国事务所开始改变自己的业务过程。

（对 Plaistowe 的访谈）

第二，英国很多主要的会计师事务所，如库珀兄弟事务所、普华事务所和德勤事务所等在美国拥有分所，或者和美国事务所合作，它们也可能会成为理念沟通的渠道。[①] 第三种可能的原因可用一位被访者的回答来解释："在整个 60 年代，有大量的美国人在英国投资，他们大量收购英国公司，或者对英国公司进行投资，从而对英国公司的运营产生影响。他们的审计师自然必须遵循他们所信奉的审计规则"（对 Hardcastle 的访谈）。我们已经提过，美国公司在英国的分公司坚持要求其英国审计师采用美国审计惯例，比如参与存货盘存。另外，一些书籍比如库珀的《审计手册》专门单独介绍了如何审计美资公司。

但是，美国公司对英国审计可能最多只有边际影响，不像库珀兄弟、安达信等事务所对英国审计实务产生的影响那么明显。毕竟美国公司在英国的分支机构只是英国会计师事务所客户中的一小部分，大部分客户并不是美国的投资公司或者合资公司。此外，英美两国审计技术的差异或者英国审计对某些审计技术的忽视并不代表英国审计落后。正如前面提到的，审计师在很早以前就或多或少地使用过大部分审计方法，只是这些方法在 10 多年后才推广普及开来罢了。在后面的论述中，我们认为英国审计的发展是根据自身的发展规律和本国实际情况推进的，简单回顾美国审计历史则有助于我们发现英国审计发展的自身原因。

大客户和"单纯审计"的发展

我们在第二章中提到，在专业审计产生的初期，审计师在审计一些

---

① Matthews, D., Anderson, A. and Edwards, J. R. (1998) *The Priesthood of Industry: The Rise of the Professional Accountant in British Management*, Oxford: Oxford University Press: 53-55.

规模非常大的英国公司（主要是一些企业集团）时，一般都会按照美国人的审计路径进行审计。但大部分英国公司（包括大公司）在规模和组织形式上都落后于美国公司，而且这有可能是影响英国审计性质的主要因素。因为英国审计师经常被要求为他们的客户记账，因此他们只能专注于检查利润表中的具体交易及所有相关信息，比如交易计算的准确性，这最终影响了英国的审计模式。类似地，由于他们的客户规模都比较小，因此英国审计师对抽样审计的依赖程度比美国审计师低，使他们无法像美国审计师那样利用客户的内部控制系统进行审计。因此，英国审计师一般不能像美国审计师那样专注于资产负债表审计。

如果导致英美两国审计在 20 世纪前半期的差异的主要原因是公司规模和专业化水平，那么这意味着英国审计在 20 世纪后半期必将快速发展。这是因为英国公司在这一时期一直在不断扩张和专业化，甚至日益变得和美国企业一样专业化，这也解释了为什么英国审计在随后能迅速发展并日益接近美国审计水平。

但商业历史研究学者，尤其是 Wardley，都低估了英国公司在 20 世纪上半叶的成长速度。[①] 在评估公司规模的时候，研究人员都不可避免地遇到用什么指标进行衡量的问题。当时的部分人使用总资产作为评估指标，但该指标存在估值和物价水平变化等历史问题。Wardley 选择的指标是市场价值，同样由于受到股票市场价格波动的影响而存在缺陷。尽管如此，Wardley 认为在不变价格下，英国 1985 年的最大公司（英国电信，British Telecom）与 1904 年和 1905 年的最大公司（中部铁路公司）相比，前者只有后者的 3 倍大，这一增长率低于平均经济增长速度。但是，在 1904—1905 年，英国前 10 大公司（以及前 50 大公司中的 22 家）都是铁路公司，而在 1985 年的统计中，铁路公司被排除在样本以外。显然，这种对比应当建立在类似样本的基础上。进一步分析可以发现，英国 1985 年的最大公司是 1904—1905 年最大非铁路公司（J & P Coats）的 10 倍多。另外，即使把铁路公司考虑进去，2000 年

① Wardley, P. (1991) ‘The Anatomy of Big Business: Aspects of Corporate Development in the Twentieth Century’, *Business History*, 33 (2): 282.

价值最大的公司（BP Amoco）也已经是1904—1905年最大公司（中部铁路公司）（同时考虑了通货膨胀因素）的14倍之多。当然，这主要是因为股票市场的暴涨，但这也反映了股价变化（对公司估价）的重大影响（*Financial Times* 2000：7-11）。

尽管没有一个绝对的标准，但就我们的研究目的而言，员工人数可能是最好的衡量公司规模的指标，因为它避免了价格变化的影响，同时，就客户的规模和复杂性而言，它可能是量化审计师任务的最佳指标。因此我们用员工人数作为规模的替代变量，在表9-3中展示了1907—2000年间英国前50大公司的规模增长过程。但不足之处在于图表数据还受到了1907—1955年的合并和国有化浪潮的干扰，并且表9-3没有反映出1907—1955年间最大的非铁路公司的员工规模的变化，比如，1907年优质棉花纺织机联合体有30 000名员工，1935年联合利华有60 000名员工，是规模最大的非铁路公司，1955年英国化学工业公司（ICI）拥有115 306名员工。[①] 表9-3反映出在1935—1970年间，排名第10，25和50的公司的员工人数大约是前一时期同等排名公司的3倍。假设在此期间，每个员工的人均产出在每个阶段都比上一阶段增长了74%，那么这意味着这些公司在该时期以5倍的速度增长。按固定价格计算，该增长速度大约是这一时期GDP增长速度的2.4倍。[②] 表9-3同样也反映出，1955年以后的增长速度要快于1955年以前的速度。

表9-3　英国前50大公司员工规模（1907—2000年）

员工规模		公司	比上期增长率（%）
1907年			
最大	77 662	伦敦西北部铁路公司	
第10大	25 000	Armstrong（Sir W. G.），Whitworth	
第25大	12 000	Joicey（Sir James）	
第50大	6 147	Associated Portland Cement Manufacturers	

① Jeremy，D. J.（1998）*A Business History of Britain*，Oxford：Oxford University Press：93-114.

② Leisner，T.（1989）*One Hundred Years of Economic Statistics*，London：The Economist Publications：13，38.

续表

员工规模		公司	比上期增长率（%）
1935 年			1907—1935 年
最大	222 220	伦敦中部和苏格兰铁路公司	6.6
第 10 大	30 000	Guest，Keen & Nettlefolds	0.7
第 25 大	18 697	Boot's Pure Drug	2.0
第 50 大	10 000	Combined Egyptian Mills	2.2
1955 年			1935—1955 年
最大	115 306	帝国化学公司	−2.4
第 10 大	60 000	Woolworth（F. W.）	5.0
第 25 大	26 000	Rank Organisation/Odeon Theatres	2.0
第 50 大	18 104	Smith（W. H.）	4.1
1970 年			1955—1970 年
最大	228 000	英国通用电气公司	6.5
第 10 大	93 329	F. W. Woolworth	3.7
第 25 大	52 400	Metal Box	6.8
第 50 大	33 400	Bowater Paper	5.6
1980 年			1970—1980 年
最大	188 000	英国通用电气公司	−1.8
第 10 大	101 387	Consolidated Goldfields	0.9
第 25 大	57 000	Sears Holdings	0.9
第 50 大	36 000	Hanson Trust	0.8
1990 年			1980—1990 年
最大	247 912	英国电信公司	3.2
第 10 大	109 501	BRT	0.8
第 25 大	64 900	Rolls Royce	1.4
第 50 大	39 189	Rank Hovis McDougall	0.9
2000 年			1990—2000 年
最大	191 407	Compass Group	−2.3
第 10 大	85 113	Lloyds TSB Group	−2.2
第 25 大	54 350	Glaxo Wellcome	−1.6
第 50 大	35 517	GKN	−0.9

注：不包括国有企业和外企。

资料来源：Jeremy 1991：93-114. ①

① *Times 1000*；金融时报 500。

这一增长水平为 Hannah 的产业集中研究数据所印证。英国工业企业 100 强的净产出总量自 1930 年开始一直停滞不前，但从 1948 年开始，增长率从 22%提高到 1978 年的 41%[①]，在 1990 年又稍微下降至 37.5%（*Business Monitor*：*Report on the Census of Production*）。Hannah 认为，不断加剧的产业集中完全是由企业并购引起的。企业兼并势头从 1950 年以一个较低的起点开始，在 20 世纪 60 年代达到高峰。1957—1967 年间，38%的上市公司被其他上市公司兼并。[②] 企业兼并一直持续到 20 世纪 70 年代中期的经济大萧条时期，在短暂停顿后于 80 年代再次蓬勃发展。[③]

英国企业的这种发展情况意味着一些大家族减弱了对大型企业的控制，而大家族的控制容易导致企业管理不够专业。根据 Channon 的调查，1950 年几个大家族控制了英国 54%的 100 强企业，但到了 1970 年该数据降至 30%。[④] 英国企业在规模越来越大的同时，业务也越来越复杂。根据 Channon 的调查，1950 年英国工业企业中有 29%是跨国公司，到了 1970 年这一数字增至 58%。Channon 还发现，1950 年有 25%的英国企业采用多元化经营战略，到了 1970 年该数据增至 60%。在这一时期，采用多区域经营结构即事业部制（multidivisional structure）的公司从 13%增至 72%。[⑤] 英国企业规模和结构的飞速发展主要集中于 20 世纪的前 75 年，尤其是五六十年代，这和图 9－1 所展示的审计技术在英国传播的时间一致。

由于英国企业规模和结构的发展，以及大家族对企业控制的减弱，更为专业的管理方式也逐渐引进。有学者调查发现，管理岗位的员工从

---

① Hannah，L.（1983）*The Rise of the Corporate Economy*，2nd edn，London：Methuen：180.

② Ibid.：144，150.

③ Matthews，D.，Anderson，A. and Edwards，J. R.（1998）*The Priesthood of Industry*：*The Rise of the Professional Accountant in British Management*，Oxford：Oxford University Press：92.

④ Channon，D. F.（1973）*The Strategy and Structure of British Enterprise*，London：Macmillan：75.

⑤ Ibid.：24，60，67，78.

1907 年的 492 000 人（占样本公司所有员工人数的 8%）增长至 1948 年的 1 201 000 人（占样本公司所有员工人数的 20%）。到 1990 年，这类员工增至 160 万人，占整个样本公司所有员工人数的 1/3。① 与此同时，管理结构的改进促进了企业会计职能的完善。如表 2-1 和第二章所展示的，在工业企业工作的专业会计人数 1951—1991 年增长了 5 倍之多，而他们所做的大部分工作正是过去审计师需要为客户提供的会计服务。事实上，这些会计人员也是从过去的会计事务所中招聘而来的，他们成了公司财务部的会计师和总会计师，也有些成了财务主管（这又是一个从美国学来的词汇），甚至成了在董事会拥有发言权的财务总监，这一职位的重要性自 20 世纪五六十年代开始在英国越来越突出。②

找到英国公司中会计人员不断增加的原因并不困难。对于公司来说，与雇用外部审计师相比，由自己的会计师来处理公司日益复杂的会计业务成本会更低。我们的调查问卷和访问结果也证实了这一点。一位来自 Kemp Chatteris 会计师事务所的审计师在回答我们的问卷时写道："公司开始考虑聘请外部审计师做账的成本，也发现了提高自身会计业务能力的好处。"另一位被访者也认为，公司这么做"最有可能的原因是出于降低成本的需要"。公司会计员工人数的增长同样带动了管理会计的发展。在会计年度中，管理层需要经常了解公司的业务状况。正如一位 Theodore B. Jones 的会计师所说的："管理层发现有效的管理需要及时的管理会计信息，这些信息由公司财务部的员工编制。""在 1939—1965 年期间，他们的专业化水平在不断提高。"可想而知，会计师在执行管理会计工作的同时就自然完成了年度财务状况表的编制。还有一位被访者解释道："除了管理会计信息之外，管理层还需要及时、

---

① *Business Monitor: Report on the Census of Production* (2000) London: Central Statistical Office; Hannah, L. (1976) 'Strategy and Structure in the Manufacturing Sector'. in L. Hannah (ed.), *Management Strategy and Business Development: An Historical and Comparative Study*, London: Macmillan: 72.

② Matthews, D., Anderson, A. and Edwards, J. R. (1998) *The Priesthood of Industry: The Rise of the Professional Accountant in British Management*, Oxford: Oxford University Press: 215.

可靠的年终会计账户信息”(对 Hewitt 的访谈)。

由于审计客户管理专业化水平的提高，审计师的会计服务职能也随之消失了。正如表 2－2 和图 9－1 所展示的，在 20 世纪 50 年代，大约还有 2/3 的审计师经常为他们的客户记账，该数据随后持续降低，到了 90 年代只有低于 1/4 的比例。在 60 年代，还有很多审计师为上市公司做账，但到了 90 年代，这种现象几乎不存在了。表 2－2 中公司规模的突破式增长印证了审计师的会计职能减少这一现象。所有调查样本中，整个时期只有 1/4 的上市公司的审计师需要经常为他们的客户做账，而有超过 2/3 的小型公司的审计师仍然为他们的客户做账。如前所述，即使是在 90 年代，也有超过一半的小型公司的审计师至少或者偶尔为他们的客户做账。这反映出，70 年代审计客户规模的扩大以及客户雇用的会计师的会计能力的提高共同促成了“单纯审计”在英国的流行，最终占据主导地位。

我们采访的很多人都明确地表达了审计客户规模的扩大对“单纯审计”的重要性，Mellors，Basden & Mellors 事务所的一位审计师认为：

> 客户规模的扩大是相当重要的，因为这意味着实务中审计师的会计职能被弱化了……(我不惊讶)福特汽车公司雇用了很多会计师，包括注册会计师，但我不认为 Raleigh 公司(一家小的自行车生产商)在 1950 年会雇用一位以上的注册会计师。
>
> (对 Hewitt 的访谈)

邮寄调查问卷的结果也同样解释了审计师为客户做账这一现象减少背后的原因。超过 80%的被访者认为，该现象之所以减少，“主要是因为客户有了能为其做账的会计师，并且这一现象越来越普遍”。“总的来说，客户规模变得更大并且雇用了更好的会计员工”也是其中一种解释。有些人则解释得更为直接：“在我职业生涯刚开始时，企业间的收购兼并尚未开始，客户规模一般还很小。”

资产负债表审计

“单纯审计”的兴起对英国审计师而言既是挑战也是机遇。审计师为审计客户做账可以让客户清楚地知道审计师拿了报酬后具体为他们做了什么。而现在这一非正式的职能消失了，客户越来越觉得审计师是“讨厌的东西”（Damn Nuisance）（对 Aspell 的访谈）。正如毕马威事务所的一位高级合伙人在回忆 20 世纪 90 年代末期的审计时提到的：

> 我很清楚地记得一位客户跟我说的：“我应该能从我的审计报告中获得更多数据，而不只是看到一些告诉我会计记录是否正确的红色标记。”为客户提供管理建议书因此而产生，并且比六七年以前更有用。
>
> （对 Sharman 的访谈）

在审计师的会计职能消失以后，以及在其他一些因素的推动下，20 世纪 60 年代开始，类似于管理建议书等的文件代替了会计职能，这样才增加了审计对客户的价值。也就是说，原先的非官方职能被另一非官方职能代替。

另一方面，会计职能的减少使英国审计师有机会将他们的审计重点转向资产负债表，而他们的美国同行在 50 年甚至更早以前就开始这么做了。由于英国审计师不再需要像过去那样专注于具体的交易并为客户做账，他们更有能力专注于对资产负债表项目的审计工作。表 6－1 和表 6－2 反映出审计师参与存货盘存和进行函证的次数在不断增加，这正说明了审计师日益关注资产负债表。但英国出现这种趋势的时间比美国正式将存货盘存及函证作为审计规则晚了几十年，当然，英国审计的发展有其自身的时间节奏和原因。另外，表 6－1 和表 6－2 也同样说明了审计实务发生变化的原因。从表中可以看出，这些变化主要发生在较大上市公司的审计中，因为只有客户规模较大并且管理更为专业化，英国审计师才能有条件专注于资产负债表，对资产负债表执行“单纯审计”。

当然，“单纯审计”的兴起受到了很多因素的推动。客户规模的扩大影响了审计的很多方面，这些方面进一步推动了英国审计重点向资产负债表发展。第一，客户规模变大的同时企业结构变得更为复杂，审计师只能减少对具体交易的检查，而越来越依赖对资产负债表项目的审核来确保审计质量。正如前面提到的普华事务所的一位审计师所解释的：“如果审计师有（期初、期末）两张资产负债表，这两张表的差额就是这一期的利润表的收入和费用。所以花精力对利润表账户进行审计还不如确保资产负债表的正确性”（对 Stacy 的访谈）。

促使审计重点转向资产负债表的第二个原因是：随着家族企业的减少和英国公司规模的扩大，企业融资更加依赖于外部资本市场，尤其是股票市场。在 20 世纪 40 年代后期至 70 年代早期，按固定价格计算，英国本国资本在伦敦证券交易所的交易价值几乎增长了 10 倍。到 60 年代，公司资本来源中的外部金融资本首次超过大股东的自有资本。[①] 自然而然，投资者尤其是机构投资者（到 1970 年它们拥有所有上市公司权益的 60%）以及不断增加的分析师大军越来越关注公司财务报表的准确性，尤其关注公布的经营业绩和偿债能力等方面。1970 年 Stamp 和 Marley 曾清楚地表达过：

> 在过去的 50 年间，没有人可以否定审计师在评价财务报表可靠性方面的功能，而且这一功能对社会越来越重要。投资者、债权人、证券分析师、政府部门以及其他人都非常依赖这些财务报表。因此审计师对财务报表的审计对确立和保持资本市场信心相当重要。[②]

① Wilson, J. F. (1995) *British Business History*, Manchester: Manchester University Press: 189-190.

② Lee, T. A. (1977) 'The Modern Audit Function: A Study of Radical Change', in Carsberg, B. and Hope, T. (eds) *Current Issues in Accounting*, London: Philip Allan: 87-88.

从这个角度来看，审计师将重点转向资产负债表、深入考察公司偿债能力和财务稳定性，并加强对存货和在产品价值的关注是合理的，因为这些因素都是影响利润计算甚至最易于操纵的因素（对 Tweedie 的访谈）[①]。

综上所述，客户规模的扩大和“单纯审计”的增加，一方面促使英国审计的重点从检查具体交易转向审核资产负债表，另一方面又反过来为这种转变提供了条件。

抽样审计和制度基础审计

由于大型公司审计业务的持续增加，1935—1970 年期间会计师事务所的业务规模扩张了 5 倍之多。同时，由于审计客户规模的扩大，过去的审计方法有些不再适用。一位受访者解释道：

> 在 1946—1966 年间，所有客户的规模都扩大了，交易数量也大大增加了。随着客户会计科目的不断增加以及公司制度和业务性质的日益复杂，审计程序面临着改变。一方面，企业兼并、联合、接管、合并以及技术改革等事件频发，企业规模不断扩大；另一方面，审计师虽然无法亲自计算检查所有的业务，但必须想办法切实履行自己的职责，完成自己的使命……
>
> （对 Jones 的访谈）

另一位被访者提到了两种应对方法：“我们不可能再检查所有项目，所以我们必须开始思考利用内部控制系统和审计抽样”（对 livesey 的访谈）。

审计客户不断扩大的规模和日益复杂的业务意味着审计需要更加依赖抽样测试，表 4－1 展示了审计师采用的各种统计抽样方法。与

① Woolf, E. (1997) *Auditing Today*, 6th edn, London: Prentice－Hall International: 192.

此同时，应对规模扩大的第二种方法正如表 5－1 所显示的，审计师越来越依赖被审计客户自身的内部控制系统。而表 4－1 和表 5－1 都说明审计抽样和制度基础审计与审计客户的规模有关，与会计师事务所的规模并不那么相关。很明显，自 20 世纪 60 年代开始，审计客户规模的扩大是主要的影响因素，因为只有大公司才拥有审计师可以依赖的内部控制系统和内部审计部门，以及运用复杂统计抽样方法的条件。

有趣的是，客户规模与审计工作量的增长趋势并不完全一致。客户规模的扩大反而使审计师减少了实质性程序。换句话说，审计师没有必要随着客户规模的扩张增加他们的工作量，因为他们可以依赖客户的内部控制系统。

最后，审计客户规模的扩大对审计的影响并不止于此。管理建议书的普及（如表 5－2 所示）也与制度基础审计的发展有关，因为评价内部控制系统正是管理建议书的初衷。同样，审计计划（如表 3－1 所示）和审计手册的普及也和客户的规模增长有关。因为审计工作量越大就越需要按计划进行，并且很多被访者认为事务所也需要用这些工具去提高不断扩大的审计师队伍的素质。

推动审计演变的商业因素

审计客户规模的扩大当然不是推动审计技术演变的唯一因素。正如我们前面所探讨的，100 强公司的集中度在 20 世纪 70 年代达到顶峰，并且表 9－3 说明，就员工人数而言，七八十年代的公司规模增长率有明显的下降，到了 90 年代，规模的下降则更为明显。因此，在 70 年代以后，可能是其他因素而不是公司规模在推动审计技术的变化。

那是什么其他因素在起作用呢？在一些文献中，影响工业技术变化的最显著因素当然是相关产品成本的变化和市场压力。（类似地）影响审计技术创新的可能是两类价格因素——劳动力价格的压力和竞争对手间价格竞争的压力。

自20世纪50年代以来，会计师事务所的劳动力成本在不断提高。传统意义上，1950年一个实习会计师会付500英镑（按照2004年物价水平换算为10 650英镑）给事务所用于其技能培训。[①] 虽然事务所最后会在这5年的培训期间分期将这一费用还给雇员，但是不管怎样事务所还是使用了免费的劳动力。这一状况很明显影响了审计工作，低劳动成本首先意味着账项基础审计不会有很大的时间压力。我们的一位被访者在提到50年代的审计时说："我们的待遇很差，审计时间也不是绝对重要的，即使你在一个审计项目上多花了一周时间，也不会对审计成本产生什么影响"（对Engel的访谈）。另一位被访者回忆道："那时对审计项目的时间要求比较宽松，这确实是一个非常随意的工作"（对Venning的访谈）。还有人提到："这真的像是一场'奴隶交易'。虽然过去我们面临着尽快完成工作的压力，但我们的工作时间很长，因为我们的成本很低，低到一先令一小时。那是一个非常不一样的时代"（对Evans的访谈）。因此当时的事务所在经济上可以承受住账项基础审计。那个时代的另一位审计师解释道：

> 我们过去是利用廉价的劳动力对大量具体的业务进行审计。你需要在一间办公室内编制所有交易账簿并且对所有交易进行审计。与现在相比，那时的审计工作更属于劳动密集型，而且我觉得可能比现在的审计项目执行的细节性工作多很多。
>
> （对Kenwright的访谈）

由于审计业务及其他业务的快速扩张，到20世纪50年代，会计师劳动力市场出现了供不应求。在该时期，事务所一般要求会计师至少有大学学历，但是我们在问卷调查中发现，只有8.6%的被调查者在50

---

① Matthews, D. and Pirie, J. (2001) *The Auditors Talk: An Oral History of a Profession from the 1920s to the Present Day*, New York: Garland: 401-402.

年代上了大学，到80年代该数据则是87.5%。由此可见，会计师劳动力市场从买方市场变成了卖方市场。此外，我们通过邮寄问卷调查发现，有88%的被调查者在两次世界大战之间曾经向事务所支付培训费，但到了50年代只有30%的人这么做，而到1958年以后就没人再这么做了。而且到后来，越来越多的事务所会给实习生支付非常可观的工资。到1967年，库珀兄弟事务所的实习员工的起薪是850英镑（相当于2004年的9 600英镑），PMM事务所（Peat Marwick Mitchell，毕马威的前身）实习员工的起薪为800英镑（相当于2004年的9 020英镑）（非常感谢J. R. Edwards教授提供的这些数据）。而现在实习员工的起薪一般是20 000英镑（Hays Accountancy Personnel）。

到20世纪90年代，实习员工的待遇变得非常高，但接受我们访谈的事务所的负责人却认为这是一个问题。Robson Rhodes事务所的一位初级合伙人说道：

> 最大的变化是工资的变化，因为我在作为实习员工接受培训的时候拿到的工资非常少，实习会计师是廉价劳动力。但是在现在的伦敦，我们需要向一个刚刚入职的实习会计师支付18 000英镑的年薪。如果再加上每年为他们支付的4 000英镑的培训费，那么就可以看出他们真的是非常昂贵的劳动力。刨除学习培训的时间，他们一年一般只工作26周，这太不可思议了。
>
> （对Carty的访谈）

劳动力成本的变化必然影响了审计程序。这意味着，即使不考虑其他因素，由于审计成本不断增加，对所有交易进行审计的账项基础审计也必然要被淘汰。很多被访者持有和Kenwright一样的观点，他们认为，“劳动力变得太昂贵以至于会计师事务所不能再对所有交易进行地毯式的检查”。所以一个非常有趣但很难回答的问题是：劳动力成本和客户规模的变化都对账项基础审计起到了作用，但究竟是哪一方面导致了账项基础审计的消失？也许是这两个因素非常巧合地同时出现在了同一时期，并共同促成了这一结果。

图 9－1 显示，技术创新速度在 20 世纪八九十年代明显放慢。虽然很难证明其背后的原因是什么，但如前所述，可能是当时创新所需要的条件几乎都已经出现并趋于稳定，比如大多数审计客户的规模已经足够大。引起技术变革速度下降的因素更有可能是 1980 年左右发生的一些事件，这些潜在因素改变了六七十年代以来技术创新的环境，或者至少改变了技术创新在未来的使用环境。此外，根据我们之前对客户规模变化的讨论，虽然 70 年代的审计技术创新可能主要是由客户规模变化引起的，但在此之后商业因素对审计技术创新变化的影响更重大。

从 70 年代开始，审计行业的劳动力市场是卖方市场，而业务市场则是买方市场。审计基本属于劳动密集型行业，劳动力市场基层员工的劳动力成本持续上升，这就会带来一系列的问题。正如 Robson Rhodes 事务所的一位合伙人所说的：

> 很明显，劳动力越来越昂贵，审计需要做出一些改变。事务所同时面临两方面的商业压力：(1) 客户希望事务所在一定时间内完成工作；(2) 事务所的成本越来越高。我们不得不开始思考：去年 3 个月完成审计，今年能否再缩短一点时间？
>
> （对 Venning 的访谈）

其实在劳动力的成本方面，也不仅仅是基层员工工资上涨的问题。[①] 一位被访者说：

> 其实最根本的改变是事务所自身更加重视审计效率和审计时间。由于高级员工工资非常高，所以事务所会严格控制审计时间……此

---

① Higson, A. W. (1987) ‘An Empirical Investigation of the External Audit Process. A Study of the Reaction of Professional Auditors to Recent Changes in the Audit Environment’, unpublished thesis, University of Bradford: 324.

外，之所以会严格控制审计时间，更多的是因为事务所之间竞争不断加剧，而在以前竞争并不是那么激烈。另外，我们还会做很多过去不会做的事情，比如在审计开始前估计成本，因为事务所与过去相比更注重成本控制。

（对 Engel 的访谈）

此外我们发现，当时的事务所陷入了两难的困境，一方面劳动力成本不断上涨，另一方面客户不断要求降低审计费用。从 70 年代开始，审计客户越来越质疑他们支付的审计费用的合理性。正如一位被访者所形容的：

我记得在 1981 年的一次普通例会上，一位股东对审计费用喋喋不休。这是我第一次在 AGM 遇到这样的情况，而不是像以前那样只要经过一个常规程序批准就可以。这意味着审计费用开始受到来自客户的压力。为了获得新项目，我们现在经常需要和其他审计事务所一起在公司组织的招标会上竞争。

（对 Heywood 的访谈）

企业的第一例审计招标会可能发生在 1977 年。在该招标会上，Peat Marwick 事务所击败其他 4 家行业领先的事务所，获得英国宇航公司（British Aerospace）的审计项目（*Accountant* February 1978：10；对 Grenside 的访谈）。

在审计行业竞争日益激烈的环境下，很多公司变更了它们的事务所。比如在 1986 年，英国铁路公司将其审计事务所由 PMM 更换为普华事务所。再比如当 Guinness 兼并 Distillers 时，它将审计事务所由安达信事务所换成了普华事务所（*Financial Times* 15 December 1986）。一位已经退休的 PMM 的高级合伙人回忆道："过去一段时间很多公司都认为直接更换审计事务所可能会是负面新闻，所以它们开始通过公开招标的形式来选择会计师事务所"（对 Grenside 的访谈）。另一位高级合伙人解释说：

> 审计市场已经发生了本质的变化。客户要求审计事务所参加招投标来获得审计项目，而审计费用又是他们考虑的其中一项指标。这使事务所之间的竞争变得更为激烈，成本结构必然也会随之发生本质变化。
>
> （对 Carty 的访谈）

在 20 世纪 90 年代初的金融危机中，由于行业竞争，审计费用被大型事务所普遍拉低，一个美国式的新词语“低价揽业”（low-balling）被大家熟知，即通过将审计价格降至审计成本以下来吸引新业务。普华事务所的一个非常典型的案例就是为了中标英国保诚集团（Prudential）标价 240 万英镑的审计业务，为该公司提供了四折优惠（*Accountancy Age* 14 April 1994：2）。在 1995 年一场公开争论中，已经审计英国皇家汽车俱乐部（Royal Automobile Club）16 年的英国德豪会计师事务所（Stoy Hayward）写信给客户的会员，抱怨俱乐部打算将事务所换成普华事务所，普华事务所随后被指责为了招揽咨询生意而故意压低审计价格。（*Daily Telegraph* 22 April 1995；*The Mail on Sunday* 23 April 1995）

进一步探究发现，会计师事务所受到客户日益增大的费用压力，归根结底是由于其客户自身之间的竞争日益激烈，而这一定程度上是由商业全球化造成的，因为英国公司需要面对更多的外国公司。由于加入了关税及贸易总协定（General Agreement on Tariffs and Trade），包括英国在内的世界各成员的关税税率自 20 世纪 50 年代起开始降低，1947 年工业化国家的平均关税税率大约是 40%，但到了 20 世纪 90 年代早期，已经降至 5%以下。[①] 另外，航运、空运技术变革和其他交通成本的降低以及信息技术的巨大变革使资金可以通过点击鼠标就在全世界范

① Griffiths, A. and Wall, S. (eds)(1997) *Applied Economics: An Introductory Course*, Harrow: Longman Group UK: 659.

围内流通，这必然导致公司面临来自全球市场的竞争压力。[①] 20 世纪 50—80 年代，世界贸易翻倍增长。在 1973 年英国加入欧洲经济共同体（European Common Market）后，英国企业进一步面临竞争，而英国外贸收入占国家收入的比重从 60 年代的 20%增长至 1980 年的 26%。此外，英国工业行业进出口贸易比从 1968 年的 17%升至 1989 年的 36%。[②] 20 世纪八九十年代早期发生全球经济大萧条时，大部分英国公司完全暴露在经济危机的冲击之下，因此它们需要削减各类间接费用。

经济结构的深度变化自然也反映在了审计实务的变化——自 1980 年以来日益增加的审计费用压力上。由于客户要寻求更低的成本，审计费用当然成为其明确的压缩目标之一。而会计师事务所为了在与同行的竞争中胜出，自然被迫降低它们的审计成本。普华事务所的一位高级审计师解释称："审计领域的主要变化是成本压力的变化。不管你用什么方式计算，单次审计成本在过去的 25 年中均有所下降"（对 Stacy 的访谈）。

成本压力的变化对审计程序自然会产生重要影响，而这正是审计变得更有效率的原因。Gwilliam 解释说："提高审计效率的根本动机是审计行业不断加剧的价格和成本竞争。"[③] 正如 Turley 和 Cooper 所说，20 世纪 80 年代末期影响审计程序的最大因素是成本效益因素。Turley 和 Cooper 认为，这一商业压力导致制度基础审计和符合性测试的使用频率降低。[④] Higson 也发现审计师在这一时期减少了对具体交易的检查次

---

① Mackintosh, M., Brown, V., Costello, N., Dawson, G., Thompson, G. and Trigg, A. (1996) *Economics and Changing Economies*, London: The Open University: 396.

② Matthews, D., Anderson, A. and Edwards, J. R. (1998) *The Priesthood of Industry: The Rise of the Professional Accountant in British Management*, Oxford: Oxford University Press: 187-188.

③ Gwilliam, D. R. (1987) *A Survey of Auditing Research*, London: Prentice Hall/ICAEW: 418.

④ Turley, S. and Cooper, M. (1991) *Auditing in the United Kingdom: A Study of Development in the Audit Methodologies of Large Accounting Firms*, London: Prentice Hall/ICAEW: 34.

数，并减少了对审计工具的使用次数。[①] 为了尽可能不影响审计质量，同时也是为了给自己寻找理由，审计师将更大的希望寄托在职业判断上，并且更加注重风险评估、分析性程序以及重要性等方面。一位被调查者在 Turley 和 Cooper 的调查中表示，对审计师来说“最重要的是收集最少的证据来支持审计师的审计结论”。[②]

有趣的是，大多数人在研究审计师不断增加的商业压力时，更关注该压力对审计师独立性的影响。[③] 但我们分析认为，该压力对审计技术同样也会产生重大影响，甚至很可能导致审计质量和审计可靠性的降低。

结束语

从 20 世纪 60 年代开始，账项基础审计开始减少，资产负债表审计及制度基础审计逐渐崛起。这主要是由于英国企业之间的合并和兼并导致企业规模不断扩大。一方面，规模的扩大意味着审计客户管理能力的提高，企业有能力独立完成账簿和报表的编制工作，这使审计师可以进行“单纯审计”，最后引发审计重点的转移，即从检查具体交易转向审核存货、负债这样的资产负债表项目。同时，审计师可以依据对客户内部控制系统的检查结果来执行审计。另一方面，客户规模的扩大也迫使审计师不得不做出改变，因为客户规模的扩大意味着审计师无法检验所有交易。而在这一时期，有两个因素发挥了作用。第一个因素是不断增加的劳动力成本，这要求事务所必须减少时间、节约成本，而不能和过

---

① Higson，A. W.（1987）‘An Empirical Investigation of the External Audit Process. A Study of the Reaction of Professional Auditors to Recent Changes in the Audit Environment’，unpublished thesis，University of Bradford：307.

② Turley，S. and Cooper，M.（1991）*Auditing in the United Kingdom：A Study of Development in the Audit Methodologies of Large Accounting Firms*，London：Prentice Hall/ICAEW：35.

③ Beattie，V.，Fearnley，S. and Brandt，R.（2001）*Behind Closed Doors：What Company Audit is Really About*，London：Palgrave.

去一样花大量时间进行详细检查。另一个因素则是计算机技术的发展，计算机的普及一方面使审计师失去了传统的审计路径，并使审计变得略微复杂；另一方面却使更多的客户可以自己做账，同时也提高了审计的效率和审计师的工作能力，比如用计算机进行统计抽样等。

1980 年前后，世界经济形势的变化导致审计客户不得不降低审计费用，这使审计再次发生了改变。面对审计费用不断压缩的现实，审计师不得不减少对客户账簿的详细检查和对内部控制的具体测试，进而降低自身审计成本。与此同时，为了降低成本，他们开始只审计他们认为风险高的地方，或者借助对比分析客户整体业务和会计记录等方法来发现问题。

除了计算机这一重要的外生因素外，在过去的 100 多年里，审计的发展实际上是由审计客户所处的经济结构决定的。审计行业是金融服务行业的一部分。既然是服务行业，审计程序自然会根据客户的需要而发生改变。本书并不是为了探讨马克思主义（见 Matthews 即将出版的著作），但值得注意的是，我们的分析符合马克思所说的经济基础决定上层建筑这一理论，即审计服务这一上层结构的发展，是由其客户所处的经济基础决定的。此外，计算机对审计的影响也符合技术决定论的观点。

我们的研究方法与研究结果与那些所谓的“新会计历史”不一样。它们更关注和依赖文化或者社会结构的影响，而忽视文献研究，甚至不去验证历史事实。它们甚至会认为寻找史实背后的原因或者对史实进行分析论证是武断而不可信的（见 Hoskin 和 Macve①；Napier②；Cooper③；Funnell④；

① Hoskin, K. W. and Macve, R. (1986) 'Accounting and the Examination: a Genealogy of Disciplinary Power', *Accounting, Organizations and Society*, 11 (2): 105-136.

② Napier, C. (1998) 'Giving an Account of Accounting History: A Reply to Keenan', *Critical Perspectives on Accounting*, 9: 685-700; Napier, C. (1989) 'Research Directions in Accounting History', *British Accounting Review*, 21: 237-254.

③ Cooper, C. (1997) 'Against Postmodernism: Class Orientated Questions for Critical Accounting'. *Critical Perspectives on Accounting*, 8: 15-41.

④ Funnell. W. (1997) 'The Narrative and its Place in the New Accounting History: The Rise of the Counternarrative', *Accounting, Auditing & Accountability Journal*, 11 (2): 142-162.

Gaffikin①；Keenan②；Merino③)。本书从不一样的角度出发，站在实证主义者的立场上，通过多种调查方法对审计历史进行研究。如果能为这一研究方法进行宣传，那么本书就算是成功了。

① Gaffikin, M. (1998) 'History Is Dead, Long Live History', *Critical Perspectives on Accounting*, 9: 631－639.

② Keenan, M. G. (1998) 'A Defence of "Traditional" Accounting History Methodology', *Critical Perspectives on Accounting*, 9: 641－666.

③ Merino, B. D. (1998) 'Critical Theory and Accounting History: Challenges and Opportunities', *Critical Perspectives on Accounting*, 9: 603－616.

附　录

数据来源

口述史研究

本书所用的口述史（oral history）材料主要包括对审计师和企业代表的访谈。我们的访谈也得到了 ICAEW 的资助。我们选择的访谈对象是有针对性的（正如 Hammond 和 Sikka 所说是有目的的[①]），访谈对象主要包括：我们能找到的最早自 20 世纪 20 年代开始从业的会计师、分别来自大中小型事务所的会计师、从事务所转到企业工作的会计师、大型事务所过去和现在的合伙人和负责人、卷入审计丑闻的会计师等。在访谈过程中，我们向被访者询问了一系列事前设计好的问题（当然，我们也会根据不同会计师独特的从业经历，询问一些有针对性的问题）。我们询问的问题大体包括以下几个方面：被访者的社会和教育背景、被访者接受的培训性质、被访者的从业经历、被访者对审计涉及的一系列

---

① Hammond, T. and Sikka, P. (1996) 'Radicalising Accounting History: The Potential of Oral History', *Accounting, Auditing and Accountability Journal*, 9 (3): 88.

事务的看法，尤其是对本书涉及的各类审计技术演变的态度和评价。

我们的访谈大部分是在1996—1998年间进行的，基本都是由我的研究助理Jim Pirie完成。每次访谈时间在1～3小时之间。我们的访谈一般都在访谈室完成，或者直接在ICAEW总部进行，有些则通过电话进行。我们在访谈过程中进行了录音，并将录音整理成稿。为了保证语言流畅，我们进行了适当的删减，所有录音文稿加起来超过了100万字。我们尽最大的努力完整保留了被访者的观点，我们的修改和整理也都征得了被访者的允许。我们让被访者自己检查了对他们的访谈记录，这样的好处就是我们可以保证访谈内容的真实性和准确性，坏处就是有些被访者因此拒绝我们使用他的观点，即使我们表示可以删去一些比较重要的个人信息。

口述史资料的优势就在于历史研究人员可以直接获得与史实相关的一手资料。尤其是在审计历史资料非常稀少时，这种方法非常适用。口述史资料一般是由研究人员亲自参与访谈得到的，这样研究人员就可以把握和控制资料的质量，并且有针对性地获得自己想要的内容。研究人员可以直接询问当事人当时是由谁执行审计工作，具体做了哪些工作等，比如可以直接询问被访者在20世纪30年代是否参与了存货盘存等。

口述史资料的潜在问题是容易受到被访者和访谈人员个人偏好和观点的影响。正如Hammond和Sikka后来所说，口述史资料的内容存在“偏差是不可避免的”。[①] 在本项目中，我们尽了最大的努力来保证资料的客观性，确保我们提问的过程客观中立且不会误导被访者。至于被访者回答可能存在偏差的问题，我们认为任何资料都不可避免地会受到当事人的影响，不管是自传还是会议记录抑或是新闻报道，甚至是公司的账簿资料。口述史资料的另一个劣势就在于访谈得到的是个案数据，而不是大样本数据，即被访者的想法很可能无法代表所有人的观点，或者说可能不够典型。此外，被访者的记忆也可能会产生偏差，尤其是年纪

---

① Hammond, T. and Sikka, P. (1996) ‘Radicalising Accounting History: The Potential of Oral History’, *Accounting, Auditing and Accountability Journal*, 9 (3): 79-97.

较大的访谈对象。因此，单一的口述史资料的研究方法被 Lummis 提出的“三角资料来源”的研究方法代替，本书在研究中除了利用口述史资料以外，还使用了一些文献资料和其他资料。①

Matthews 和 Pirie② 以及 Matthew③ 还详细讨论了在会计历史研究中使用口述史资料的优势、劣势以及需要注意的问题，感兴趣的读者可以参考阅读。

作者已经获得了被访者的同意，可以在将来的研究中继续使用本项目的访谈录音和记录文件。

书中的被访人员名单如下：

Peter Ainger，Tape no. 50
Gerald Aspell，no. 16
Robin Atkins，no. 51
Brian Atkinson，no. 18
John Beard，no. 32
Derek Boothman，no. 23
Ian Brindle，no. 69
William Brittain，no. 8
Christine Burdett，no. 59
Marjorie Burgess，no. 61
Patricia Burlingham，no. 60
George Carter，no. 77
James Carty，no. 65
Arthur Chapman，no. 33
John Colvin，no. 25
Brian Currie，no. 76
Evan Davies，no. 34
John Denza，no. 11
Stanley Duncan，no. 27
Harold Edey，no. 43
Ian Engel，no. 12
Julian Evans，no. 3
Alan Fabes，no. 33
John Gilliat，no. 14
Parry Goodwin，no. 29
Sir John Grenside，no. 30
David Haddleton，no. 17
Sir Alan Hardcastle，no. 73
John Hewitt，no. 40
John Heywood，no. 35
David Hobson，no. 68
Stanley Jones，no. 1
Reginald Keel，no. 55
Roy Kemp，no. 71
Joseph Kenwright，no. 7
Chris Lainé，no. 75
Philip Livesey，no. 22
Adrian Martin，no. 66
Stanley Middleton，no. 28
Paul Milne，no. 70
Kenneth Mold，no. 15
John Mordy，no. 19
Ian Muir，no. 63
Robert Niddrie，no. 21
John Norris，no. 24
Peter Palmer，no. 38
Izett Partridge，no. 52
Richard Passmore，no. 42
Matthew Patient，no. 45
Margaret Pearce，no. 53
Ian Plaistowe，no. 74
Tom Sanders，no. 37
Martin Scicluna，no. 36
Colin Sharman，no. 62
David Shaw，no. 26
Neville Sims，no. 20
Lord Patrick Spens，no. 47
Graham Stacy，no. 31
Geoffrey Thornton，no. 48
Sir Ian Tweedie，no. 72
John Venning，no. 44
John Whinney，no. 46
Geoffrey Wilde，no. 41
Richard Wilkes，no. 67

---

① Lummis，T. (1998) ‘Structure and Validity in Oral Evidence’，in Perks R. and Thomson A. (eds)，*The Oral History Reader*，London：Routledge：274.

② Matthews，D. and Pirie，J. (2001) *The Auditors Talk*，*An Oral History of a Profession from the* 1920*s to the Present Day*，New York：Garland.

③ Matthew，D. (2000) ‘Oral History，Accounting History and an Interview with Sir John Grenside’，*Accounting*，*Business and Financial History*，10 (1)：57-83.

邮寄问卷调查

邮寄问卷调查（postal questionnaire）项目也得到了 ICAEW 的部分资助。与口述史研究不一样，会计史研究很少采用邮寄问卷调查的方法。和访谈类似，该方法用于相关文献资料缺失的情况。我们总共设计了 69 个问题，主要包括被调查者的背景资料、从业经历和相关观点与评价。虽然有很多是开放式问题，但是对部分问题我们使用了李克特量表让被调查者打分（见表 2－2 至表 6－2）。

本项目的一大特征就是，我们将 ICAEW 提供的 20 世纪 20—90 年代的会员以 10 年为一个区间分成了几组（由于 ICAEW 在 20 年代和 30 年代的会员人数都不足 300 人，因此这两个区间合并在了一起），然后在每一组中都随机选择 300 名成员作为调查对象，并向这些人发放问卷。我们最后发出了 2 100 份问卷，回复率为 45％。我们之所以这么分组，是因为这样可以看出审计技术演变的时间趋势。比如当询问被调查者在实习期（之所以询问该时期的情况，是因为这是审计师职业生涯刚开始的期间，审计师的印象一般都比较深刻）所使用的审计技术时，我们就可以看到很明显的时间趋势。此外，当我们将相关问题的结果依据被调查者所在的事务所和审计的公司的类型进行分组对比的时候，还可以识别出影响审计技术变化的主要因素。

邮寄问卷调查方法相比口述史研究和文献研究方法的优势就在于：第一，我们可以借助现成的表格得到相关统计数据；第二，问卷获得的很多资料是其他方法无论如何都得不到的；第三，和口述史研究一样，问卷调查方法也允许历史研究人员根据自己的需要寻找相关史料，这是其他方法做不到的。

在所有类型的史料一样，问卷调查方法得到的资料也有一些缺陷。比如被调查者可能会说谎或者存在偏见，并且在会计历史研究中使用问卷调查也存在被调查者记忆出错的问题（尤其是询问一些发生在早期的事件)。同时,历史研究学者在分析和解释调查问卷结果的时候还会产生一些问题。最常见的就是一些名词内涵的变化引起的歧义,也就是说,分别向在两次世界大战期间和现在从业的会计师提问同一个问题,他们对问题的理解可能完全不一样。比如,在问卷中问及英国审计使用统计抽样的情况时(见表 4-1),我们得到了非常奇怪的结果。我们发现,在 20 世纪二三十年代从业的会计师中,几乎有 1/3 的人回答他们在实习时有时会使用复杂的抽样技术。这是以往研究从未发现的,这也意味着英国审计在使用统计抽样方面极度"早熟"。但事实上,我们进一步分析才发现,部分审计师将我们问题中的抽样技术理解成了区间测试(blocking test)。

Matthew 发表的一篇文章详细讨论了在会计历史研究中使用问卷调查的问题①,有兴趣的读者可以进一步阅读。

公司对外报告

我们研究的另一部分资料就是调查公司的对外报告(现藏于伦敦市政图书馆)。本调查得到了利华休姆信托基金会的资助。我们收集到的最早的对外报告发布于 19 世纪 80 年代早期,之后我们以 20 年为一个时间间隔来收集对外报告,最后收集并分析了 200 份对外报告。表 A-1 展示了 19 世纪 80 年代早期和 1900—1901 年的数据。正如第二章所讨论的,报告中的审计费用和其他一些数据反映了审计的工作量和审计工作的一些特点。我们还提供了 19 世纪 80 年代早期的一些审计报告,这些资料也反映了审计程序的一些特点。另外,我们还收集到了 121 份 1900—1901 年的审计报告,但由于篇幅限制在这里没有列示。

① Matthew, D. (2002) 'The Use of the Postal Questionnaire in Accounting History Research', *Accounting, Business and Financial History*, 12 (1): 1-17.

表 A-1　审计报告中的数据

公司	年份	总资产（英镑）	会计期间结束至公布审计报告日间隔（周）	审计费用（英镑）
Artisan Labourers and General Dwellings	1882	1 161 853	5	78
Birmingham Railway Carriage and Wagon	1886	602 038	5	105
Bristol and South Wales Railway-Waggon[a]	1886	354 427	6	30
Cardiff & Swansea Smokeless Steam Coal	1881	469 651	12	11
City of London Brewery	1881	1 016 925	4	200
Crystal Palace	1879	1 526 915	6	131
Cunard Steam-ship	1881	2 061 245	16	210
Eastern Extension，Australasia & China Telegraph[a]	1881	3 568 146	26	100
Eastern Telegraph[a]	1881	6 032 720	29	100
Gloucester Wagon	1881	583 780	6	100
Great Western Rail	1880	83 802 944	6	1 000
John Moir & Sons	1883	215 232	6	150
Liverpool Adelphi Hotel	1881	122 885	3	52
Liverpool Exchange	1880	602 638	11	52
London & Glasgow Engineering & Iron Shipbuilding	1881	333 737	9	191
London & Provincial Marine Insurance	1881	289 597	2	150
Marbella Iron Ore	1881	267 782	5	31
Metropolitan Railway Carriage and Wagon	1881	425 011	5	105
National Safe Deposit	1881	276 499	1	31
Orient Steam Navigation	1881	642 317	16	105
Redheugh Bridge[a]	1881	54 239	6	10
West India & Pacific Steamship	1881	520 485	3	150
19 世纪 80 年代				
最大值		83 802 944	29	1 000
最小值		54 239	1	10
平均值		4 580 699	8	139
标准差		17 322 192	7	197
中位数		520 485	6	105
众数		N/A	5	105

续表

公司	年份	总资产（英镑）	会计期间结束至公布审计报告日间隔（周）	审计费用（英镑）
1900—1901 年				
最大值		178 611 132	27	1 500
最小值		5 000	1	1
平均值		7 259 264	8	172
标准差		21 503 033	6	258
中位数		239 945	6	75
众数		N/A	5	105

注：a 表示半年报。

19 世纪 80 年代早期的审计报告

公司：Artisan Labourers and General Dwellings
事务所：普华会计师事务所
审计师：Johnson Brooks

我们已经检查了贵公司的账户、账簿和发票，检查无误。

公司：Birmingham Railway Carriage and Wagon
特许会计师：George Beech，Thomas Simpson

我们详细检查了贵公司的本年账户、账簿和发票。我们认为公司的资产负债表正确地反映了公司在 1886 年 12 月 31 日的财务状况。

公司：Bristol and South Wales Railway-Wagon
审计师：W. F. Brookman，S. Tryon

审计无误。

公司：Cardiff & Swansea Smokeless Steam Coal
特许会计师：库珀兄弟会计师事务所

我们已经检查了贵公司提供的账户、账簿和发票，检查无误。

公司：City of London Brewery
审计师：Rawlins & Funnell

检查无误。

公司：Crystal Palace
审计师：Quilter，Ball，Crosbie，Glegg & Welton

已检查，无误。

公司：Cunard Steam-ship
事务所：库珀兄弟会计师事务所

我们已经将贵公司在利物浦的账户、账簿与代理商的回执进行了对比，两者一致。

公司：Eastern Extension，Australasia & China Telegraph
审计师：Henry Dever；Quilter，Ball，Crosbie，Glegg & Welton

已经审计，无误。

公司：Eastern Telegraph
审计师：Henry Dever；Quilter，Ball，Crosbie，Glegg & Welton

已经审计，无误。

公司：Gloucester Wagon
特许会计师：Hudson Smith，Wlliams 会计师事务所

我们已经检查了贵公司截至 1881 年 6 月 30 日的账簿、发票和其他相关文件，审计无误。

公司：Great Western Railway
审计师：Edward Harper，J. Bowen
特许会计师：Deloitte，Dever，Griffiths 会计师事务所

我们在这里证明这家公司提供的账簿和资产负债表反映了该公司真实的财务状况。另外，该公司提出的分红计划是善意合理的。

公司：John Moir & Sons
审计师：R. Mackay 会计师事务所

我们申请报告我们已经检查了该公司的资产负债表及其账簿、账户和发票。我们认为该公司资产负债表全面真实地反映了其财务状况。

公司：Liverpool Adelphi Hotel
审计师：Banner & Lawson

我们检查了该公司截至 1880 年 12 月 31 日的账簿，并假定存货估值是正确的。我们证明并认为该公司资产负债表全面真实地反映了该公司的财务状况。

公司：Liverpool Exchange

审计师：Henry C. Beloe；A. J. Gnosspolius

已审计，无误。

公司：London & Glasgow Engineering & Iron Shipbuilding
审计师：James Wink，John Graham

已检查，无误。

公司：London & Provincial Marine Insurance
审计师：Algernon Bathurst，A. C. Meredith Bolton，Lewis Marcus

我们检查了上述所附的账簿和账户，并检查了公司所持有的证券，还将现金账簿与发票进行了对比。我们证明上述财务资料都是准确无误的。

公司：Marbella Iron Ore
事务师：Turquand，Youngs 会计师事务所

我们检查了该公司截至 1881 年 12 月 31 日在伦敦的发票和在西班牙的收益，我们证明该公司的资产负债表全面真实地反映了其财务状况。需要特别提到的是，针对我们在过去几年提到的折旧问题，该公司董事会准备提请股东大会在利润中单独拿出一部分作为"折旧储备账户"。

公司：Metropolitan Railway Carriage and Wagon
特许会计师：Laundy 会计师事务所

我们申请报告我们已经检查了该公司截至 1881 年 6 月 30 日的

账簿。我们认为该公司上述报表全面真实地反映了其财务状况，并符合协会的相关规则条款。

公司：National Safe Deposit
审计师：Robert A. Maclean 会计师事务所

已经审计，无误。将 1881 年 9 月 30 日发生的损益账户计入“开办费用”的做法获得了股东的同意。

公司：Orient Steam Navigation
审计师：John Young

我已经检查了公司账簿和报表，发现它们的内容是一致的。我认为该公司资产负债表是一张真实、全面的资产负债表，并被适当地编制列报，该资产负债表也真实、准确地反映了该公司的财务状况。我从管理层那里获得的相关解释也都很全面，我表示满意。

公司：Redheugh Bridge
审计师：D. D. Main，R. Y. Green

已审计，已证明。

公司：West India & Pacific Steamship
审计师：Harmood Banner & Son

我已经检查了公司截至 1881 年 12 月 31 日的账簿和报表。我们已经检查了该公司持有的证券的价值，评估了其控制的煤炭储量的价值以及折旧计提情况。我们证明，在我们看来，该公司资产负债表是真实、全面的，切实反映了该公司截至当前的财务状况。

参考文献

Anderson, M. (2000) 'Accounting History Publications 1999', *Accounting, Business & Financial History*, 10 (3): 385–93.

Anderson, R. C. (1981) *A History of Crosville Motor Services*, North Pomfret: David and Charles.

Arnold, A. J. and Matthews, D. (2002) 'Corporate Financial Disclosure in the UK 1920–50: The Effects of Legislative Change and Managerial Discretion', *Accounting and Business Research*, 32 (1): 3–16.

Attwood, F. A. and Stein, N. D. (1986) *De Paula's Auditing*, 17th edn, London: Pitman.

Barker, T. C. (1960) *Pilkington Brothers and the Glass Industry*, London: Allen and Unwin.

Barras, R. and Swann, J. (1984) *The Adoption and Impact of Information Technology in the UK Accountancy Profession*, London: The Technical Change Centre.

Bartlett, S. A. and Chandler, R. A. (1997) 'The Corporate Report and the Private Shareholder: Lee & Tweedie Twenty Years on', *British Accounting Review*, September 1997: 245–61.

Baxter, W. T. (1999) 'McKesson & Robbins: a Milestone in Auditing', *Accounting, Business & Financial History*, 9 (2): 157–74.

Beattie, V., Fearnley, S. and Brandt, R. (2001) *Behind Closed Doors: What Company Audit is Really About*, London: Palgrave.

Benson, H. (1989) *Accounting for life*, London: Kogan Page.

Bigg, W. W. (1951) *Spicer and Pegler's Practical Auditing*, 10th edn, London: H. F. L.

——(1969) *Spicer and Pegler's Practical Auditing*, London: H. F. L. Publishers.

Bigg, W. W. and Perrins, R. E. G. (1971) *Spicer and Pegler's Book-keeping and Accounts*, 17th edn, London: H. F. L.

Bird, P. (ed.) (1971) *A Casebook on Auditing Procedures*, London: ICAEW.

Boockholdt, J. L. (1988) 'A Historical Perspective on the Auditor's Role: The Early Experience of the American Railroads', in Lee, T. A. (ed.), *The Evolution of Audit Thought and Practice*, New York: Garland: 105–22.

Boyns, T. and Edwards, J. R. (1997) 'The Construction of Cost Accounting Systems in Britain to 1900. The Case of the Coal, Iron and Steel Industries', *Business History*, 39 (3): 1–29.

Boys, P. (1994) 'The Origins and Evolution of the Accountancy Profession', in W. Habgood (ed.), *Chartered Accountants in England and Wales: A Guide to Historical Records*, Manchester: Manchester University Press.

Broadbridge, S. (1970) *Studies in Railway Expansion and the Capital Market in England 1825–1873*, London: Frank Cass.
Brown, R. (ed.) (1968) *A History of Accounting and Accountants*, originally published in 1905, London: Cass.
Business Monitor: Report on the Census of Production (2000) London: Central Statistical Office.
Bywater, M. (1985) 'William Quilter (1808–88). Accountant', in Jeremy, D. J. (ed.), *Dictionary of Business Biography*, vol. 4, London: Butterworth.
Campbell-Kelly, M. (1989) *ICL: A Business and Technical History*, Oxford: Clarendon.
Carr, J. G. (1985) *Information Technology and the Accountant: Summary and Conclusions*, Aldershot: Gower.
Carreras Limited, *Directors Report and Accounts*, 31 October 1950: 11.
Chambers, A. D. (1981) *Computer Auditing*, London: Pitman.
Chan, P., Ezzamel, M. and Gwilliam, D. (1993) 'Determinants of Audit Fees for Quoted UK Companies', *Journal of Business Finance & Accounting*, 20 (6): 765–86.
Chandler, A. D. (1962) *Strategy and Structure: Chapters in the History of the Industrial Enterprise*, Cambridge, MA: MIT Press.
——(1977) *The Visible Hand: The Managerial Revolution in American Business*, Cambridge, MA: Belknap.
——(1990) *Scale and Scope: The Dynamics of Industrial Capitalism*, Cambridge, MA: Belknap.
Chandler, R. (1996) 'Lessons of Auditors Responsibility', *The Accounting Historians Notebook*, 19 (2): 1, 22–3.
——(1997) 'Judicial Views on Auditing from the Nineteenth Century', *Accounting History*, 2 (1): 61–79.
Chandler, R. and Edwards, J. R. (eds) (1994) *Recurring Issues in Auditing: Professional Debate 1875–1900*, New York: Garland Publishing.
Chandler, R. A., Edwards, J. R. and Anderson, M. (1993) 'Changing Perceptions of the Role of the Company Auditor, 1840–1940', *Accounting and Business Research*, 23 (92): 443–59.
Channon, D. F. (1973) *The Strategy and Structure of British Enterprise*, London: Macmillan.
Chapman, S. (1974) *Jesse Boot of Boots the Chemists*, London: Hodder & Stoughton.
Chatfield, M. (1977) *A History of Accounting Thought*, New York: Robert E. Krieger Publishing.
Cochrane, G. (1979) 'The Auditors Report: Its Evolution in the U.S.A', in Lee, T. A. and Parker, R. H. (eds), *The Evolution of Corporate Financial Reporting*, Sudbury-on-Thames: Nelson, 164–89.
Collins, M. and Bloom, R. (1991) 'The Role of Oral History in Accounting', *Accounting, Auditing and Accountability Journal*, 4 (4): 23–31.
Cooper, C. (1997) 'Against Postmodernism: Class Orientated Questions for Critical Accounting', *Critical Perspectives on Accounting*, 8: 15–41.
Cooper, V. R. V. (1966) *Manual of Auditing*, London: Gee & Co.
——(1969) *Manual of Auditing*, 2nd edn, London: Gee & Co.
Coopers & Lybrand (1981) *Manual of Auditing*, 3rd edn, London: Gee & Co.
Cottrell, P. L. (1980) *Industrial Finance, 1830–1914*, London: Methuen.
Davis, R. (1996) 'Serving the Public Interest', *True and Fair*, December 1995/January 1996.
de Paula, F. R. M. (1914) *The Principles of Auditing: A Practical Manual for Students and Practitioners*, 1st edn, London: Pitman.

——(1917) *The Principles of Auditing: A Practical Manual for Students and Practitioners*, 2nd edn, London: Pitman.
——(1948) *The Principles of Auditing: A Practical Manual for Students and Practitioners*, 10th edn, London: Pitman.
——(1951) *The Principles of Auditing: A Practical Manual for Students and Practitioners*, 11th edn, London: Pitman.
——(1957) *The Principles of Auditing: A Practical Manual for Students and Practitioners*, 12th edn, London: Pitman.
——(revised by de Paula, F. C.) (1966) *The Principles of Auditing: A Practical Manual for Students and Practitioners*, 13th edn, London: Pitman.
——(revised by de Paula, F. C.) (1968) *The Principles of Auditing: A Practical Manual for Students and Practitioners*, 14th edn, London: Pitman.
de Paula, F. C. and Attwood, F. A. (1976) *Auditing: Principles and Practice*, 15th edn, London: Pitman.
——(1982) *Auditing: Principles and Practice*, 16th edn, London: Pitman.
Defliese, P. L., Johnson, K. P. and Macleod, R. K. (1975) *Montgomery's Auditing*, 9th edn, New York: Ronald Press.
Defliese, P. L., Jaenicke, H. R., O'Relly, V. M. and Hirsch, M. B. (1990) *Montgomery's Auditing*, 11th edn, New York: Wiley.
Dicksee, L. R. (1892) *Auditing: A Practical Manual for Auditors*, 1st edn, London: Gee.
——(1904) *Auditing: A Practical Manual for Auditors*, 6th edn, London: Gee.
Drury, C., Braund, S., Osborne, P. and Tayles, M. (1993) *A Survey of Management Accounting Practices in the UK Manufacturing Companies*, London: ACCA.
Edwards, J. R. (1976) 'The Accounting Profession and Disclosure in Published Reports 1925–35', *Accounting and Business Research*, 6, Autumn: 289–303.
——(1985) 'The Origins and Evolution of the Double Account System: An Example of Accounting Innovation', *Abacus*, 21, March: 19–43.
——(1989) *A History of Financial Accounting*, London: Routledge.
Edwards, J. R. and Webb, K. M. (1985) 'Use of Table A by Companies Registering under the Companies Act 1862', *Accounting and Business Research*, Summer: 177–95.
Edwards, J. R., Anderson, M. and Matthews, D. R. (1997) 'Accountability in a Free-Market Economy: The British Company Audit, 1886', *Abacus*, 33 (1): 1–25.
Financial Times (2000) *The World's Top 500 Companies*, London: Financial Times.
Freear, J. (1977) 'Historical Background to Accounting', in Carsberg, B. and Hope, T. (eds), *Current Issues in Accounting*, London: Philip Allan: 1–22.
Freeman, C. and Soete, L. (1997) *The Economics of Industrial Innovation*, London: Pinter.
Funnell, W. (1997) 'The Narrative and its Place in the New Accounting History: The Rise of the Counternarrative', *Accounting, Auditing & Accountability Journal*, 11 (2): 142–62.
Gaffikin, M. (1998) 'History Is Dead, Long Live History', *Critical Perspectives on Accounting*, 9: 631–9.
Garner, S. P. and Hughes, M. (1978) *Readings on Accounting Development*, New York: Arnos.
Gourvish, T. R. (1972) *Mark Huish and the London & North Western Railway: A Study of Management*, Leicester: Leicester University Press.
Gray, I. and Manson, S. (1989) *The Audit Process: Principles, Practice and Cases*, London: Van Nostrand Reinhold (International).

Green, E. and Moss, M. (1982) *A Business of National Importance: The Royal Mail Shipping Group, 1902–37*, London: Methuen.
Griffiths, A. and Wall, S. (eds) (1997) *Applied Economics: An Introductory Course*, Harrow: Longman Group UK.
Griliches, Z. (1957) 'Hybrid Corn: and Exploration in the Economics of Technical Change', *Econometrica*, 25, October: 501–22.
Gwilliam, D. R. (1987) *A Survey of Auditing Research*, London: Prentice Hall/ICAEW.
Hammond, T. and Sikka, P. (1996) 'Radicalising Accounting History: The Potential of Oral History', *Accounting, Auditing and Accountability Journal*, 9 (3): 79–97.
Hannah, L. (1976) 'Strategy and Structure in the Manufacturing Sector', in L. Hannah (ed.), *Management Strategy and Business Development: An Historical and Comparative Study*, London: Macmillan.
——(1983) *The Rise of the Corporate Economy*, 2nd edn, London: Methuen.
Hatherly, D. J. (1978) 'Compliance and Substantive Tests – Can the Auditor Tell the Difference?', *The Accountant's Magazine*, September: 378–80.
——(1980) *The Audit Evidence Process*, London: Anderson Keenan Publishing.
Hays Accountancy Personnel (2003) London: Hays.
Higson, A. W. (1987) 'An Empirical Investigation of the External Audit Process. A Study of the Reaction of Professional Auditors to Recent Changes in the Audit Environment', unpublished thesis, University of Bradford.
——(1997) 'Developments in Audit Approaches: From Audit Efficiency to Audit Effectiveness?', in Sherer, M. and Turley, S. (eds) (1997), *Current Issues in Auditing*, 3rd edn, London: PCP, 198–215.
Hill, N. K. (1979) 'Accountancy Developments in a Public Utility Company in the Nineteenth Century', in Lee, T. A. and Parker, R. H. (eds) *The Evolution of Corporate Financial Reporting*, Sudbury-on-Thames: Nelson, 6–14.
Holmes, A. R. and Green, E. (1986) *Midland: 150 Years of Banking Business*, London: Batsford.
Hoskin, K. W. and Macve, R. (1986) 'Accounting and the Examination: a Genealogy of Disciplinary Power', *Accounting, Organizations and Society*, 11 (2): 105–36.
Howitt, Sir H. (1996) *The History of the Institute of Chartered Accountants in England and Wales 1880–1965, and its Founder Accountancy Bodies 1870–1880*, London: Heinemann.
Humphrey, C. and Moizer P. (1990) 'From Techniques to Ideologies: An Alternative Perspective On the Audit Function', *Critical Perspectives on Accounting*, 1: 217–38.
ICAEW (2000) *Auditing Standards and Guidance for Members*, London: ICAEW.
Innes, J., Lee, T. A. and Mitchell, F. (eds) (1981) *Cases in Auditing Practice*, 3rd edn, London: ICAEW.
Irving, R. J. (1976) *The North Eastern Railway Company 1870–1914: An Economic History*, Leicester: Leicester University Press.
Jeremy, D. J. (1998) *A Business History of Britain*, Oxford: Oxford University Press.
Johnman, L. (1986) 'The Largest Manufacturing Companies of 1935', *Business History*, XXVIII (2): 226–45.
Jones, E. (1981) *Accountancy and the British Economy 1840–1980: The Evolution of Ernst & Whinney*, London: Batsford.
——(1984) 'William Welch Deloitte 1818–1898', in Jeremy, D. J. (ed.) *Dictionary of Business Biography*, vol. 2: London: Butterworth, 57–60.

——(1995) *True and Fair: A History of Price Waterhouse*, London: Hamish Hamilton.

Keeble, S. P. (1992) *The Ability to Manage: A Study of British Management 1890–1990*, Manchester: Manchester University Press.

Keenan, M. G. (1998) 'A Defence of "Traditional" Accounting History Methodology', *Critical Perspectives on Accounting*, 9: 641–66.

Kelly, T. (1987) *The Britsh Computer Indutry: Crisis and Development*, London: Croom Helm.

Kennedy, W. P. (1987) *Industry Structure, Capital Markets and the Origins of British Economic Decline*, Cambridge: Cambridge University Press.

Kitchen, J. (1988) 'Auditing: Past Development and Current Practice', in Lee, T. A. (ed.), *The Evolution of Audit Thought and Practice*, New York: Garland: 24–35.

Lee, T. A. (1972) *Company Auditing: Concepts and Practices*, London: ICAS and Gee & Co.

——(1977) 'The Modern Audit Function: A Study of Radical Change', in Carsberg, B. and Hope, T. (eds) *Current Issues in Accounting*, London: Philip Allan: 87–106.

——(1979) 'Company Audits: 1840–1940', in Lee, T. A. and Parker, R. H. (eds), *The Evolution of Corporate Financial Reporting*, Sudbury-on-Thames: Nelson, 153–63.

——(ed.) (1988) *The Evolution of Audit Thought and Practice*, New York: Garland.

Lee, T. A. and Parker, R. H. (eds) (1979) *The Evolution of Corporate Financial Reporting*, Sudbury-on-Thames: Nelson.

Lee, T. A. and Tweedie, D. P. (1977) *The Private Shareholder and the Corporate Report*, London: ICAEW.

Lee, T. A., Bishop, A. and Parker, R. H. (1996) *Accounting History From the Renaissance to the Present: A Remembrance of Luca Pacioli*, New York: Garland.

Leisner, T. (1989) *One Hundred Years of Economic Statistics*, London: The Economist Publications.

Lenhart, N. J. and Defliese, P. L. (1957) *Montgomery's Auditing*, New York: Ronald Press.

Littleton, A. C. (1981) *Accounting Evolution to 1900*, Alabama: University of Alabama Press.

Loft, A. (1990) *Coming into the Light: A Study of the Development of a Professional Association for Cost Accountants in Britain in the Wake of the First World War*, London: CIMA.

Lummis, T. (1998) 'Structure and Validity in Oral Evidence', in Perks R. and Thomson A. (eds), *The Oral History Reader*, London: Routledge.

Mackintosh, M., Brown, V., Costello, N., Dawson, G., Thompson, G. and Trigg, A. (1996) *Economics and Changing Economies*, London: The Open University.

McRae, T. W. (1964) *The Impact of Computers on Accounting*, London: John Wiley & Sons.

——(1977) *Computers and Accounting*, London: John Wiley & Sons.

——(1982) *A Study of the Application of Statistical Sampling to External Auditing*, London: ICAEW.

Magee, B. (1951) *Dicksee's Auditing*, 17th edn, London: Gee & Co.

Mansfield, E. (1962) *The Economics of Technological Change*, London: Longman.

Manson, S. (1997) 'Audit Risk and Sampling', in Sherer, M. and Turley, S. (eds), *Current Issues in Auditing*, 3rd edn, London: PCP, 234–53.

Manson, S., McCartney, S. and Sherer, M. (1997) 'Audit Automation: Improving Quality or Keeping up Appearances?', in Sherer, M. and Turley, S. (eds), *Current Issues in Auditing*, 3rd edn, London: PCP, 254–72.

Matthew, D. (2000) 'Oral History, Accounting History and an Interview with Sir John Grenside', *Accounting, Business and Financial History*, 10 (1): 57–83.

——(2002) 'The Use of the Postal Questionnaire in Accounting History Research', *Accounting, Business and Financial History*, 12 (1): 1–17.

——(forthcoming) 'The Rise of British Accountancy in the 19th Century: A Technological Determinist Approach'.

Matthews, D. and Pirie, J. (2001) *The Auditors Talk: An Oral History of a Profession from the 1920s to the Present Day*, New York: Garland.

Matthews, D., Anderson, A. and Edwards, J. R. (1997) 'The Rise of the Accountant in British Management Hierarchies, 1880 to the Present Day', *Economic History Review*, 2nd ser., L (3): 407–29.

——(1998) *The Priesthood of Industry: The Rise of the Professional Accountant in British Management*, Oxford: Oxford University Press.

Merino, B. D. (1998) 'Critical Theory and Accounting History: Challenges and Opportunities', *Critical Perspectives on Accounting*, 9: 603–16.

Michie, R. C. (1987) *The London and New York Stock Exchanges, 1850–1914*, London: Allen and Unwin.

Mitchell, A., Sikka, P., Puxty, T. and Wilmott, H. (1993) *A Better Future for Auditing*, London: University of East London.

Montgomery, R. H. (1912) *Auditing*, 1st edn, New York: Ronald Press.

——(1934) *Auditing*, 5th edn, New York: Ronald Press.

Montgomery, R. H., Lenhart, N. J. and Jennings, A. R. (1949) *Montgomery's Auditing*, 7th edn, New York: Ronald Press.

Moyer, C. A. (1988) 'Early Developments in American Auditing', reprinted in Lee, T. A. (ed.), *The Evolution of Audit Thought and Practice*, New York: Garland: 123–8.

Mumford, M. J. (1991) 'Chartered Accountants as Business Managers: An Oral History Perspective', *Accounting, Business and Financial History*, 1 (2): 123–40.

Myers, J. H. (1985) 'Spiralling Upward: Auditing Methods As Described By Montgomery and His Successors', *The Accounting Historians Journal*, 12 (1): 53–72.

Napier, C. (1989) 'Research Directions in Accounting History', *British Accounting Review*, 21: 237–54.

——(1998) 'Giving an Account of Accounting History: A Reply to Keenan', *Critical Perspectives on Accounting*, 9: 685–700.

Nockolds, H. (1986) 'Sir Arthur Bertram Waring (1902–74): Manufacturer of Electrical Engineering Components' in Jeremy, D. J. (ed.), *Dictionary of Business Biography*, vol. 5, London: Butterworth.

Parker, R. H. (1984) *Papers on Accounting History*, New York: Garland.

——(1986) *The Development of the Accountancy Profession in Britain to the Early Twentieth Century*, San Antonio: The Academy of Accounting Historians.

Parker, R. H. and Yamey, B. S. (eds) (1994) *Accounting History: Some British Contributions*, Oxford: Clarendon Press.

Pearson, R. (1997) 'Towards an Historical Model of Services Innovation: The Case of the Insurance Industry', *Economic History Review*, 2nd ser., L (2): 235–56.

Pinkney, A. (1966) *The Audit Approach to Computers*, London: ICAEW.

Pixley, F. W. (1881) *Auditors: Their Duties and Responsibilities*, 1st edn, London: Effingham Wilson.
——(1910) *Auditors: Their Duties and Responsibilities*, 10th edn, London: Henry Good.
Podolski, T. M. (1986) *Financial Innovation and the Money Supply*, London: Basil Blackwell.
Pollins, H. (1969) 'Aspects of Railway Accounting Before 1868', in M. C. Reed (ed.), *Railways in the Victorian Economy: Studies in Finance and Economic Growth*, Newton Abbot: David & Charles.
Power, M. K. (1992) 'From Common Sense to Expertise: Reflections on the Prehistory of Audit Sampling', *Accounting, Organizations and Society*, 17 (1): 37–62.
Previts, G., Samson, W. D. and Flesher, D. L. (2001) 'The Audit Committee of the Baltimore and Ohio Railroad: 1827–1830', paper presented at 13th Annual Conference of the Accounting and Business History Research Unit, Cardiff Business School.
Reader, W. J. (1976) *Metal Box: A History*, London: Heinemann.
Reed, M. C. (1975) *Investment in Railways in Britain, 1820–1844: A Study in the Development of the Capital Market*, Oxford: Oxford University Press.
——(1997) 'Accountancy', in J. Simmons and G. Biddle (eds), *The Oxford Companion to British Railway History From 1603 to the 1990s*, Oxford: Oxford University Press.
Robb, G. (1992) *White-collar Crime in Modern England: Financial Fraud and Business Morality, 1845–1929*, Cambridge: Cambridge University Press.
Rosenberg, N. (1982) *Inside the Black Box: Technology and Economics*, Cambridge: Cambridge University Press.
Salter, W. E. G. (1969) *Productivity and Technical Change*, Cambridge: Cambridge University Press.
Schmitz, C. J. (1993) *The Growth of Big Business in the United States and Western Europe, 1850–1939*, Cambridge: Cambridge University Press.
Sherer, M. and Kent, D. (1983) *Auditing and Accountability*, London: Pitman.
Silber, W. L. (1983) 'The Process of Financial Innovation', *American Economic Review*, 73, May: 89–95.
Smith, D. (1982) 'Statistical Sampling and Analytical Review', in Bromwich, M., Hopwood, A. G. and Shaw, J. (eds), *Auditing Research: Issues and Opportunities*, London: Pitman: 141–6.
Spicer, E. E. and Pegler, E. C. (1908) *Audit Programmes*, London: H. Foulkes Lynch.
——(1911) *Practical Auditing*, 1st edn, London: H. F. L. (Publishers) Ltd.
——(1914) *Practical Auditing*, 2nd edn, London: H. F. L. (Publishers) Ltd.
——(1925) *Practical Auditing*, 4th edn, London: H. F. L. (Publishers) Ltd.
Stacey, N. A. H. (1954) *English Accountancy: A Study in Social and Economic History 1800–1954*, London: Gee.
The Stock Exchange Official Intelligence, London: Spottiswood.
The Stock Exchange Official Yearbook, London: Thomas Skinner.
Stoneman, P. (1976) *Technological Diffusion and the Computer Revolution: The UK Experience*, Cambridge: Cambridge University Press.
Sullivan, J. D., Gnospelius, R. A., Defliese, P. L. and Jaenicke, H. R. (1985) *Montgomery's Auditing*, 10th edn, New York: John Wiley and Sons.
Taylor, E. M. and Perry, C. E. (1931) *Principles of Auditing*, London: Textbooks.
Times 1000 (1990), London: Times Books.

Thomson McLintock (1983) *The Thomson McLintock Audit Manual*, London: Macmillan.

Thornton Baker Associates (1981) *Audit Manual*, London: Oyez Longman.

Trebilcock, C. (1969) ' "Spin-off" in British Economic History: Armaments and Industry 1760–1914', *Economic History Review*, 2nd ser., 22, December 1969.

Tricker, R. I. (1982) 'Corporate Accountability and the Role of the Audit Function', in Bromwich, M., Hopwood, A. G. and Shaw, J. (eds), *Auditing Research: Issues and Opportunities*, London: Pitman, 53–68.

Turley, S. and Cooper, M. (1991) *Auditing in the United Kingdom: A Study of Development in the Audit Methodologies of Large Accounting Firms*, London: Prentice Hall/ICAEW.

Waldron, R. S. (1969) *Auditing: A Practical Manual for Auditors by the Late Lawrence R. Dicksee*, 18th edn, London: Gee & Co.

——(1978) *Spicer and Pegler's Practical Auditing*, 16th edn, London: H.F.L.

Wardley, P. (1991) 'The Anatomy of Big Business: Aspects of Corporate Development in the Twentieth Century', *Business History*, 33 (2): 268–96.

——(1999) 'The Emergence of Big Business: The Largest Corporate Employers of Labour in the United Kingdom, Germany and the United States', *Business History*, 41 (4): 88–116.

Williams, F. S. (1876) *Midland Railway: Its Rise and Progress*, Newton Abbot: David and Charles.

Wilson, C. (1954) *The History of Unilever: A Study in Economic Growth and Social Change, vol. I*, London: Cassell.

Wilson, J. F. (1988) *Ferranti and the British Electrical Industry, 1864–1930*, Manchester: Manchester University Press.

——(1991) *Lighting the Town: A Study of Management in the North West Gas Industry 1805–1880*, London: Paul Chapman Publishing.

——(1995) *British Business History*, Manchester: Manchester University Press.

Wood, B. (1976) *The Process of Local Government Reform, 1966–74*, London: Allen and Unwin.

Woolf, A. H. (1912) *A Short History of Accountants and Accountancy*, London: Gee.

Woolf, E. (1978a) *Current Auditing Developments*, 1st edn, London: Gee.

——(1978b) *Auditing Today*, 1st edn, London: Prentice-Hall International.

——(1982) *Current Auditing Developments*, 3rd edn, London: Gee.

——(1986) *Auditing Today*, 4th edn, London: Prentice-Hall International.

——(1997) *Auditing Today*, 6th edn, London: Prentice-Hall International.

Yamey, B. S. (ed.) (1978) *The Historical Development of Accounting: A Selection of Papers*, New York: Arnos Press.

Zeff, S. A. (1979) 'Chronology of Significant Developments in the Establishment of Accounting Principles in the United States, 1926–1978', in Lee, T. A. and Parker, R. H. (eds), *The Evolution of Corporate Financial Reporting*, Sudbury-on-Thames: Nelson, 208–21.

A History of Auditing：The Changing Audit Process in Britain from the Nineteenth Century to the Present Day，1st Edition by Derek Matthews
ISBN：9780415648349

北京市版权局著作权合同登记号：01-2014-1897

图书在版编目(CIP)数据

审计简史/德里克·马修斯著；周华，莫彩华译. —北京：中国人民大学出版社，2020.4
会计经典学术名著
ISBN 978-7-300-28000-4

Ⅰ. ①审… Ⅱ. ①德… ②周… ③莫… Ⅲ. ①审计-经济史-世界
Ⅳ. ①F239.21-09

中国版本图书馆CIP数据核字（2020）第049684号

会计经典学术名著
审计简史
德里克·马修斯 著
周 华 莫彩华 译
Shenji Jianshi

出版发行	中国人民大学出版社		
社　　址	北京中关村大街31号	邮政编码	100080
电　　话	010－62511242（总编室）		010－62511770（质管部）
	010－82501766（邮购部）		010－62514148（门市部）
	010－62515195（发行公司）		010－62515275（盗版举报）
网　　址	http://www.crup.com.cn		
经　　销	新华书店		
印　　刷	涿州市星河印刷有限公司		
规　　格	155 mm×235 mm　16开本	版　　次	2020年4月第1版
印　　张	16.5 插页2	印　　次	2023年9月第2次印刷
字　　数	233 000	定　　价	69.00元